Beck'sche Schwarze Reihe
Band 209

W0245309

ADOLF LIPPOLD

Theodosius der Große und seine Zeit

VERLAG C. H. BECK MÜNCHEN

Mit 13 Abbildungen, zwei Karten und einer Stammtafel

Die erste Auflage ist 1968 als Band 107 der Urban Bücher im Verlag
Kohlhammer, Stuttgart, erschienen.

CIP-Kurztitelaufnahme der Deutschen Bibliothek

Lippold, Adolf:
Theodosius der Große und seine Zeit / Adolf
Lippold. – 2., durchges. u. erw. Aufl. –
München : Beck, 1980.

(Beck'sche Schwarze Reihe, Bd. 209)
ISBN 3 406 06009 9

ISBN 3 406 06009 9
Zweite, durchgesehene und erweiterte Auflage. 1980
Einbandentwurf von Rudolf Huber-Wilkoff, München
Umschlagbild: Missorium des Theodosius, im Osten oder von einem
östlichen Künstler gearbeitet (388), in Badajoz (Spanien) gefunden,
heute in Madrid
Foto: Hirmer Fotoarchiv München
© C. H. Beck'sche Verlagsbuchhandlung (Oscar Beck), München 1980
Satz: Georg Appl, Wemding – Druck: aprinta, Wemding
Printed in Germany

Wilhelm Enßlin (1885–1965)
zum Gedächtnis

Abkürzungen

Anm.	=	Anmerkung
BKV	=	Bibliothek der Kirchenväter (deutsche Übersetzungen von Werken griechischer u. lateinischer Kirchenväter)
c.	=	carmen (Gedicht)
C. I.	=	Codex Iustinianus (534 publizierte Sammlung gültiger Kaisererlasse), ed. Th. Mommsen-Th. Krüger, 12. Auflage 1959
CSEL	=	Corpus Scriptorum Ecclesiasticorum Latinarum 1866 ff.
C. T.	=	Codex Theodosianus (438 publizierte Sammlung gültiger Kaisererlasse), ed. Th. Mommsen-P. M. Meyer 1905; engl. Übersetzung: C. Pharr, The Theodosian Code 1952
ed.	=	edidit (herausgegeben)
epist.	=	epistula (Brief)
frg.	=	Fragment
Kl. Pauly	=	Der Kleine Pauly, Lexikon der Antike hgg. v. K. Ziegler. W. Sontheimer u. H. Gärtner I–V 1964/75 (bei DTV 1978)
MGAA	=	Monumenta Germaniae Historica Auctores Antiquissimi 1877 ff.
MG	=	Patrologia Graeca ed. J. P. Migne 1857 ff.
ML	=	Patrologia Latina ed. J. P. Migne 1844 ff.
or.	=	oratio (Rede)
RAC	=	Reallexikon für Antike und Christentum 1941 ff., hgg. v. Th. Klauser, bisher (1979) 81 Lieferungen: A. u. O. bis Gleichheit
RE	=	Paulys Realencyclopädie der classischen Altertumswissenschaft, neue Bearbeitungen beginnen von G. Wissowa 1893–1972; dazu bisher (1903–1978) 15 Supplement Bände (= RE Suppl. Bd.)
s. v.	=	sub voce (unter dem Stichwort)

Weitere Abkürzungen siehe in der Bibliographie

Inhalt

Leben und Regierungszeit des Theodosius

Das Imperium Romanum unter Theodosius

Vorbemerkung

Da Theodosius im Jahre 380 das seit 325 mehrfach modifizierte
Bekenntnis von Nicaea als für alle Christen verbindlich erklärte
und er seine Regierungszeit über bemüht blieb, die gesamte
Reichsbevölkerung zum Nicaenum hinzuführen, wurde ihm
bald nach seinem Tode von kirchlicher Seite her der Beiname
des Großen zuteil.[1] Gerade an seiner Religionspolitik allerdings
setzte auch bald die Kritik ein. Man warf ihm vor, auf die
religiöse Einheit der Reichsbevölkerung mit zwangsstaatlichen
Mitteln hingearbeitet und den Glaubenszwang als Mittel der
Politik christlich orientierter und sich auf eine Staatskirche stüt-
zender Machthaber eingeführt zu haben. Ein weiterer Vorwurf
gegen Theodosius besteht seit jeher darin, daß er durch eine
falsche Politik die Überflutung des Reiches durch barbarische
Völkermassen entscheidend gefördert habe. Schließlich wird
ihm, der als letzter Kaiser über das gesamte Imperium Romanum herrschte, angelastet, daß er bei der Ordnung seiner
Nachfolge die Teilung des Reiches gleichsam institutionalisiert
habe. Beim Studium der modernen Literatur zeigt sich, daß
neben der Religionspolitik auch das Verhalten gegenüber den
Germanen und die Nachfolgeordnung Fragen aufwerfen, deren
Beantwortung sehr vom Standpunkt des Betrachters abhängt
und über die nachzudenken keineswegs nur einem kleinen
Kreis von Fachhistorikern ansteht, weil die Folgen verschiedener Entscheidungen noch unsere Gegenwart tangieren. Auch
noch ein weiterer, gewissermaßen universalhistorischer Aspekt
läßt eine Beschäftigung mit der Zeit des Theodosius lohnend
erscheinen: damals, in der Lebenszeit von Ammianus, Libanius,
Symmachus, Themistius, Ambrosius, Augustinus, Basilius, Johannes Chrysostomus und Hieronymus, waren die Auseinandersetzung zwischen christlicher und antik-heidnischer Gedan-

kenwelt, aber auch ihre gegenseitige Durchdringung, in eine entscheidende Phase eingetreten.

Leben und Regierungszeit des Theodosius

1. Das Leben des Theodosius bis 378

Flavius Theodosius wurde wahrscheinlich am 11. Januar 347 bei Cauca, einem unbedeutenden Städtchen im Südosten der Provinz Galaecia, geboren. Sein gleichnamiger Vater, später einer der ranghöchsten Generale, hatte hier seine Besitzungen. Die Heimatprovinz des Theodosius, welche das heutige Nordwestspanien und das nördliche Portugal umfaßte, zeichnete sich zwar durch einen gewissen Reichtum an Metallen aus, gehörte aber insgesamt doch zu den weniger romanisierten und in der Geschichte der römischen Kaiserzeit kaum hervorgetretenen Teilen der iberischen Halbinsel. Kein Wunder, wenn Theodosius später einfach als Spanier bezeichnet wurde und sich nicht nur die Legende bildete, daß er direkt von Trajanus abstammte, sondern auch gesagt wurde, daß er in Italica, der Heimatstadt dieses im späteren 4. Jh. als Musterkaiser schlechthin geltenden Kaisers geboren wurde.[2] Spanien, lediglich um 258 – und auch da nur partiell – einmal von einer Invasion germanischer Scharen heimgesucht, war mit am nachhaltigsten in den Genuß der Segnungen der Pax Romana gekommen. Zentren einer blühenden Kultur waren um 350 Städte wie Merida, Sevilla (Hispalis), Cordova, Carthagena, Toledo, Tarragona (Tarraco) und Braga (Bracara Augusta). Folgt man allerdings dem spanischen Presbyter Orosius, der gegen 420 eine christlich orientierte Universalgeschichte schrieb, dann waren auch für Spanien im Lauf des 4. Jh. fast unerträgliche steuerliche Belastungen und damit Minderung des Wohlstandes eingetreten.[3] Vor allem durch den 348 geborenen Dichter Prudentius erlangte die römische Literatur in Spanien während des 4. Jh. eine neue Blüte. Die Christianisierung des Landes, deren Anfänge weit zurück-

11

lagen, die jedoch bis Anfang des 4. Jh. noch nicht sehr weit gediehen war, nahm einen kräftigen Aufschwung seit Bischof Ossius (Hosius) von Cordova zu einem maßgeblichen Berater Konstantins d. Gr. geworden war. Im Glaubenszwist der nachkonstantinischen Zeit (dazu S.17f.) blieben die spanischen Christen im wesentlichen Anhänger des Nicaenums. Als um 375 der schwärmerische, von gnostischen und manichäischen Lehren beeinflußte Priscillianus Haupt einer asketischen Sekte wurde, fand er zunächst energische Widersacher, doch um 390 waren dann die Priscillianisten gerade in der Heimatprovinz des Theodosius sehr stark.[4] Spanien war zwar nicht, wie gelegentlich behauptet, die Heimat des Bischofs Damasus von Rom, doch wie eng die kirchlichen Beziehungen zwischen Spanien und Rom in der Zeit des Theodosius waren, zeigt sich unter anderem darin, daß sich Priscillian nach seiner Verurteilung auf dem Konzil von Saragossa (380) bei Damasus zu rechtfertigen suchte und Damasus' Nachfolger Siricius in der Dekretale an den Bischof Himerius von Tarragona, dem ältesten uns bekannten derartigen päpstlichen Schreiben, den römischen Primatsanspruch sehr deutlich zur Geltung brachte.

Ebenso wie der allerdings erst kurz vor seinem Tode getaufte Vater und die uns nicht bekannte Mutter dürften auch Honorius und Thermantia, die Großeltern väterlicherseits, bereits Christen gewesen sein. Von den Geschwistern sei Honorius genannt, dessen Tochter Serena später durch den Kaiser de facto adoptiert wurde und bei ihm großen Einfluß gewann. Kindheit und Jugend verlebte Theodosius in der Heimat. Über den Bildungsgang wissen wir nichts, doch ist anzunehmen, daß der Vater ihm die für die soziale Oberschicht übliche Ausbildung zukommen ließ. Später bewies Theodosius vor allem Interesse für geschichtliche Studien, zeigte sich aber auch sonst geistig aufgeschlossen. Von 368 an finden wir Theodosius im Gefolge seines Vaters, den er auf Feldzügen gegen britische Stämme, Alamannen und Sarmaten begleitete. In seiner 389 gehaltenen Lobrede bezeichnet der Panegyriker Pacatus Vater und Sohn als ein „castrense collegium" und schildert einprägsam die harte Schulung, die Theodosius durch seinen Vater erlebte.[5] Als dieser 373 zur Niederwerfung des Usurpators Firmus nach Afrika berufen wurde, erhielt Theodosius die Stellung des Militärbefehlshabers („dux") in der Moesia I (Teil des heutigen Serbien). Schon im folgenden Winter, als Quaden und Sarmaten einfielen und die römischen Kommandeure vorwiegend versagten, konnte Theodosius beweisen, daß er die notwendigen Voraussetzungen für die Erfüllung der ihm gestellten Aufgaben mitbrachte. Nur wenige Zeit nach den erfolgreichen Operationen an der Donaufront wurde die hoffnungsvolle Karriere jäh unterbrochen. Dabei spielt es eine geringe Rolle, ob der junge General 376 förmlich zum Ausscheiden aus dem Dienst gezwungen wurde oder ob er sich freiwillig auf seine spanischen Besitzungen zurückzog. Entscheidend ist vielmehr, daß sein Vater, der im Zusammenhang mit der Niederwerfung des Firmusaufstandes auch eine Untersuchung gegen den bei Hof sehr angesehenen Statthalter Romanus eingeleitet hatte, im Laufe des Jahres 375 abgesetzt und zum Tode verurteilt worden war. Auch wenn die Vollstreckung des Urteils erst Anfang 376 erfolgte, so lag die letzte Verantwortung bei dem am 17. November 375 verstorbenen Valentinian I. Eine Belastung des Verhältnisses zwischen Valentinians Sohn Gratian (geb. 359; Augustus seit 367) und Theodosius war freilich damit gegeben. Die Tatsache, daß Theodosius schon so bald darauf an die Spitze des Staates gelangte und er sich nachhaltig bemühte, das Andenken des Vaters in Ehren zu halten, dürfte dazu beigetragen haben, daß die Hintergründe des Geschehens von 375/76 nicht mehr aufzuhellen sind.[6] Die Zeit der Muße verwendete Theodosius zur Verwaltung seiner spanischen Güter. Verklärend berichtet Pacatus von einer geradezu rastlosen Tätigkeit in Stadt und Land, welche das Rüstzeug zur Regierung im zivilen Bereich vermittelte. Theodosius wird dabei mit den vorbildhaften Größen der besten Zeit der Republik verglichen, die sich nach siegreichen Feldzügen der Bestellung ihrer Äcker zuwandten und dann gleichsam vom Pfluge weg zur Übernahme neuer Ehrenämter geholt wurden.[7] Vermutlich noch 376 heiratete Theodosius Aelia Flaccilla, eine Frau aus spanischem Provinzialadel. Im Jahre 377 wurde sein ältester Sohn Arcadius geboren. Bei der 378 anzusetzenden Geburt seiner Tochter Pulcheria war Theodosius vielleicht bereits auf der Reise an den Hof nach Sirmium, wohin ihn Gratian unmittelbar nach der Schlacht bei Adrianopel berief. In dieser Schlacht hatten germanische und andere barbarische Heerscharen unter Führung des Gotenherzogs Fritigern am 9. August 378 das Heer des Kaisers Valens, der den Kampf riskiert hatte, ohne den herbeieilenden Gratian abzuwarten, vernichtend geschlagen. Mit dem Tode des Valens war der 19jährige Gratian, weitgehend gelenkt von Ratgebern wie dem 378 zum „praefectus praetorio Galliarum" ernannten Dichter Ausonius, dienstältester Augustus.[8] Nominell umfaßte sein Herrschaftsbezirk nur die gallische Präfektur, also die westlichen Provinzen, doch faktisch beherrschte er auch Italien, Afrika und Illyricum, welche de iure seinem 371 geborenen und 375 vornehmlich auf Betreiben der Generalität zum Augustus erhobenen Halbbruder Valentinian II. unterstanden. Wenn Gratian, der die Entscheidung kaum selbständig traf, nun in der Stunde der Not den als Feldherrn bewährten Theodosius zum Heermeister ernannte und vermutlich auch schon die Erhebung zum Augustus im Auge hatte, so dürften

Abb. 2. Aelia Flaccilla Augusta (mit Diadem), Solidus um 385

sachliche Gesichtspunkte ausschlaggebend gewesen sein. Noch
378 errang Theodosius einen Sieg über die Sarmaten, welche
unter Ausnutzung der Notlage Roms erneut die Donau überschritten hatten.[9]

2. Der Regierungsantritt und die kirchenpolitische Situation
zu Beginn des Jahres 379

Als Gratian am 19. Januar 379 in Sirmium (Mitrovica, Save)
Theodosius zum Mitaugustus erhob, konnte er auf den im
Herbst frisch erworbenen Kriegsruhm des Erkorenen hinwei-
sen und somit dem traditionellen, in der jetzigen Situation besonders berechtigten Wunsch der Armee, einen erprobten Feldherrn an der Spitze des Reiches zu sehen, vollauf Rechnung
tragen. Nach der Vorstellung des neuen Augustus beim Heer
wurde die Ernennung, ebenfalls an alte Tradition anknüpfend,
dem Senat von Rom angezeigt. Erstmals wurde auch dem Senat von Konstantinopel die Erhebung eines Kaisers mitgeteilt.
Theodosius wurde die „praefectura Orientis" mit Einschluß
von Thrakien als Herrschaftsbezirk zugewiesen. Dazu kamen

Abb. 3a. Theodosius um 380   Abb. 3b. Constantinopolis mit
                                         Globus und Szepter
                Solidus 379/83

15

die in den letzten Jahren stark heimgesuchten Diözesen Dakien und Makedonien. Diese Ausweitung des östlichen Reichssprengels war allerdings von vornherein nur als vorübergehende Maßnahme gedacht. Die Frömmigkeit des Jahres 379 zwar noch nicht getauften Theodosius äußerte sich in seiner Ablehnung des bisher auch von den christlichen Kaisern geführten Titels pontifex maximus, des höchsten Priestertitels der heidnischen Staatsreligion. Theodosius scheint dazu noch Gratian zum Verzicht auf diesen Titel bewogen zu haben.[10]

Claudian und Pacatus überliefern, daß Theodosius das Diadem widerstrebend und schließlich nur aus Pflichtgefühl angenommen habe. Hier verbirgt sich nicht, wie einst O. Seeck meinte, ein damals zum Brauch gewordener Akt christlicher Demut, sondern es kommt vielmehr die Macht einer seit der frühen Kaiserzeit lebendigen Tradition zur Geltung, wonach es als schicklich galt, zur Herrschaft gezwungen zu werden.[11] Darüber hinaus mochten aber dem durch die wider Erwarten erfolgte Erhebung überraschten Theodosius in der Tat Bedenken gekommen sein. Vor allem vielleicht, weil in dem ihm anvertrauten und ihm bisher kaum bekannten Herrschaftsbezirk die Hauptlast im Abwehrkampf zu tragen war. Dies wog um so schwerer, als das Gros der östlichen Streitkräfte zerschlagen war, und daher eine zusätzliche Belastung der ohnehin überforderten Steuerzahler unvermeidlich wurde. Alles andere als einfach war im Osten schließlich noch die Lage im kirchlichen Bereich.

Um die kirchenpolitische Situation in Ost und West zu Anfang des Jahres 379 zu erläutern, ist der Blick auf die seit Konstantin den Gr. vollzogene Entwicklung zu lenken. Konstantin war durch den Sieg über seinen Rivalen Maxentius vor den Toren Roms am 28. Oktober 312 davon überzeugt worden, daß vom Christengott eine stärkere Segenskraft als von den anderen Göttern ausging. Zwischen 312 und 324, als er die Alleinherrschaft im Reich errungen hatte, dürfte sich der Kaiser auch persönlich dem Christentum zugewandt haben. Nach christlichen und heidnischen Vorstellungen Kaiser von Gottes

Gnaden fühlte sich Konstantin freilich auch jetzt noch für Heiden und Christen in gleicher Weise verantwortlich. Er begünstigte die Kirchen mit materiellen Zuwendungen, verlieh Gesetzen christliche Prägung und förderte den christlichen Einfluß im öffentlichen Leben ganz allgemein. Konstantin vermied es jedoch, gegenüber den immer noch die Mehrheit der Reichsbevölkerung bildenden Heiden irgendwelchen Zwang in Glaubensdingen anzuwenden und sie so in eine Staatsfeindschaft hineinzutreiben. Im Bund mit den Christen hoffte er, das Reich innerlich zu festigen und zu erneuern. Schon für die Miterlebenden lagen die sich hier ergebenden Gefahren klar auf der Hand: Die Christen mußten damit rechnen, daß die staatliche Begünstigung zum Streben der Staatsgewalt nach autoritärem Eingreifen in rein kirchliche Belange führen konnte, vom Staat her war zu bedenken, daß innerkirchliche Streitigkeiten nunmehr Störungen des innenpolitischen Friedens ganz allgemein verursachen könnten.

Vornehmlich an zwei Beispielen wird deutlich, wie sehr Konstantin die Einmütigkeit der Christen überschätzt hatte, und wie schwierig es für den Herrscher war, Konflikte innerhalb der Christenheit beizulegen. Da ist zunächst der sogenannte Donatistenstreit: Im Jahre 312 hatte eine Synode rigoristisch eingestellter Bischöfe die Wahl des der „traditio", d. h. der Auslieferung heiliger Bücher in der Verfolgungszeit, bezichtigten Caecilianus zum Bischof von Karthago für ungültig erklärt und Maiorinus gewählt, dem 313 Donatus nachfolgte. Nachdem Bischofsversammlungen zu Arles und Rom (313 bzw. 314) gegen Donatus entschieden hatten, stellte sich auch Konstantin hinter Caecilianus. Zu dessen Gunsten griff der Staat nun mehrfach ein. Dennoch konnte Donatus seinen Anhang sogar noch verstärken. Gravierend war bei dem im wesentlichen auf Afrika beschränkten Streit, daß zu Donatus die Masse der nichtromanisierten Bevölkerung hielt und so durch das Verhalten des Kaisers zugleich gegen Rom bestehende Antipathien noch gefördert wurden. Ausgangspunkt des zweiten von Konstantin nicht gemeisterten Kirchenstreits war Alexandria. Dort war um 318 der Presbyter Arius von seinem Bischof Alexander als Irrlehrer verurteilt worden. Als sich der so entstandene Konflikt ausweitete, berief der Kaiser zum Jahre 325 eine Bischofsversammlung nach Nicaea, die als erstes ökumenisches Konzil in die Geschichte einging. Auf Veranlassung des mehrfach in die Verhandlungen eingreifenden Herrschers wurde in das schließlich formulierte, in modifizierter Form bis auf den heutigen Tag gültige, Bekenntnis das Wort „homousios" („consubstantialis") – wesensgleich – aufgenommen. Dies besagte, daß Gott Vater, Gott Sohn und Heiliger Geist gleichen Wesens sind. Der vom Konzil verurteilte Arius hingegen beharrte darauf, daß Christus, der Sohn Gottes, anderen Wesens als der Vater sei, jedenfalls nicht ihm gleich. Dem „homousios" wurde „homoiusios" – wesensähnlich – gleichsam schlagwortartig entgegengestellt. Beraten wohl von Arius nahestehenden Bischöfen plädierte Konstantin bald dafür, den Verurteilten nach einer ihn zu fast nichts verpflichtenden Erklärung wieder zu verzeihen. Athanasius, seit 328 Bischof von Alexandria, weigerte sich jedoch, den ihm unterstehenden Arius wieder in die Kirchengemeinschaft aufzunehmen. Der Kaiser mußte die bittere Erfahrung machen, daß es Bischöfe gab, die auch ihm gegenüber nicht bereit waren, etwas von ihrer Autorität preiszugeben. Als Konstantin Pfingsten 337 starb, waren die Fronten zu dem die nächsten Jahrzehnte überschattenden Glaubenskampf gebildet: auf der einen Seite die – freilich keineswegs stets einigen – Anhänger des Nicaenums, die, mit Ausnahme Afrikas, im Westen die fast unumstrittene Vormacht hatten und deren Vorkämpfer im Osten Athanasius wurde. Auf der anderen Seite standen die Gegner der Bekenntnisformel von Nicaea, die man vereinfachend unter dem Sammelnamen Arianer zusammenfaßt, obwohl es hier die verschiedensten, in ihrem Bekenntnis teils stark voneinander abweichenden Gruppen gab. Ihre Stärke im Osten erklärt sich unter anderem daraus, daß dort schon lange Widerstände gegen die Annahme einer Wesensgleichheit von Gott Vater und Gott Sohn bestanden hatten.[12]

Von den Söhnen Konstantins erhielt Constantius (geb. 317) die asiatischen Provinzen des Reiches, Ägypten und Teile des Balkans, Constans (geb. 320) Afrika, Italien und Illyricum, Konstantin II. (geb. 316) Gallien, Britannien und Spanien. Als Konstantin Italien zu erobern suchte, fiel er 340 im Kampf gegen die Truppen des Constans, der nunmehr den ganzen Westen beherrschte. 350 erfolgte der Sturz durch den von der Armee zum Kaiser erhobenen Magnentius. Doch schon im September 351 wurde der Usurpator von Constantius geschlagen, der dann von 353 an Alleinherrscher war. Der schon bald getaufte Constans nahm im „arianischen" Streit Partei für Athanasius. Gegen die Donatisten in Afrika ging er von 347 an mit nur wenig Erfolg vor. Constantius hingegen, wie der Vater erst auf dem Totenbett getauft, neigte dem Arianismus zu und führte von 338 an scharfe Auseinandersetzungen vor allem mit Athanasius. Dem seit 351 verschärft einsetzenden Druck auf die Anhänger des Nicaenums mußten sich schließlich auch Papst Liberius und der greise Ossius von Cordova beugen. Constantius, der sich als von Gott gesandter Herrscher fühlte, dem es auch zukam, die Geschicke der Kirchen zu lenken, erzwang im Jahre 359 auf den Konzilien von Ariminum (Rimini) und Seleucia von den Bischöfen in Ost und West die Annahme eines letztlich von ihm selbst diktierten Glaubenssymbols. Es war lediglich eine Frage der Zeit, wie lange die auf diesem Wege erreichte Kircheneinheit Bestand haben würde. Vor allem von 353 an ging Constantius auch scharf gegen die Heiden vor. Beim Besuch der Stadt Rom im Jahre 356 vom alten Glanz tief beeindruckt schlug er aber wieder einen gemäßigteren Kurs ein.[13]

Julianus, Neffe Konstantins d. Gr., 355 von Konstantius als Cäsar in Gallien eingesetzt und 360 durch die Armee zum Augustus erhoben, hatte sich, beeinflußt besonders durch neuplatonische Lehren, vom Christentum abgewandt. Der vom 4. November 361 bis zu seinem Tod am 26. Juni 363 allein regierende Apostat bemühte sich um eine Erneuerung heidnischer Kulte. Wir erfahren von einigen Schikanen gegenüber

den Christen, doch nichts von eigentlichen Verfolgungsmaß-
nahmen. Nur Episode blieb die Regierung von Julians christlichem Nachfolger Jovian. Grundzüge kaiserlicher Religionspolitik lassen sich wieder erkennen bei Valentinian, einem am
25. Februar 364 zum Augustus ausgerufenen Offizier pannoni-
scher Herkunft und seinem von ihm zum Mitregenten ernannten Bruder Valens. Valentinian, der bis November 375 im Westen regierte, trieb im allgemeinen eine auf inneren Frieden
bedachte Religionspolitik und eines seiner Hauptprinzipien war
Nichteinmischung in kirchliche Streitigkeiten. Gelegentlich
ging der dem Nicaenum nahestehende Kaiser gegen Donatisten
und Manichäer vor. Der 366 ausgebrochene Konflikt zwischen
Papst Damasus und dem gleichzeitig zum Bischof von Rom
gewählten Ursinus veranschaulicht, wie es innerhalb der Kirche Kräfte gab, die den Staat geradezu zur Einmischung dräng-
ten, jedoch andererseits Bedenken gegen solche Einmischung
entstanden waren.[14] Mit Ausnahme Afrikas und Illyricums
wurde der Westen nach 360 wieder fast völlig nicaenisch. Gratian, der 367 zum Augustus ernannte Sohn Valentinians, erließ
ganz im Sinne des Vaters nach dem Tod des Valens 378 ein für
das ganze Reich gültiges Edikt, das allen Glaubensrichtungen
Toleranz verhieß.[15] Valens, der zunächst nicaenisch gesinnt gewesen sein soll, wurde alsbald durch Bischof Eudoxius von
Konstantinopel auf eine Glaubensrichtung festgelegt, die nicht
nur die Wesensgleichheit, sondern auch die Wesensähnlichkeit
von Gott Vater und Gott Sohn leugnete (Anhomöer). Allen
Andersgläubigen gegenüber zeigte sich Valens von äußerster
Intoleranz. In dieser Zeit der Not wirkten im Osten einige
hervorragende Bischöfe für die Sache des Nicaenums. Neben
dem 373 verstorbenen Athanasius seien Basilius, Gregor von
Nyssa und Gregor von Nazianz, die drei großen Kappadoker
genannt. War Gregor von Nazianz vor allem ein glänzender
Redner und lag die Bedeutung Gregors von Nyssa in seiner
theologisch-philosophischen Gelehrsamkeit, so vereinte Basilius, ähnlich wie Athanasius, in idealer Weise Frömmigkeit,
theologische Bildung und weltmännisch-politische Gewandt-

heit. Er erkannte, daß man bei allem Bedachtsein auf die Wahrung der Eigentümlichkeit des griechischen Ostens auf die Hilfe des Westens angewiesen war und suchte daher Gegensätze aller Art zu entschärfen.[16] Erscheinungen der Zeit nach Konstantins Tod treffend charakterisierend und auf die aus dem Bund zwischen Staat und Kirche resultierenden Gefahren verweisend sind Sätze, welche Eiferer des Glaubens in einer 383 Theodosius vorgelegten Bittschrift äußerten: „Diese hohen Herren Bischöfe, die einst unter Constantius den makellosen Glauben erst verteidigten, dann mit häretischer Unterschrift verdammten, haben sich jetzt wieder zum Bekenntnis des katholischen Glaubens bekehrt, kaum daß sie sahen, daß auch der Kaiser wieder auf seiten der katholischen Bischöfe stand! Wo bleibt da der Glaube und die Ehrfurcht vor Christus, wenn Bischöfe je nach dem Belieben des irdischen Kaisers, heute aus Katholiken Häretiker und morgen aus Häretikern wieder Katholiken werden."[17]

3. Das Glaubensedikt von 380 und das zweite ökumenische Konzil

Die erste herausragende Regierungsmaßnahme des Theodosius, der sich zunächst vor allem der Bekämpfung der Barbaren zugewandt hatte, erfolgte am 27. Februar 380 von Thessalonike aus. Es handelt sich dabei um den Erlaß eines an die Bevölkerung von Konstantinopel gerichteten, aber doch als verbindlich für alle Reichsbewohner gedachten Ediktes: „Alle Völker, welche unserer gnädigen Milde Leitung regiert, sollen, das ist unser Wille, in dem Glaubensbekenntnis verharren, welches der göttliche Apostel Petrus, wie bis heute der von ihm verkündete Glaube dartut, den Römern überliefert hat, und dem sichtbar der Pontifex Damasus folgt und Petrus, der Bischof von Alexandria, ein Mann von apostolischer Heiligkeit; das heißt, daß wir glauben nach der apostolischen Unterweisung und der evangelischen Lehre an des Vaters, des Sohnes und des Heiligen

Geistes eine Gottheit in gleichartiger Majestät und in frommer Dreifaltigkeit. Die diesem Gesetz folgen, sollen, so gebieten wir, die Bezeichnung katholische Christen beanspruchen, die anderen aber, nach unserem Urteil Unsinnige und Verrückte, sollen die schimpfliche Ehrenminderung der Häresie erleiden, und ihre Konventikel sollen nicht die Bezeichnung von Kirchen führen. Sie sollen fürs erste durch ein göttliches Gericht, dann aber auch durch Ahndung unseres richterlichen Einschreitens, das wir, gestützt auf des Himmels Ermessen, treffen werden, bestraft werden." In einer Art Anhang zu dieser den Kanzleistil der Zeit gut widerspiegelnden Urkunde wurde noch verkündet, daß jeder, der die Heiligkeit des göttlichen Gesetzes durch Unkenntnis verwirre oder durch Nichtbeachtung vergewaltige, ein Sakrileg begehe.[18]

Unwillkürlich fragt man sich bei dem Versuch der Interpretation, was den Kaiser zum Erlaß des Ediktes bestimmte und wer ihn dazu angeregt haben könnte. Der Kirchenhistoriker Sozomenus erwähnt vor dem Referat des Ediktes eine schwere Krankheit des Theodosius, seinen dadurch ausgelösten Entschluß, sich taufen zu lassen, und seine Taufe durch den Bischof Acholius von Thessalonike. Sich auf Sozomenus berufend nahm man vielfach an, daß der Kaiser unmittelbar unter dem Eindruck des Tauferlebnisses gestanden habe und Acholius der geistige Urheber des Ediktes sei. Nun hat aber dagegen W. Enßlin endgültig nachgewiesen, daß Krankheit und Taufe erst in den Herbst 380 gehören, der Kaiser mithin noch ohne getauft zu sein die religionspolitisch so weittragende Entscheidung vom Februar 380 traf.[19] Gegen maßgeblichen Einfluß des Acholius spricht vor allem, daß nach Sozomenus und Sokrates[20] der Bischof vor der Taufe vom Kaiser erst nach seiner Rechtgläubigkeit befragt wurde und seine hier überlieferte Antwort das Edikt eigentlich voraussetzt. Als „spiritus rector" des Kaisers vermutete man auch den Bischof Meletius von Antiochia. Unter seiner Leitung hatten sich im Herbst 379 – kaum ohne Einvernehmen mit Theodosius – 153 Bischöfe zu einem Konzil in Antiochia versammelt. Den von Basilius d. Gr. eingeschlagenen Kurs der Verständigung mit dem Westen fortsetzend stimmten sie einem Bekenntnis zu, dessen Grundlage ein Schreiben war, das ein 372 unter Damasus in Rom tagendes Konzil an die Bischöfe des Ostens gerichtet hatte.[21] Doch besitzen wir kein Zeugnis für den Einfluß des Meletius Anfang 380. Da nun auch von der Befragung anderer Bischöfe, eines Konzils oder der Mitkaiser nichts bekannt ist, dürfen wir annehmen, daß Theodosius das Gesetz, welches das für alle christlichen Untertanen verbindliche Bekenntnis beinhaltete, aus eigener Initiative und ohne Konsultation kirchlicher Stellen erließ. Der Kaiser verweist zwar außer auf Petrus den Apostel auch noch auf Damasus von Rom und Petrus von Alexandria als Autoritäten, doch er selbst ist es, der entscheidet, was der apostolischen Unterweisung und der evangelischen Lehre gemäß ist, er definiert, wer als Katholik und wer als Häretiker zu gelten hat.

Anzumerken ist hier, daß die knapp gehaltene Bekenntnisformel des Ediktes zwar die Wesensgleichheit von Vater, Sohn und Heiligem Geist betont und die seit 325 besonders um das Wesen des Heiligen Geistes geführten Diskussionen keineswegs unberücksichtigt läßt, theologisch Geschulte jedoch merken mußten, daß der im Westen aufgewachsene Kaiser sich nicht hinreichend mit den theologischen Auseinandersetzungen im Osten vertraut gemacht hatte. Das oben erwähnte antiochenische Konzil von 379 weist darauf hin, daß es hingegen kaum Anstoß im Osten erregte, wenn Damasus von Rom als Autorität in Sachen des Glaubens genannt wurde. Wenn daneben ausgerechnet der mit vielen Bischöfen des Orients verfeindete Petrus von Alexandria erscheint, so hängt das damit zusammen, daß in Antiochia ein Schisma bestand, der Bischof von Konstantinopel noch keine besondere Geltung besaß und der hochangesehene Basilius gerade gestorben war. Als Repräsentant des Ostens blieb mithin nur Petrus, der dazu durch den in seiner Glaubensautorität unbestrittenen Athanasius persönlich eingesetzt worden war. Nicht immer wird bei der Diskussion um das Edikt beachtet, daß eingangs zwar alle Untertanen angesprochen werden, im Grunde aber nur die Christen gemeint sind und man es offenbar nicht für angebracht hielt, vor Schaffung der Einheit der Christen auch schon gegen die Heiden vorzugehen. Wie die Politik der folgenden Jahre zeigt, dürfte Theodosius von vornherein damit gerechnet haben, daß zur Verwirklichung des gesteckten Zieles Geduld und noch mancherlei Diskussionen notwendig waren. Wenn zunächst keine weiteren Durchführungsbestimmungen erfolgten, so läßt sich das ganz einfach damit erklären, daß Theodosius, von der schon erwähnten Krankheit abgesehen, im Laufe des Jahres 380 anderweitig sehr stark in Anspruch genommen war und erst am 24. November endlich in Konstantinopel einziehen konnte.

Bereits am 25. November 380 zeigte der Kaiser dann, daß er fest entschlossen war, aus dem Edikt vom Februar die Konsequenzen zu ziehen. Er forderte den arianischen Bischof von Konstantinopel Demophilus auf, sich zum Nicaenum zu bekennen und veranlaßte ihn auf seine Weigerung hin, am folgenden Tag die Stadt zu verlassen. Wie schwach die Position der Nicaener noch war, erhellt daraus, daß Gregor von Nazianz, den seine Freunde einige Zeit vorher bestimmt hatten, die Führung der Gemeinde zu übernehmen, von Theodosius persönlich unter militärischem Schutz in die Apostelkirche, die Hauptkirche der Stadt, gebracht werden mußte. Wenn der Kaiser so unmittelbar nach seinem Einzug in die Hauptstadt zugunsten der Nicaener in die innerkirchlichen Streitigkeiten eingriff, so dürfte dazu auch beigetragen haben, daß inzwischen Meletius von Antiochia ganz seine Gunst gewonnen hatte. Schon am 10. Januar 381 erging ein an den Prätorianerpräfekten Eutropius gerichteter Erlaß gegen die Häretiker, aus deren Kreis die Photinianer, Arianer und Eunomianer noch besonders hervorgehoben werden. Den Häretikern, die sich fortan innerhalb der Städte nicht mehr versammeln dürfen, werden ihre sämtlichen Kulträume genommen. Ausdrücklich wird die Übertragung aller Kirchen an die orthodoxen Bischöfe verfügt. Wie im Edikt vom Vorjahr findet sich eine Definition des wahren katholischen Glaubens. Wiederum wird kein Zweifel daran gelassen, daß es sich um das Bekenntnis des Kaisers handelt und sich die Untertanen danach zu richten haben. Auch dieser Erlaß stützt sich nicht auf eine Konzilsberatung. Gegenüber 380 besteht ein bemerkenswerter Wandel darin, daß nicht lebende Bischöfe als Autoritäten des Glaubens genannt sind, sondern Theodosius ausdrücklich von der „Nicaena fides" als wahrem Bekenntnis spricht. Die Formulierung läßt erkennen, daß inzwischen die Vertreter der neunicaenischen Theologie – wohl namentlich Gregor von Nazianz und Meletius – auf den Kaiser eingewirkt hatten, er nun die theologischen Auseinandersetzungen im Osten stärker berücksichtigte. Da diesmal nicht nur Strafbestimmungen, sondern sogar Strafandrohungen fehlen, ist zu vermuten, daß der Kaiser inzwischen von der Notwendigkeit eines behutsamen Vorgehens überzeugt war.[22]

Ebenfalls zu Beginn des Jahres 381 ergingen die Einladungen des Kaisers zu einem Konzil nach Konstaninopel. Das seit 451 als ökumenisch anerkannte Konzil war geplant als Versammlung der Bischöfe des Ostens. Hauptmotiv für die Einladung war wohl, daß es Theodosius, der vielleicht im September 380 mit Gratian über die Möglichkeiten eines Reichskonzils oder doch wenigstens in Ost und West gleichzeitig abzuhaltender Konzilien gesprochen hatte, als vorteilhaft ansah, wenn seine 380 gefällte Entscheidung die Zustimmung möglichst vieler Bischöfe erhielt. Unter Vorsitz des Meletius trat in der ersten Maihälfte eine Versammlung von etwa 150 Bischöfen zusammen.[23] Theodosius nahm zwar an den Beratungen selbst nicht teil, doch wie das Ergebnis zeigt, hat der Kaiser verstanden, die Bischöfe in seinem Sinne zu lenken. Nachdem vor Beginn der eigentlichen Verhandlungen der von Theodosius inspirierte Versuch, die sogenannten Makedonianer für das Nicaenum zu gewinnen, gescheitert war, nahm das Konzil zunächst einen glatten Verlauf. Die auf Betreiben des Petrus von Alexandria im Jahre 380 erfolgte, jedoch vom Kaiser nicht akzepierte Wahl eines gewissen Maximus zum Bischof von Konstantinopel wurde nochmals für ungültig erklärt und dafür die Wahl Gregors bestätigt. Als jedoch Meletius noch im Mai starb und der politisch wenig versierte Gregor den Vorsitz übernahm, traten schwere Komplikationen ein. Die jetzt erst eingetroffenen ägyptischen und makedonischen Bischöfe unter Führung des Timotheus – seit 14. Februar 381 Nachfolger des Petrus als Bischof von Alexandria – fochten die Wahl Gregors an, weil er schon Bischof einer anderen Stadt gewesen sei und deshalb nach dem *15. Kanon* von Nicaea nicht habe gewählt werden dürfen. Dieser Kanon war freilich häufig nicht beachtet worden. Theodosius mischte sich in den Streit nicht ein, entsprach aber dann dem schließlich erfolgten Rücktrittsgesuch Gregors sofort. Immerhin erhielt Gregor die Gelegenheit, im Rahmen einer Abschiedsfeierlichkeit in der Apostelkirche vor Kaiser, Hofbeamten und Synodalen eine große Rede zu halten.[24] Für die Neuwahl empfahl Theodosius mit Erfolg den Senator Nectarius, einen Juristen, der sich beim Volk als Prätor beliebt gemacht hatte, einen Mann, der nicht durch Teilnahme an innerkirchlichen Streitigkeiten belastet war und von dem der Kaiser treue Ergebenheit erwarten durfte. Ähnlich wie wenige Jahre zuvor Ambrosius von Mailand, mußte Nectarius vor Wahl und Weihe erst noch getauft werden.[25]

Wie straff Theodosius das Geschehen lenkte, zeigt das auf der Schlußsitzung am 9. Juli zusammengefaßte Ergebnis der Beratungen: Kanon 1 enthält unter Anathematisierung der Häretiker ein Bekenntnis, das dem Sinne nach ganz der Formel des kaiserlichen Erlasses vom 10. Januar 381 entspricht und das noch heute als Symbolum Nicaeno–Constantinopolitanum im Gebrauch der ganzen Christenheit ist. Im zweiten Kanon wurden die fünf Diözesen des Ostens zu selbständigen kirchlichen Bezirken erklärt und den Bischöfen das Übergreifen in andere Sprengel untersagt. Nur für die Diözesen Aegyptus und Oriens wurde allerdings mit den Bischöfen von Alexandria bzw. Antiochia ausdrücklich ein Oberhirt benannt. Der dritte, offenbar besonders den Wünschen des Theodosius angepaßte Kanon besagte, daß der Bischof von Konstantinopel den Ehrenrang direkt nach dem Bischof von Rom haben solle, weil Konstantinopel das neue Rom sei. Damit galt der als Berater des Kaisers besonders in Frage kommende, aber auch vom Kaiser besonders abhängige Bischof der Reichshauptstadt als ranghöchster Bischof des Ostens. Freilich war ihm damit noch nicht ein bestimmtes Gebiet jurisdiktionell unterstellt. Kanon vier erklärte schließlich die Wahl des Maximus (s. o.) für ungültig. Auch Timotheus von Alexandria stimmte zu, obwohl Kanon 2 und 3 eindeutig gegen die Vormachtstellung Alexandrias im Osten gerichtet waren. Der um seine Zustimmung ersuchte und damit von den Bischöfen als Autorität in Glaubenssachen anerkannte Theodosius zögerte nicht lange und verlieh so den Kanones Gesetzeskraft.[26]

Mehr als kühl war die Reaktion auf das Konzil im Westen des Reiches. Besonders empfindlich war man gegenüber der Rangerhöhung Konstantinopels, zumal man seit etwa 360 Rom bewußt als „apostolica sedes" bezeichnet hatte und nun die Ehrenstellung Konstantinopels nicht von der (auch kaum nachweisbaren) Apostolizität dieses Bischofssitzes, sondern vom weltlichen Rang der Stadt hergeleitet wurde. Das von Kaiser Gratian einberufene, jedoch völlig durch Bischof Ambrosius von Mailand beherrschte Konzil oberitalienischer und illyrischer Bischöfe, das am 3. September 381 in Aquileia zusammentrat, ignorierte die Beschlüsse von Konstantinopel. Die Versammlung forderte unter anderem zur Bereinigung des noch immer anhaltenden Konfliktes um den Bischofssitz von Antiochia die Einberufung eines Konzils nach Alexandria. In einem persönlichen Schreiben des Ambrosius, in welchem er auf Gratians Wunsch die Beschlüsse der Väter von Aquileia dem Theodosius vortrug, wird die Forderung nach einem allgemeinen Konzil, das in Rom stattfinden sollte, wiederholt.[27] Theodosius antwortete nicht nur Ambrosius sehr scharf und nahm in Aquileia anathematisierte Bischöfe freundlich auf, sondern er berief zugleich noch ein neues Konzil nach Konstantinopel ein. Vermutlich vom Kaiser dazu angehalten, lehnten die im Sommer 382 unter Nectarius zu Konstantinopel versammelten Bischöfe des Ostens eine Einladung nach Rom ab, wo damals die Bischöfe des Westens zusammenkamen. Immerhin schickte man eine dreiköpfige Delegation mit einem Synodalschreiben, in welchem man das eigene Bekenntnis kurz darlegte und unter Zurückweisung westlicher Vorwürfe die Rechtmäßigkeit der Wahlen des Nectarius und der inzwischen erfolgten des Flavianus zum Bischof von Antiochia betonte.[28] Spätestens im Verlauf des Jahres 382 dürfte es Theodosius klar geworden sein, daß die mit dem Edikt vom 27. Februar 380 angestrebte Bekenntniseinheit der Christen höchstens mit gewaltsamer Durchführung verschiedener Gesetze zu erreichen sei. Da er dies aber schon aus politischen Erwägungen heraus kaum wollte und er dazu dem Gotenbischof Ulfila eine erneute Diskussion über Glaubensfragen versprochen hatte, berief er zum Juni 383 ein weiteres Konzil nach Konstantinopel ein, zu dem auch nicht mehr als orthodox geltende Bischöfe eingeladen wurden. Ähnlich wie bei dem schon vor Zusammentritt des Konzils verstorbenen Ulfila scheint freilich bei den zur Versammlung erschienenen Häretikern keine Aussicht darauf bestanden zu haben, daß sie ihr Bekenntnis aufgaben. Auf orthodoxer Seite scheute vermutlich nicht nur der theologisch wenig erfahrene Nectarius von Konstantinopel vor einer offenen Diskussion zurück. Auf Einflüsterung vor allem des novatianischen Presbyters Sisinnius hin sorgte Nectarius dafür, daß Theodosius den Versammelten zunächst nur die Frage vorlegen ließ, ob sie den Lehren der vornicaenischen Väter zustimmten. Als es nach allgemeiner Bejahung dann über die Frage, ob diese Lehren als Zeugnis für den Glauben hinreichend wären, zum Streit kam, beendete Theodosius die Diskussion und befahl den Vertretern der verschiedenen Richtungen, ihr Bekenntnis schriftlich einzureichen. Nur das des Nectarius und das des novatianischen Bischofs Agelius, welches ebenfalls die Wesensgleichheit enthielt, wurden anerkannt, alle anderen Formeln als häretisch verurteilt. Diese Entscheidung war, was weithin nicht beachtet wird, auch für die Gestaltung der Germanenpolitik von Gewicht, weil damit die Eingliederung der Goten und anderer arianischer Germanen erschwert wurde.[29] Der Kaiser mochte allerdings hoffen, daß noch viele Goten zum Nicaenum fanden, so wie der 379 als General bewährte Modares, den Gregor von Nazianz als eine Stütze des wahren Glaubens ansah.[30] Die Konzilien von 382 und 383 müssen deswegen in engem Zusammenhang mit dem Edikt von 380 und dem Konzil von 381 betrachtet werden, weil erst damit deutlich wird, in welchem Maß sich Theodosius als Autorität auch in Glaubensfragen bei den Bischöfen des Ostens durchgesetzt hatte.

4. Frieden mit Goten und Persern

Theodosius hat die ersten Jahre seiner Regierung nun keineswegs, so wie es manchmal hingestellt wird, vorwiegend mit der Reform kirchlicher Verhältnisse, dem Erlaß von Rangordnungsvorschriften und dergleichen verbracht. Zumindest gleiche Energie wie der Herstellung der kirchlichen Einheit und damit der Beseitigung innerer Spannungen widmete er der Wiederherstellung der Ruhe in den seit 376 von den Barbaren heimgesuchten Gebieten seines Herrschaftsbereiches. Der Kaiser suchte das Problem zunächst militärisch zu lösen. Die Pausen zwischen militärischen Operationen nutzte er intensiv zur Reorganisation und zum Wiederaufbau der 378 so schwer angeschlagenen Armee. Bei der Auffüllung des Mannschaftsbestandes griff er weitgehend auf Überläufer aus den Reihen der Goten und anderer Stämme zurück. Da die kriegsfreie Zeit sehr knapp war, konnte der Neuaufbau allerdings noch nicht vollzogen sein, als die Westgoten unter Fritigern im Frühjahr 380 in die Diözese Makedonien vorstießen. Hinzu kam, daß sich die soeben in die Armee aufgenommenen Goten beim Kampf gegen ihre Volksgenossen als wenig zuverlässig erwiesen. Theodosius mußte um Hilfe bitten. Die von Gratian entsandten Generale Bauto und Arbogast – beide fränkischer Herkunft – konnten die bis Thessalien vorgestoßenen Goten wieder bis Thrakien zurückdrängen. Anfang September 380 trafen sich beide Kaiser in Sirmium. Wenig später schloß Gratian mit den Anführern der ebenfalls im Frühjahr dieses Jahres nach Obermösien und Pannonien eingefallenen Ostgoten und Alanen Frieden und siedelte diese Scharen in Pannonien an. Zum Abschluß dieses Vertrages trug vermutlich bei, daß sich der im Herbst 380 schwer erkrankte Theodosius bereits bei der Abreise aus Sirmium nicht mehr gesund genug fühlte, den Feldzug fortzusetzen.[31]

Kurz nach seinem am 24. November 380 erfolgten feierlichen Einzug in Konstantinopel erzielte der Kaiser einen zumindest spektakulären Erfolg, als er mit dem Westgotenfürsten Athanarich ein Bündnis schließen konnte. Der Öffentlichkeit dürfte dabei kaum bewußt geworden sein, daß der einst mächtige Athanarich jetzt nur noch über eine kleine Anhängerschaft verfügte. Angesichts der seit 378 gesteigerten Erbitterung über die Germanen wirkte es dann freilich wohl bei vielen schockierend, daß der Gote bei seinem Einzug in Konstantinopel am 11. Januar 381 vom Kaiser feierlich empfangen wurde und er ein prächtiges Begräbnis erhielt, als er nur zwei Wochen später verstarb. Wie Theodosius das freundliche Verhalten gegenüber Athanarich interpretiert sehen wollte, zeigt die am 19. Januar 381 vor dem Senat zu Konstantinopel gehaltene 15. Rede des Themistius.[32] Der Redner betont, daß sich der in Krieg und Frieden gleich rühmenswerte Kaiser angesichts seiner umfassenden Aufgaben nicht einseitig auf die Vertreibung der Barbaren aus einem Teil des Imperiums konzentrieren könne, weil es ja schließlich gelte, das weite Gebiet vom Bosporus bis zum Tigris vor Schäden aller Art zu bewahren. Durch seine auch beim Feind Vertrauen erweckende Haltung habe Theodosius den Gotenfürsten ohne Mühsal und Kampf dazu gebracht, ihn um Schutz anzuflehen. Mit dem Hinweis, daß der Vater des Athanarich einst von Konstantin durch Aufstellen einer Statue in Konstantinopel geehrt worden sei, wird sehr bewußt an die Verträge des Stadtgründers mit den Barbaren erinnert und so gezeigt, daß sich die Politik des Theodosius in durchaus traditionellen Bahnen bewege. In der Rede wird ferner erwähnt, daß die regierenden Kaiser in edlem Wettstreit den Status quo wiederhergestellt und den Staat geheilt hätten. Schließlich werden die Kaiser unter Hinweis auf die Überlegenheit des Römertums gegenüber den Barbaren aufgefordert, die Schlagkraft der Armee vollends wiederherzustellen und so zu neuen Siegen zu gelangen.

Ganz im Sinne dieser Rede waren versöhnliche Töne gegenüber den Barbaren und Entschlossenheit zum Kampf für die kaiserliche Regierung miteinander vereinbar. Das zeigt sich, als wenig später Hunnen, Karpen und Skiren energisch über die Donau zurückgedrängt wurden. Diese Aktion, aber auch die in der Behandlung des Athanarich zur Geltung kommende Bereitschaft des Theodosius, neue Wege in der Germanenpolitik zu beschreiten, mochte das noch im Kriegszustand befindliche Gros der Goten veranlaßt haben, Ruhe zu bewahren und Verhandlungen mit Rom aufzunehmen. Erst am 3. Oktober 382 jedoch konnte der Kaiser einen in seinem Auftrag durch den Heermeister Saturninus ausgehandelten Bündnisvertrag ratifizieren. Die Ehrung des Saturninus mit dem Konsulat von 383 läßt erkennen, daß das Verhandlungsergebnis den Intentionen des Kaisers entsprach. Die wichtigste Quelle für den Vertrag, die *16. Rede* des Themistius, ist leider nicht sehr genau, doch lassen sich als wesentliche Punkte folgende Vereinbarungen mit einiger Sicherheit ermitteln: 1. Die Goten erhielten zwischen Donau und Balkangebirge Siedlungsland als steuerfreies Eigentum; dazu gehörte nicht das Gebiet der Städte. 2. Das zugewiesene Land blieb zwar römisches Hoheitsgebiet, doch galten die Goten als autonom. 3. Die Goten wurden Reichsangehörige, erhielten aber kein „connubium", d. h. Ehen zwischen römischen Bürgern und Goten wurden nicht als rechtmäßig anerkannt. 4. Die nun als Verbündete („foederati") geltenden Goten verpflichteten sich zur Waffenhilfe für Rom. 5. Die Föderaten galten beim Kampfeinsatz als im kaiserlichen Dienst stehend, sie sollten jedoch von den eigenen Führern befehligt werden.[33] Der Vertrag wurde gelegentlich nur als eine Erneuerung bereits 376 getroffener Vereinbarungen angesehen, doch hat man dabei vor allem die recht verschiedenen Ausgangssituationen nicht hinreichend beachtet: 376 baten die Goten in höchster

Bedrängnis um Aufnahme in das Reich und waren auf die kaiserliche Gnade angewiesen, 382 hatten sie sich im Reichsgebiet festgesetzt und die Regierung war sehr an einem guten Einvernehmen mit den Goten interessiert, ein Interesse, das aber nicht nur aus militärischem Unvermögen, sondern auch aus einer veränderten Konzeption der Germanenpolitik resultierte. Erst 382 kam ein Vertrag zustande, der die grundlegende Neuerung enthielt, daß ein in geschlossenem Verband auf Reichsboden angesiedeltes fremdes Volk seine Autonomie behielt. Außer den sich aus dieser starken Stellung ergebenden Risiken brachte der Vertrag durch Steuerausfall und die vermutliche Zahlung von Jahrgeldern auch schwere finanzielle Belastungen. Andererseits hatte man durch besonders in Gallien gemachte Erfahrungen Anzeichen dafür, daß es keine Utopie war, auf die Seßhaftmachung der Germanen und die Rekultivierung teilweise veröderter Landstriche zu hoffen. Ferner durfte man eine Stärkung der römischen Wehrkraft erwarten. Eine erhebliche Rolle wird bei den Überlegungen des Kaisers das Wissen um die Geschicke Ulfilas gespielt haben, des gotischen Bischofs, der an der Christianisierung der Föderaten von 382 maßgeblichen Anteil hatte. Ulfila (= Wulfila), um 311 im Gotenland nördlich der unteren Donau geboren, hatte 341 in Antiochia die Weihe zum Bischof erhalten, missionierte dann sieben Jahre in seiner Heimat und floh 348/49 anläßlich einer Christenverfolgung mit einer Gruppe seines Volkes auf römisches Gebiet. Ulfila und seine Leute wurden bei Nikopolis in Mösien angesiedelt. Diese Goten wurden seßhaft und zeigten sich auch in den bewegten Jahren von 376 an loyal gegenüber Rom. Ulfila, der gotisch, lateinisch und griechisch predigte und schrieb, gewann offenbar auch das Vertrauen der eingesessenen Reichsbewohner. Durch Teilnahme an verschiedenen Synoden zeigte er seine Verbundenheit mit den Bischöfen des Reiches. Echte Gegensätze bestanden für ihn nicht zwischen Römern und Barbaren, sondern zwischen Anhängern und Feinden des Glaubens. Solche Realitäten durften Theodosius mit Zuversicht erfüllen, als er die Konsequenzen einer Ansiedlung der Stammesbruder Ulfilas überdachte. Dem Kaiser war gewiß bekannt, daß Ulfila und seine Goten nicht dem 380 für verbindlich erklärten Bekenntnis anhingen, sondern der seit etwa 355 existierenden, besonders im unteren Donauraum starken Gruppe der Homöer nahestanden. Angesichts der seit 325 häufigen Übertritte von einem Bekenntnis zum anderen konnte man jedoch auf eine Überbrückung der Unterschiede hoffen. Die moderne Fiktion, daß das von Ulfila gepredigte Bekenntnis aus germanischer Eigenart erwachsen sei und schon deshalb an kein „Zurück" der Goten zu denken war, gab es für Theodosius ja schließlich nicht.[34]

Anfang 383 feierte man in Konstantinopel nicht nur den Frieden mit den Goten, sondern man durfte auch auf Frieden mit den Persern und zugleich damit auf Rückgewinnung der im Jahre 363 von Kaiser Jovian preisgegebenen armenischen Gebiete hoffen. Gewiß drohte von den Persern um 380 keine so akute Gefahr, wie von den Germanen auf dem Balkan, doch hatten die sassanidischen Herrscher Persiens seit Mitte des 3. Jh. n. Chr. gar manches Mal Rom in außerordentliche Bedrängnis gebracht. Im 4. Jh. waren vor allem die Regierungszeiten Constantius' II. und Valens aufs schwerste durch Feldzüge gegen das Sassanidenreich belastet. Kaum gab es an der Ostgrenze einmal richtige Ruhe. Von daher wird es verständlich, daß man noch um 400 die Perser für sehr gefährlich hielt[35] und der Abschluß eines ehrenvollen Friedens im Osten jedem Herrscher hohen Ruhm einbrachte. Infolge eines Thronwechsels, der 383 Schapur (Sapor) III. auf den persischen Thron brachte, und eines Einfalles hunnischer Reiternomaden, der vom Kaukasusgebiet bis nach Kappadokien, Kilikien und Syrien führte, trat bei der Herstellung des Friedens an der Ostgrenze noch eine Verzögerung ein. 384 erfolgte aber dann ein Gesandtenaustausch. Die Verhandlungen wurden von persischer Seite aufgenommen. An der römischen Gegengesandtschaft nahm auch der junge, in den folgenden Jahren zu höchster Macht aufsteigende Stilicho teil. Entgegen der auf Stilichos Lob bedachten Darstellung des Dichters Claudian kamen die

Verhandlungen noch nicht damals, sondern wohl erst um 387 zum Abschluß. Bei der Aufteilung Armeniens, um die es hier im wesentlichen ging, mußte sich Theodosius zwar damit begnügen, daß nur etwa ein Fünftel unter römische Oberhoheit kam, aber man konnte doch das Gefühl haben, daß die Schande von 363 getilgt war und daß dieser Friede Bestand haben könne.[36]

5. Sieg über den Usurpator Maximus und Besuch in Rom

Die Herstellung des Friedens mit Goten und Persern war für Theodosius auch deswegen sehr wichtig, weil mitten in der Phase des Wiederaufbaues eine neue schwere Belastung von außen her drohte. In den ersten Monaten des Jahres 383 erhoben die Truppen in Britannien ihren Kommandeur Maximus, der aus Spanien stammte und einst unter Theodosius' Vater gedient hatte, zum Kaiser. Erst im Juni, als Maximus schon nach Gallien übergesetzt hatte, erfuhr Gratian von der Usurpation. Er eilte von Verona aus in Richtung Paris, mußte aber dann fliehen, als immer mehr der mit ihm unzufriedenen Soldaten zu Maximus überliefen. Am 25. August wurde der Kaiser auf der Flucht in Lyon getötet und wenig später war der Usurpator Herr über Britannien, Gallien und Spanien.[37] Daß wir nichts über ein Eingreifen des Theodosius vor dem Tode Gratians erfahren, hat zu mancherlei Spekulationen über sein Verhalten geführt. Genährt wurde die Phantasie noch dadurch, daß sich nach einem Teil der Überlieferung Maximus als Verwandter des Kaisers ausgab und daß 381 und 382 im kirchenpolitischen Bereich eine Entfremdung zwischen Theodosius und Gratian eingetreten war. Man glaubte, daß Maximus im Einverständnis mit dem Herrscher des Ostens handelte, weil Gratians Beseitigung die Vormachtstellung des Theodosius fördern mußte, und Pearce sprach gar auf Grund etlicher Theodosiusprägungen der römischen Münzstätte von der Existenz einer gegen Gratian und Valentinian II. arbeitenden fünften Kolonne des Theodosius.[38] Das Verhalten des Theodosius läßt sich leicht ohne derartige, quellenmäßig nicht fundierte, Vermutungen erklären. Einmal ist zu bedenken, daß Theodosius noch später als Gratian von der Usurpation erfahren haben dürfte und wohl kaum jemand mit einem so raschen Zusammenbruch der Macht Gratians rechnete. Außerdem ermöglichte selbst das im Herbst 382 mit den Goten in Thrakien abgeschlossene Bündnis noch keinen Truppenabzug aus diesem Raum und war im Sommer 383 die Lage an der Ostgrenze noch keineswegs geklärt. Hinzu kam, daß der dienstältere Augustus Valentinian bzw. seine Ratgeber sehr rasch Verhandlungen mit Maximus aufnahmen und Theodosius vermutlich nicht einmal um Hilfe gebeten wurde. Ermutigt durch die Verhandlungsbereitschaft des in Mailand residierenden Valentinian schickte Maximus noch 383 eine Gesandtschaft nach Konstantinopel und ließ neben der Anerkennung auch ein Bündnis fordern. Theodosius ging darauf nicht ein.

Im Verlauf des Jahres 384 kam Theodosius wohl im Einvernehmen mit Valentinian II. und dessen Beratern offenbar zu der Überzeugung, daß man sich mit der Beherrschung Britanniens, Galliens und Spanien durch Maximus abzufinden habe. Ob eine de-iure-Anerkennung folgte, ist nicht zu klären. Ein gewisser Trost für Theodosius mag es gewesen sein, daß Maximus ein guter Katholik war.[39] Wie weit die de-facto-Anerkennung des vorwiegend in Trier residierenden Maximus ging, zeigt sich daran, daß im Jahre 386 Euodius, der Prätorianerpräfekt des Maximus, als Konsul anerkannt wurde und daß 387 Valentinian sich gar an Maximus um Truppenhilfe für das damals erneut durch Barbaren bedrohte Pannonien wandte. Maximus, der freilich nicht die Unterstützung Valentinians, sondern die Ausweitung seines Machtbereiches im Sinne hatte, nützte die Arglosigkeit des verhandelnden Gesandten Domninus und ließ sich durch die ihm mitgegebenen Hilfstruppen die Alpenstraße nach Oberitalien öffnen. Im Sommer 387 sah sich Valentinian genötigt, mit seinem Hofstaat Italien zu verlassen und in den Osten seines Reichsbezirkes, nach Thessalonike zu

Abb. 4. Marmorbüste des Kaisers Arcadius

fliehen. Theodosius sagte dem Mitkaiser Unterstützung zu, ließ ihn aber auch wissen, daß er seine Bedrängnis als gerechte Strafe für seinen Abfall vom apostolischen Glauben ansehe.[40] Wenn Theodosius sich aber nun doch sehr bald zum Kampf gegen Maximus entschloß, so dürfte dabei von Bedeutung gewesen sein, daß der seit 386 verwitwete Kaiser noch 387 Galla, die Schwester Valentinians, heiratete und seine neue Schwiegermutter Iustina mit besonderem Nachdruck dafür eintrat, Gratian endlich zu rächen.

Zu Beginn des Jahres 388 herrschte offiziell noch Frieden, doch waren die Rüstungen zum Kriege bereits voll im Gang. Das Kommando über die Kavallerie des zu einem erheblichen Teil aus seit 382 angesiedelten oder sonst aufgenommenen Barbaren bestehenden Heeres erhielt Promotus. Er hatte 386 einen Sieg über barbarische Scharen, vorwiegend greutungische Goten, an der unteren Donau errungen (dazu S. 146). Die Infanterie wurde dem ebenfalls schon erwähnten Timasius unterstellt. Daneben nahmen auch zwei Generale fränkischer Herkunft teil, nämlich Richomer und Arbogast, der Heermeister Valentinians, der sich damals das besondere Vertrauen des Theodosius erwarb. Um sich des Erfolges zu versichern, soll der Kaiser vor seinem Anfang Juni erfolgten Aufbruch noch eine Anfrage an den bei Lykopolis (Ägypten) lebenden Einsiedler Johannes gerichtet und von ihm eine günstige Prophezeiung über den Ausgang des Krieges erhalten haben.[41] Seinen elfjährigen Sohn Arcadius, seit 383 Augustus, ließ Theodosius in Konstantinopel zurück. Ranghöchster Berater des Arcadius wurde der soeben zum Prätorianerpräfekten ernannte Tatianus, ein Heide, der seit 379 als Privatmann gelebt hatte. Theodosius zog mit den Hauptstreitkräften der Armee des Maximus entgegen, die schon in Pannonien eingedrungen war und den Saveübergang bei Siscia besetzt hielt. Valentinian sollte mit einer Flotte Italien angreifen. Ferner wurde eine Heeresabteilung von Ägypten nach Afrika beordert, um dem in seiner Haltung unsicheren, seit 385 als eine Art Generalstatthalter der nordafrikanischen Provinzen amtierenden „comes" Gildo die kaiserliche Macht zu demonstrieren. Schon im Juli konnte Theodosius die Truppen des Maximus, der sein Hoflager in Aquileia aufgeschlagen hatte, zunächst bei Siscia (Sissek), dann bei Poetovio (Pettau) unter nur geringen eigenen Verlusten schlagen. Sehr viele Soldaten liefen zum siegreichen Kaiser über. Auf dem weiteren Vormarsch ließ sich Theodosius einen begeisterten Empfang in Emona (Laibach) bereiten und rückte dann, ohne Widerstand zu finden, in Richtung Aquileia vor. Maximus ergab sich auf Gnade und Ungnade dem Sieger. Am 28. August der Wut der Soldaten zum Opfer gefallen, wurde er als Usurpator gebrandmarkt, wurden seine Regierungsmaßnahmen aufgehoben und von ihm verliehene Ehren für ungültig erklärt. Wie schon mit den Soldaten verfuhr Theodosius auch mit dem sonstigen Anhang des Maximus unerwartet milde. Er kümmerte sich sogar um die Versorgung der Familie des Gegners.[42] Von der Milde des Kaisers profitierten auch der Redner Symmachus, der 388 eine Lobrede auf Maximus gehalten hatte, und der Bischof Theophilus von Alexandria, der sicherheitshalber sowohl Theodosius als auch Maximus Geschenke und Briefe hatte überreichen lassen.[43] Wie Theodosius kam nach einiger Zeit auch Valentinian, dessen Flotte erfolgreich operiert und für die Wiederherstellung der Regierungsautorität in Italien gesorgt hatte, nach Mailand. Noch im Jahre 388 kämpfte Arbogast in Theodosius' Auftrag die letzten sich um Maximus' Sohn Victor scharenden Gegner in Gallien nieder. Valentinian bekam offiziell wieder den westlichen Reichsteil, und zwar in dem Umfang, wie ihn Valentinian I. besessen hatte, übertragen. Faktisch allerdings behielt Theodosius, der nun bis Sommer 391 in Italien blieb, die Leitung des ganzen Reiches in seinen Händen und ließ Valentinian nur das Gesetzgebungsrecht für den gallischen Präfektursprengel. Beaufsichtigt gleichsam war der junge Kaiser durch seinen gewichtigsten Helfer, den Heermeister Arbogast, der nunmehr als engster Vertrauensmann des Theodosius gelten konnte.

Das Traditionsbewußtsein des Herrschers, der sich allerdings nicht gescheut hatte, auf verschiedenen Gebieten neue Wege einzuschlagen, wurde evident, als er 389 nach Rom zog, um dort in der ewigen Stadt, der „urbs aeterna", dem altehrwürdigen Mittelpunkt des Erdkreises, nochmals seinen Sieg über Maximus feiern zu lassen und so auch eindrucksvoll seinen Herrschaftsanspruch über das gesamte Imperium Romanum zu unterstreichen. Gemeinsam mit seinem vierjährigen Sohn Honorius, den er eigens aus Konstantinopel hatte bringen lassen, hielt er am 13. Juni 389 seinen triumphalen Einzug in Rom. Hier in der alten Reichshauptstadt durfte der als Gesandter seiner gallischen Heimat gekommene Rhetor Pacatus während einer Festsitzung seine Lobrede auf Theodosius vortragen. Einen breiten Raum der Rede nimmt die Schilderung des Kampfes gegen Maximus ein, aber auch schon die der Leiden Galliens unter seinem Regime. Aus dem eigentlichen Hauptthema, dem Lob des Kaisers, resultiert die Skizzierung eines Herrscherideals. Pacatus knüpfte dabei an ein von Menander, einem Rhetor des 3. Jh. gegebenes Schema und an verschiedene der im Corpus der Panegyrici Latini edierten Reden an, bietet aber doch interessante Varianten.[44] Auffällig ist vor allem das republikanische Kolorit seines Herrscherbildes. Die „Wahl" des Kaisers wird mit der der republikanischen Magistrate verglichen: der Kaiser ist vornehmer Herkunft im Sinne des republikanischen Adelsideals, er erreicht die Kaiserwürde ähnlich wie ordnungsgemäß gewählte Magistrate im rechten Alter. Theodosius wird ab und an mit den vorbildhaften Gestalten des noch armen und schlichten Römertums verglichen. Solche Details hindern selbstverständlich Pacatus nicht daran, ganz im Sinne seiner Zeitgenossen zum Ausdruck zu bringen, daß der Kaiser ein weit über die Menschen erhabenes, mit Göttlichkeit begnadetes Wesen und ein in seiner Gewalt unbeschränkter Herrscher ist.[45] Der allerchristlichste Kaiser Theodosius, der nach gutem Brauch den Senat besuchte und von der Rednertribüne zum Volk sprach, ließ es sich gefallen, daß ihn Pacatus als Gottheit apostrophierte.[46] Wie sehr die heidnische Adelsschicht damals auf die Gunst des Kaisers zählen durfte, zeigt nicht nur die Nachricht, daß er in den Häusern des Adels wie mit seinesgleichen verkehrte, oder die Begnadigung des Symmachus (s. o.), sondern auch die Ernennung des Heiden Ceionius Rufius Albinus zum Stadtpräfekten von Rom. Solche Tatsachen sprechen dagegen, daß Theodosius 389 im Senat eine Rede gegen das Heidentum hielt. Obwohl wir lediglich bei Sokrates (V 14) im Zusammenhang mit dem Rombesuch davon erfahren, daß Theodosius neben den Priestern des eigenen Glaubens die als rechtgläubig anerkannten Novatianer freundlich empfing, so dürfen wir auf Grund von Berichten zu späteren Kaiserbesuchen annehmen, daß „zum Zeremoniell auch ein feierlicher Empfang durch den Klerus und ein Besuch der Apostelgräber gehörte".[47] Auch über eine Begegnung mit dem damaligen Papst Siricius hören wir nichts. Das dürfte darauf beruhen, daß zwischen Theodosius und dem Bischof von Rom seit der Rangerhöhung Konstantinopels nur ein kühles Verhältnis bestand. Einem Wunsch des Papstes entsprach der Kaiser offenbar mit einem scharfen Erlaß gegen die Manichäer am 17. Juni; andererseits ließ er sich von Siricius nicht dazu bewegen, im Schisma um den Bischofsthron von Antiochia seine Haltung zu ändern und seinen Favoriten Flavianus nicht mehr zu begünstigen.[48] Theodosius suchte durch Leutseligkeit auch die städtischen Massen zu gewinnen. Sichtbarer Ausdruck davon waren die Verteilung einer Sonderspende an die Stadtrömer und die Vermittlung außerordentlicher Importe aus Makedonien als Ersatz für die damals stockende Getreidezufuhr aus Afrika. Kaiser Theodosius, der am 1. September die Stadt wieder verließ und sich nach Norden begab, zeigte sich insgesamt zutiefst beeindruckt von den Kunstwerken und den alten Bauten der ewigen Stadt.[49]

6. Der Bußakt von Mailand (Theodosius und Ambrosius)

Am Weihnachtstage des Jahres 390 wurde Theodosius in Mailand von Bischof Ambrosius nach längerer Zeit wieder zur Kommunion zugelassen, nachdem er sich vorher mehrfach ohne seine kaiserlichen Insignien vor allem Volk in der Kirche zu Boden geworfen, seine Sünden unter Tränen bekannt und um Verzeihung gefleht hatte. Zu dieser ersten öffentlichen Kirchenbuße eines Herrschers in der Weltgeschichte war es gekommen, nachdem durch einen nicht rechtzeitig widerrufenen Befehl des Kaisers ein Blutbad unter der Bevölkerung von Thessalonike angerichtet worden war und Ambrosius die Wiederaufnahme des Theodosius in die Kirchengemeinschaft von einer öffentlichen Buße abhängig gemacht hatte.[50] Kaum ein Ereignis der Geschichte des ausgehenden 4. Jhs. hat Historiker und Theologen mehr beschäftigt als der Bußakt von Mailand. Vielseitig sind daher auch die Deutungen. Man sprach von einem Wendepunkt in der Kirchengeschichte, von einem Sieg der Kirche über den Staat, von der geraden Linie, die von der Kirchenbuße des Theodosius zum Gang Heinrichs IV. nach Canossa führte, oder auch davon, daß Theodosius nun völlig in die Abhängigkeit des Ambrosius geriet. Um die Bedeutung des Geschehens von Weihnachten 390 verständlich zu machen, gilt es nicht nur darzulegen, wie es dazu kam, sondern auch das Verhältnis des Kaisers zum Bischof von Mailand ganz allgemein zu erläutern.

Ambrosius war um 339 in Trier als Sohn des damaligen Präfekten von Gallien geboren worden. Nach dem baldigen Tod des Vaters zog die Familie nach Rom, wo Ambrosius in den Kreisen des Hochadels aufwuchs und seine entscheidenden Bildungserlebnisse empfing. Um 370 wurde er Statthalter der Provinzen Liguria und Aemilia mit dem Amtssitz in Mailand. Als 374 der Bischof Auxentius, der die Anhänger des Nicaenums schwer unterdrückt hatte, starb, entbrannte ein scharfer Kampf um die Nachfolge. Um drohende Tumulte zu verhindern, begab sich Ambrosius, damals noch nicht getauft, in die für die Wahl vorgesehene Kirche und wurde dort völlig überraschend zum Bischof ausgerufen. Ambrosius, der darauf bestand, von einem Nicaener getauft und geweiht zu werden, erklärte sich bereit, den gesamten Klerus des Auxentius zu übernehmen und schuf sich so unter Wahrung der Belange der

Orthodoxie sofort einen festen Rückhalt. Bereits im folgenden Jahr sehen wir ihn führend bei einer Synode von Nicaenern in Sirmium. Zielbewußt suchte der Bischof Einfluß auf Valentinian II. und Gratian zu gewinnen und hatte bereits 378 eine mächtige Position am Mailänder Hof inne. Seinem Einfluß auf Gratian, dem er Bücher über den Glauben und den Heiligen Geist widmete, ist es wesentlich zuzuschreiben, daß der Kaiser 379 das ein Jahr vorher erlassene Toleranzedikt (dazu S. 20) zurücknahm, er 382 den heidnischen Kulten in Rom die staatlichen Mittel entzog und zugleich befahl, den Altar der Victoria aus der Kurie zu entfernen. Am entschlossenen Widerstand des Ambrosius scheiterten Versuche der Senatsmehrheit, einen Widerruf dieser Maßnahmen zu erreichen. Ambrosius, dessen diplomatisches Geschick man nach dem Tode Gratians für Verhandlungen mit dem Usurpator Maximus nutzte, lebte, bedingt durch den offenen Arianismus Justinas, die auch ihren Sohn Valentinian zu beeinflussen suchte, seit 383 in fast ständiger Spannung mit dem Hof. Der Höhepunkt wurde erreicht, als Valentinian am 23. Januar 386 ein Toleranzedikt zugunsten der Arianer erließ. Der nun ausbrechende harte Kampf endete rasch mit einem völligen Sieg des Bischofs.[51]

Theodosius mußte zuerst im Jahre 381 die Erfahrung machen, daß Ambrosius im Gegensatz zur Mehrheit der Bischöfe seines Reichsteiles nicht gewillt war, kaiserliche Autorität auch in Glaubensfragen hinzunehmen. Andererseits hatte auch Ambrosius zu spüren bekommen, daß der von ihm als fromm anerkannte Kaiser eine ganz andere Persönlichkeit als Gratian oder Valentinian war. In voller Eintracht mit Ambrosius ließ Theodosius Milde walten gegen die Anhänger des im Sommer 388 besiegten Maximus (s. S. 38), aber noch im Winter 388/89 kam es zu einer ersten Krise. Anlaß war die Maßregelung des Bischofs von Callinicum am Euphrat und etlicher Mönche durch Theodosius. Der Bischof hatte die Bürger seiner Stadt zur Zerstörung der Synagoge angetrieben, die Mönche hatten ein Heiligtum einer gnostischen Sekte niedergebrannt. Unter dem Hinweis, daß er als Bischof seine Meinung sagen müsse, bat Ambrosius den Kaiser, seine Maßnahmen rückgängig zu machen und künftig in derartigen und anderen die Religion betreffenden Fragen Bischöfe zur Beratung heranzuziehen. Theodosius reagierte darauf zunächst gar nicht. Ambrosius, der dem Kaiser den Ehrenplatz in der Kirche nicht, wie dieser es gewohnt war, in der Exedra, sondern nur im Schiff einrichten ließ und ihn damit in die Schar der gewöhnlichen Gemeindemitglieder einreihte, hielt nun bei nächster Gelegenheit eine Bußpredigt und weigerte sich, das Meßopfer in Gegenwart des Kaisers darzubringen, bevor dieser ihn anhörte. Da der Kaiser fromm war und sich auch keinen Konflikt mit dem hochangesehenen Ambrosius leisten wollte, versprach er, das Verfahren einzustellen. Freilich zog der Kaiser nicht, wie ihm Ambrosius vorgeschlagen hatte, verstärkt geistliche Berater hinzu, sondern er gebot im Gegenteil wenig später, die Beschlüsse seines obersten Beratungsgremiums, des Konsistoriums, vor Ambrosius geheimzuhalten. Ferner hat Theodosius, ungeachtet der Ausbreitung antijüdischer Regungen, auch nach dem Zwischenfall von Callinicum seine Schutzpolitik gegenüber dem Judentum aufrecht erhalten.[52] Schließlich trug das Verhalten des Ambrosius vielleicht dazu bei, daß der Kaiser auch weiterhin mit Maßnahmen gegen die Heiden zögerte.

Doch nun zum Konflikt des Jahres 390, der zu einem Zeitpunkt ausbrach, in welchem das Verhältnis zwischen Theodosius und dem Bischof von Mailand zumindest als kühl zu bezeichnen war. Gestützt vermutlich auf ein Gesetz mit Bestimmungen gegen widernatürliche Unzucht, ließ der Gote Butherich, Militärbefehlshaber von Illyricum, im Frühjahr 390 zu Thessalonike einen sehr populären Zirkuskutscher verhaften. Auf die Verweigerung der Freigabe hin entstand ein Aufruhr des durch die Anwesenheit barbarisierter Armee-Einheiten und die Fürsorge des Kaisers für diese Soldaten an sich schon gereizten Pöbels. Butherich wurde erschlagen, mehrere Beamte mißhandelt. Ohne Einleitung einer Untersuchung der Vorfälle gab der zum Jähzorn neigende Theodosius Befehl, das Volk zu einem Schauspiel in den Zirkus zu laden und dann die Soldaten auf die versammelte Masse einhauen zu lassen. Wenig später widerrief der Kaiser den brutalen Befehl, doch ehe der Widerruf eintraf, waren in Thessalonike mehrere tausend Menschen, die Angaben schwanken zwischen 7000 und 15000, erschlagen worden.[53] Die Kunde von dem Blutbad kam nach Mailand, als der Kaiser gerade dort nicht anwesend war und unter Vorsitz des Ambrosius eine Bischofssynode stattfand. Einhellig verurteilten die Synodalen nach dem Bericht des Ambrosius das Vorgehen des Theodosius. Sie erhoben jedoch offenbar keine für die Öffentlichkeit bestimmten Vorwürfe. Die Initiative zur Ermahnung des Herrschers ergriff Ambrosius persönlich. In einem Brief, den er schrieb, als er nach Beendigung der Synode aus Mailand abgereist war, forderte er Theodosius auf, sich nach dem Vorbild des Königs David von seiner Sünde zu reinigen und teilte ihm mit, daß er erst dann wieder das Meßopfer in seiner Gegenwart darbringen könne. Der Brief[54] zeigt, wie ernst es Ambrosius mit dem Grundsatz war, auch der Kaiser befinde sich nicht über, sondern innerhalb der Kirche. Im Bewußtsein dessen, daß noch keinem Kaiser so viel Demütigung abverlangt worden war, baute der Bischof durch den Hinweis auf David als Vorbild Brücken, suchte er persönliche Verletzungen zu vermeiden und betonte er, wie sehr ihm an der Freundschaft des hochverehrten Kaisers liege. Ambrosius, der sich als dankbarer Schuldner des von ihm bisher als ein Vorbild an Frömmigkeit angesehenen Theodosius fühlt, will, wie er schreibt, nichts als Reue für das Vergehen. Außerdem bemühte sich der Bischof, die Angelegenheit mit einer gewissen Diskretion zu behandeln. Daher sind Berichte, wonach der Kaiser nach der vorübergehenden Abwesenheit des Ambrosius doch versucht haben soll, ohne Ableistung der Kirchenbuße einem Gottesdienst beizuwohnen, und der Bischof ihn am Tor der Kirche zurückwies, als verfälscht anzusehen.[55]

Theodosius, der im August seine Residenz nach Verona verlegte, erließ von dort aus am 18. August eine Verfügung, die bestimmte, daß der Strafvollzug erst nach dreißig Tagen erfolgen solle, wenn entgegen kaiserlicher Gewohnheit einmal eine strengere Strafe ausgesprochen werde. Der Kaiser ließ sich dabei wohl von dem Gedanken leiten, künftig verhängnisvolle Kurzschlußreaktionen wie im Falle des Vorgehens gegen die Thessaloniker zu vermeiden. Da es für die Beurteilung des späteren Bußaktes wichtig ist, sei erwähnt, daß Theodosius im Juni des Jahres 390 zwei Gesetze erlassen hatte, welche eindeutig darauf abzielten, die materiellen Interessen des Staates gegenüber dem Klerus zu wahren und der übertriebenen Ausnutzung der Frömmigkeit zugunsten kirchlichen Besitzstandes entgegenzuwirken. Vom Bestreben, gerade jetzt auch kirchliche Kreise die Autorität des Staates fühlen zu lassen, zeugt ferner, daß durch das Gesetz vom 3. September 390 die unter anderem auch 388 in Callinicum als Unruhestifter aufgetretenen Mönche aus den Städten und den bewohnten Gegenden in ihre Einöden verwiesen wurden.[56] Es dürften jedenfalls einige Monate vergangen sein, bis der selbstbewußte Kaiser sich durch seine Frömmigkeit dazu bestimmen ließ einzulenken und vor seiner spätestens am 26. November erfolgten Rückkehr nach Mailand mit Ambrosius Verbindung aufzunehmen. Eingeschaltet wurde dabei der „magister officiorum" Rufinus, der Chef der Staatskanzleien und anderer hoher Behörden, der damals immer stärker das Vertrauen des Kaisers gewann. Förderlich war dabei gewiß, daß Ambrosius, wie erwähnt, bei aller Deutlichkeit nicht die Majestät des Kaisers als solche angegriffen hatte. Letzten Anstoß gaben eventuell Nachrichten über Streitigkeiten zwischen Arcadius und dessen Stiefmutter, die der Kaiser als Strafe des Himmels sah. Wenige Wochen nach der Rückkehr war es dann jedenfalls so weit, daß er öffentlich Buße tat.

7. Kampf gegen das Heidentum und der Sieg über Eugenius

Mit dem Konsulat für das Jahr 391 hatte Theodosius die Heiden Flavius Tatianus, seit 388 Prätorianerpräfekt im Osten, und Q. Aurelius Symmachus, einen der prominentesten Vertreter des stadtrömischen Heidentums bedacht. Auch nach der Kirchenbuße von Mailand nahm Theodosius diese Entscheidung nicht zurück. Sollten also weiterhin überzeugte Nichtchristen bedeutendste Ehrenämter und höchste Verwaltungsposten bekleiden? Würde der Kaiser auch künftig zurückhaltend in der Bekämpfung des in gar manchen Teilen des Reiches immer noch sehr starken Heidentums sein und sich auf den Kampf gegen christliche Häresien beschränken? Alle, die sich solche Fragen stellten, sei es hoffend oder sei es klagend, bekamen sehr bald Klarheit. Nachdem zunächst vermutlich Symmachus aus Anlaß des Dankes für die Verleihung des Konsulates vergeblich die Bitte des Senates um Wiederaufstellung des Victoriaaltares und die Zahlung der Subsidien für die Kulte wiederholt hatte, erließ Theodosius am 24. Februar 391 von Mailand aus eine an den Stadtpräfekten von Rom gerichtete Verfügung, wonach der Besuch von Tempeln und Opfer streng verboten sein sollten. Höhere Beamte, die dagegen verstießen, wurden je nach Rang mit Strafen bis zu 15 Pfund Gold bedroht. Mit diesem keineswegs nur für Rom gültigen Gesetz wollte Theodosius offensichtlich seinen an Weihnachten gezeigten Willen zur Reue vor Gott unterstreichen. Wie ernst er es mit dem neuen Kurs in der Heidenpolitik meinte, ergibt sich daraus, daß die Verfügung vom Februar im Juni nochmals in einem an die obersten Behörden in Ägypten gerichteten Erlaß wiederholt wurde.[57] Äußerer Anlaß dazu war der Volksaufstand in Alexandria anläßlich der von Bischof Theophilus inspirierten Profanierung von Heiligtümern und Mysterien (dazu S. 88). Weiterhin wurden nun frühere Bestimmungen gegen Apostaten, vom Christentum wieder Abgefallene, verschärft.[58] Heidenfeindlichkeit spielte auch mit bei der Anfang des Sommers 392 erfolgten Entfernung des Prätorianerpräfekten Tatianus und seines Sohnes Proculus, des Stadtpräfekten von Konstantinopel, aus ihren Ämtern.[59] Die nächste einschneidende Maßnahme gegen die Heiden erfolgte am 8. November 392: Theodosius verbot in einem für das gesamte Reichsgebiet bestimmten Erlaß alle Arten von Götterkult für jedermann und an jedem Ort. Opfern sollte künftig als Majestätsverbrechen gelten, doch wurden auch andere Vergehen gegen das Kultverbot mit schwersten Strafen bedroht. Schließlich wurden die Behörden der verschiedenen Verwaltungsebenen zur strengen Durchführung des Erlasses ermahnt.[60]

Möglicherweise stand der im Tenor weit schärfer als das Edikt von 380 gehaltene Erlaß vom November 392 im Zusammenhang mit der Entwicklung der allgemeinen politischen Lage. Am 15. Mai 392 hatte man Valentinian II. aufgehängt in seinem Palast in Vienna (Vienne) gefunden. Die Nachricht davon begleiteten Gerüchte, daß der Heermeister Arbogast seinen Herrn ermordet habe. Arbogast ließ durch eine Gesandtschaft in Konstantinopel seine Unschuld beteuern, doch wenn er damit auch formal im Recht war, so war offenkundig, daß er den vergeblich um Unabhängigkeit von seinem allmächtigen Berater ringenden Kaiser in den Tod getrieben hatte.[61] In der Hoffnung auf Arbogasts Loyalität zögerte Theodosius noch mit Gegenmaßnahmen. Daß diese Hoffnung trog, zeigte sich, als Arbogast am 22. August den Hofbeamten Eugenius zum Kaiser erheben ließ.[62] Eugenius war zwar nicht wie Arbogast selbst Heide, aber man wußte, daß dieser religiös indifferente ehemalige Lehrer der Rhetorik heidenfreundlich eingestellt war. Es dürfte bald kein Zweifel mehr darüber bestanden haben, daß Arbogast für seine Marionette Anhang bei den konservativ heidnischen Kreisen suchen würde. Zunächst freilich bemühten sich die Machthaber im Westen noch um Anerkennung durch Theodosius und um Fühlungnahme mit Ambrosius. Man erteilte sogar einer Gesandtschaft des Senats, die um Neubewilligung staatlicher Zuschüsse zur Kultpflege nachsuchte, eine negative Antwort. Sollten noch Unklarheiten darüber bestanden haben, ob Theodosius den Kampf gegen Eugenius aufnehmen würde, so wurden sie beseitigt, als der Kaiser am 23. Januar 393 neben Arcadius auch noch seinen jüngeren Sohn Honorius zum Augustus erheben ließ. Dieser Schritt implizierte nichts anderes als die Erklärung des Eugenius zum Usurpator. Doch der Gegner handelte noch entschlossener und schritt nach Festigung seiner Position durch militärische Erfolge gegen die Germanen zur Inbesitznahme Italiens. Noch vor dem 14. April 393 war diese Operation erfolgreich abgeschlossen.[63] Selbst Ambrosius erkannte Eugenius als Kaiser an, auch wenn er die Begegnung mit ihm vermied und ihn wegen der nun erkennbaren Begünstigung heidnischer Senatoren nicht am Gottesdienst teilnehmen ließ. Theodosius, dem es offenbar noch nicht möglich war, in Italien einzugreifen, suchte wenigstens Afrika für sich zu retten. Dies gelang insoweit, als Eugenius dort nicht Fuß fassen konnte. Andererseits erhielt aber auch Theodosius durch den die afrikanischen Provinzen immer noch fast wie ein Kaiser beherrschenden Gildo keine Unterstützung.

Nach den radikalen Maßnahmen des Theodosius gegen die Heiden und der seit 393 offenkundigen Koalition des Eugenius mit den Kräften der heidnischen Reaktion dürfte der von beiden Seiten sorgfältig vorbereitete Kampf um die Macht im Imperium Romanum schon den Miterlebenden als Entscheidungskampf zwischen Christen und Heiden erschienen sein. Der sich später bildenden Legende darf als Tatsache entnommen werden, daß Theodosius wie 388 wieder den Einsiedler Johannes in der thebaischen Wüste über den Ausgang des Kampfes befragen ließ. Glaubhaft erscheint auch, daß sich der Kaiser durch Beten, Fasten und Prozessionen des Himmels Hilfe für sein Vorhaben zu versichern trachtete.[64] Darüber sollte man aber nicht vergessen, daß er als alter Soldat sich selbstverständlich die oberste militärische Leitung für den Feldzug vorbehielt. Als Armeebefehlshaber standen ihm der schon 388 bewährte Timasius und der durch seine Heirat mit der Kaisernichte Serena im Jahre 384 zum Kaiserhaus gehörende Stilicho zur Seite. Das starke Kontingent der 382 in Mösien angesiedelten Goten stand wahrscheinlich bereits unter dem Kommando des Alarich. Ungefähr gleichzeitig mit Theodosius, dessen Aufbruch aus Konstantinopel in die erste Maihälfte des Jahres 394 zu datieren ist, zogen auch die Gegner von Mailand aus ins Feld. Nach der christlichen Tradition vertrauten sie auf günstige Opferschau und Orakel. Ferner sollen sie für den

Fall eines Sieges damit gedroht haben, die Mailänder Basilika zum Stall und die Geistlichen zu Soldaten zu machen.[65] Gleich Theodosius stützte sich auch Eugenius zum erheblichen Teil auf barbarische Hilfskontingente. Wie im Jahre 388 zog Theodosius die Straße zur Donau und dann zur Save. Da die feindliche Armee diesmal jedoch in Italien Stellung bezogen hatte, konnte der Kaiser unbehindert über Veviodunum und Emona (Laibach/Lublijana) bis auf die Höhen des Karst (oder die Paßhöhe der Julischen Alpen?) an der Straße nach nach Aquileia vorrücken. Erst als er am 5. September aus der engen Belaschlucht in das Tal des Frigidus (Wippach) marschieren wollte, fand er den Weg durch Arbogast versperrt. Gleichzeitig blokkierte eine andere feindliche Abteilung die Rückzugsstraße. Es blieb kein anderer Ausweg als der Versuch eines Durchbruches. Das Risiko mußte vor allem die von Barbaren gebildete Vorhut tragen. Theodosius bemühte sich offenbar, den trotz hoher Verluste unerschrocken weiterkämpfenden gotischen Bündnern so schnell wie möglich Verstärkungen zuzuführen, was angesichts der Geländeverhältnisse jedoch äußerst schwierig war. Schließlich stellte sich der Kaiser zu Fuß persönlich an die Spitze der Reserven. Die von Arbogast geschickt geführte Verteidigung vereitelte den Erfolg des Angreifers. Die Nacht bereitete dem blutigen Gefecht – Orosius spricht übertreibend von 10000 gefallenen Goten –, bei dem sich Eugenius als Sieger fühlen mochte, ein Ende.[66] Nachts gelang es, den im Rücken des Theodosius stehenden Arbitio zum Abfall vom Usurpator zu bewegen. Theodoret will wissen, daß jetzt, da der Rücken frei war, die Generale zum Rückzug rieten, der Kaiser sich diesem Plan aus Siegeszuversicht heraus jedoch nicht anschloß. Theodosius bedachte dabei wohl die Folgen, welche ein solches Eingeständnis einer Niederlage haben mochte und gewiß auch, daß er mit einem sofortigen Gegenschlag den siegestrunkenen Gegner unter Umständen überraschen könne. Mit Gebet bereitete er sich nach verschiedenen Quellen auf die kommende Aufgabe vor.[67] Am frühen Morgen des 6. September gelang es dem Kaiser, durch einen überraschenden Vorstoß das feindliche

Lager zu stürmen. Er führte sein Heer nun aus der Enge heraus, rangierte es zur offenen Feldschlacht und nahm seinen Befehlsstand allen sichtbar auf einem Bergvorsprung ein. Eben hatte Arbogast seine Truppen, hinter deren Stellungen eine Jupiterstatue mit einem goldenen Blitz errichtet war, zum Angriff angesetzt, da sah man, wie Theodosius zum Gebet niederkniete. Plötzlich erhob sich nun eine Bora, die den Leuten des Arbogast den Staub ins Gesicht wirbelte, ihre Wurfgeschosse unwirksam machte und die Handhabe ihrer Schilde behinderte. Dieses Naturereignis überraschte die ortsfremden Mannschaften völlig. Theodosius' Truppen, davon begünstigt, erfochten einen raschen Sieg, drangen ins Lager der Feinde ein und zwangen sie, die Waffen zu strecken. Eugenius wurde auf der Flucht eingeholt. Gebunden zu Theodosius gebracht, warf er sich dem Sieger zu Füßen. Ohne dem Kaiser die Möglichkeit zu einer anderen Entscheidung gegeben zu haben, töteten die Soldaten den Usurpator. Arbogast gab sich am 8. September den Tod. Nicomachus Flavianus, das Haupt der stadtrömischen Aristokratie, hatte sich wahrscheinlich schon vor der Entscheidung das Leben genommen.[68]

Theodosius, der vom Frigidus aus nach Aquileia weiterzog, schickte alsbald die Siegesbotschaft und die Anordnung, Dankgottesdienste abzuhalten an Ambrosius von Mailand. Der Bischof, wegen seiner Anerkennung des Eugenius wohl etwas in Verlegenheit, beglückwünschte nun den Kaiser und sprach die Bitte um Begnadigung von Anhängern des Eugenius aus. Dann reiste Ambrosius nach Aquileia. Vor ihm niederkniend soll dort der Kaiser betont haben, daß er durch des Ambrosius Gebete gerettet worden sei. Jedenfalls deutet alles darauf hin, daß nun wieder volle Harmonie zwischen Ambrosius und Theodosius bestand.[69] Von den Strapazen des Feldzuges erkrankt, gab Theodosius noch von Aquileia aus die Weisung, daß seine Kinder nach Mailand kommen sollten. Stilicho wurde zum Oberbefehlshaber im Westen ernannt. Dazu unterstanden ihm nach Timasius Verabschiedung noch die zum Kampf gegen Eugenius ausgerückten Teile der Armee des

Ostens. Gegenüber seinen Gegnern zeigte Theodosius wie schon 388 von Beginn an Milde. Dabei handelte er wohl vor allem aus der Erkenntnis heraus, daß es galt, alle Kräfte des von äußeren Gefahren bedrohten Reiches zu einen und die im Bürgerkrieg aufgetretenen Gegensätze rasch zu überwinden. Noch auf dem Schlachtfeld erhielten alle Soldaten des Gegners, welche sich Theodosius anschlossen, nicht nur Verzeihung, sondern sogar noch Anteil an den Siegesgeschenken. Selbstverständlich war es, daß der Kaiser den oben erwähnten Gnadengesuchen des Ambrosius entsprach. Sein besonderes Augenmerk verwandte er darauf, die führenden Senatskreise zu gewinnen, welche unter Eugenius nochmals auf Wiederherstellung der religiösen Einrichtungen ihrer Ahnen gehofft hatten. Sein gnädiges Verzeihen, das sich auch noch in dann bereits von Honorius im Sinne seines Vaters gegebenen Amnestieerlassen widerspiegelt,[70] läßt es nicht nur als eine hohle Phrase erscheinen, wenn er – nach einer Inschrift – gegenüber Senatoren betonte, wie sehr er die Rettung des Nicomachus Flavianus gewünscht hätte.[71] Die Inschrift ist keineswegs als weiteres Zeugnis für eine angebliche Romreise des Theodosius, die sich zwischen dem Sieg am Frigidus und dem Tod des Kaisers im Januar 395 chronologisch kaum mehr unterbringen läßt, anzusehen.[72] Die dort zitierten Worte können sehr gut gesprochen sein, etwa als eine Senatsdelegation in Mailand weilte, um dem Kaiser den Wunsch vorzutragen, zwei Angehörige des altehrwürdigen Geschlechtes der Anicii zu Konsuln zu ernennen. Der Kaiser entsprach diesem Wunsch und bekundete auch auf diese Weise seine Bereitschaft zur Aussöhnung mit dem stadtrömischen Adel.

8. Reichsteilung 395? (Ordnung der Nachfolge)

Im Jahre 383 erhob Theodosius seinen noch nicht sechs Jahre alten Sohn Arcadius zum Augustus. Als er dann Anfang 393 auch den zweiten Sohn, Honorius, mit dieser Würde bedachte, stand dieser im neunten Lebensjahr. Eindeutig beanspruchte Theodosius nunmehr die Herrschaft über das Imperium Romanum allein für sich und seine Söhne, strebte er die Erbmonarchie an. Der Kaiser beschritt diesen Weg zur Regelung der Nachfolge, obwohl er wie alle seine Zeitgenossen am Beispiel Gratians und Valentinians II. erlebt hatte, welche Belastung es für das Reich bedeutete, wenn Augusti noch im Kindesalter die Funktion des Staatsoberhauptes ausübten. Das Verhalten Arbogasts hatte darüber hinaus gelehrt, daß mit der Loyalität auch noch so zuverlässig erscheinender „Berater" nicht unbedingt zu rechnen war. Der 347 geborene Kaiser dürfte bei seiner Entscheidung von der etwa auch 389 durch Pacatus ausgesprochenen Hoffnung ausgegangen sein, daß er noch so lange leben würde, bis die Söhne das regierungsfähige Alter erreicht hätten, und davon, daß es gelingen würde, Arcadius und Honorius die rechte Vorbildung zu vermitteln.[73] Zweifel gab es auch keine mehr daran, daß Theodosius am System der gleichzeitigen Regierung mehrerer Augusti, die jeweils einen fest umrissenen Herrschaftsbezirk hatten, festzuhalten gedachte. Kaum jemand dürfte damit die Vorstellung von einer Teilung des Reiches verbunden haben, zumal im Augenblick Theodosius die Funktion des dienstältesten Kaisers, dessen Autorität von den anderen respektiert wurde, eindrucksvoll ausübte. Als Theodosius 394 ins Feld zog, blieben Arcadius und Honorius in der Residenz zurück. Arcadius sollte mit selbständigem Recht der Gesetzgebung die Regierung im Osten führen. Maßgeblicher Berater des vom Vater in seinen Qualitäten offenbar nicht hoch eingeschätzten Sohnes wurde der das außerordentliche Vertrauen des Kaisers genießende Rufinus, dem als Prätorianerpräfekten des Ostens diese Aufgabe fast naturgemäß zukam. Nichts deutete darauf hin, daß Arcadius irgendwelche Vollmachten über Honorius eingeräumt wurden. Da die Kaiserin Galla soeben verstorben war, wurde die Betreuung des Honorius Serena, der mit Stilicho verheirateten Nichte des Theodosius übertragen.

Der von den Strapazen des Feldzuges gegen Eugenius erkrankte Theodosius gab im Herbst 394 von Aquileia aus Weisung, Honorius und seine Stiefschwester Galla Placidia nach Mailand kommen zu lassen, wo er in der nächsten Zeit zu residieren gedachte. Honorius, der um die Jahreswende in Mailand eintraf, sollte dort feierlich zum Augustus des Westens proklamiert werden. Der Gesundheitszustand des Theodosius hatte sich so weit gebessert, daß er beabsichtigte, persönlich die Leitung der Zirkusspiele zu Ehren seines Sieges, auf welche der allerchristlichste Kaiser also keineswegs verzichtete, zu übernehmen. Doch nach erneutem Rückfall erlag der Kaiser in der Nacht zum 17. Januar 395 seiner wohl als Wassersucht zu bezeichnenden Krankheit. Auf seinem Sterbelager rief er nochmals Stilicho zu sich. Wie schon zu Lebzeiten Stilichos ist es wegen der spärlichen und tendenziösen Quellennotizen auch in der modernen Forschung umstritten, welche Stellung der sterbende Kaiser jenem Manne einräumte, welchem er nach dem Sieg am Frigidus nicht nur die zum Kampf gegen Eugenius ausgerückten Truppen, sondern auch noch die Streitkräfte des Westens unterstellt hatte. In der wesentlich von Johannes Straub geförderten Diskussion[74] geht es hauptsächlich um die Interpretation einer auf die Besprechung am Sterbelager des Theodosius zu beziehenden Stelle aus der Leichenrede des Ambrosius auf den Kaiser: „. . .Theodosius, qui non communi iure testatus sit, de filiis enim nihil habebat novum, quod conderit quibus totum dederat, nisi ut eos praesenti commendaret parenti."[75] Beachtet man die Einsetzung der Söhne als Augusti mit bestimmten Herrschaftsbezirken und des Kaisers Auftreten als eine im ganzen Reich zu achtende Autorität, dann wird eigentlich selbstverständlich, daß nach dem letzten Willen des Theodosius beide Söhne der Fürsorge Stilichos anvertraut sein sollten. Diese Willensäußerung war, wie Ambrosius vermerkt, kein Testament und „commendare", kann auch nicht im Sinne einer Vormundschaft Stilichos gedeutet werden, denn nach römischer Ordnung gab es kein Mindestalter für die Übernahme der Regierung, und es konnte daher auch kein Vormund für einen Augustus bestellt werden. Theodosius mußte bei Kundgabe seines letzten Willens auf Stilichos Ansehen in der kaiserlichen Familie und am Hof des weiteren auf die Loyalität des die Geschäfte im Osten de facto führenden Rufinus vertrauen.[76]

Die spätere Entwicklung scheint den Kritikern an der Nachfolgeordnung des Theodosius recht zu geben, doch ist die Gegenfrage zu stellen, in wen sonst er sein höchstes Vertrauen hätte setzen sollen als in Stilicho, dessen absolute Loyalität gegenüber dem Kaiserhaus kaum bestritten wird und dessen Fähigkeiten zumindest nicht geringer waren als die anderer Persönlichkeiten in der näheren Umgebung des Kaisers. Es ist ferner anzuführen, daß die Planung des Theodosius entscheidend mit darauf beruhte, daß er zur Überwindung möglicher Differenzen und Konflikte Stilicho hinreichend mit militärischer Macht ausgestattet hatte. Schließlich ist zu bedenken, daß das Schicksal keine Zeit ließ, einen gründlich durchdachten Plan einer Neuordnung des Reiches in die Tat umzusetzen. Augenblicklich standen nach Beendigung des Bürgerkrieges vordringlichere Probleme zur Lösung an. Theodoret versichert uns durchaus glaubhaft, daß Theodosius seinen beiden Söhnen als eine Art politisches Testament die Mahnung zu echter Frömmigkeit hinterlassen habe. Ambrosius meint, daß er bei Lesung des Psalmwortes am Sterbelager von Theodosius noch das Wort „dilexi", ich habe geliebt, vernommen habe. Dieses Wort, das bei Ambrosius prägend, ja leitmotivisch für das ganze Wirken und Handeln des Kaisers erscheint, ist für den Bischof gesprochen im sicheren Glauben und der damit verbundenen Heilsgewißheit und nicht, wie es O. Seeck deutet, als Wort des zerknirschten Sünders, der sich damit im Sterben nur an die Sünderin im Evangelium erinnert hätte.[77] Unter dem üblichen Trauerzeremoniell wurde der tote Kaiser in Mailand beigesetzt. Am 40. Tage nach dem Tode, am 25. Februar, fand die Trauerfeier statt, bei der Ambrosius vor Hof und Heer seine vom Lobpreis des christlichen Herrschers erfüllte Leichenrede[78] hielt, eine Rede voll Zuversicht im Blick auf die Sicherheit des Reiches, gerichtet vor allem an Honorius, zu dessen geistigem Mentor sich der Bischof durch Theodosius bestimmt sah. Da-

Abb. 5. Stilicho als magister militum, gestützt auf einen Rundschild mit kaiserlichen Doppelporträt, Elfenbeindiptychon

nach wurden die sterblichen Überreste nach Konstantinopel überführt und dort am 8. November 395 im Mausoleum der Kaiser bei der Apostelkirche feierlich beigesetzt.[79]

Das Imperium Romanum unter Theodosius

1. Theodosius, Kaiser von Gottes Gnaden

Nur sehr schwer läßt sich eine Vorstellung vom Aussehen des Theodosius gewinnen. Wenig dazu geeignet sind die Münzen, weil sie ein widerspruchsvolles Bild vermitteln. Als gute und getreue Darstellung hingegen wird man mit R. Delbrueck die auf dem Silbermissorium von Madrid ansehen dürfen, die „ein zartes, schlankovales Gesicht mit weitgeschwungenen Brauen, langer, schmaler, feingebogener Nase, auffallend zurückgebliebenem Kinn zeigt."[80] Leider nur fragmentarisch kennen wir das von dem des Missoriums abweichende Porträt auf dem Basisrelief des Obelisken zu Konstantinopel, nach Kollwitz „ein reifes Gesicht, aus dessen Augen überlegene Ruhe und Würde ausstrahlt."[81]

Mit Ausnahme der Jahre 379/380 und 388–391 hat Theodosius vorwiegend in Konstantinopel residiert. Der theodosianische Palastbau ist uns archäologisch nicht faßbar, doch bekommen wir eine Ahnung von der Pracht, wenn wir lesen, wie Johannes Chrysostomus die Himmelsstadt nach dem kaiserlichen Palastbezirk beschreibt, oder wie Porphyrius von Gaza anläßlich der Taufe Theodosius' II. im Jahre 401 vom Glanz des Hofes geradezu überwältigt war.[82] Angesichts solcher Quellen wird man Notizen über einfachen Lebensstil des Kaisers in den Bereich der panegyrischen Topik verweisen dürfen. Erwiesen ist freilich damit auch nicht, daß Theodosius, so wie es die Gegner darstellten, sich Sinneslüsten jeder Art hingab, dem Tafelluxus weit über das übliche Maß hinaus frönte und – wie dann später zeitweise sein Sohn Arcadius oder sein gleichnamiger Enkel – völlig unter dem Einfluß der Hofeunuchen stand. Allerdings spielte auch schon am Hof des Theodosius der

Oberstkämmerer und höchste aller Hofbeamten im engeren Sinne, der „praepositus sacri cubiculi", eine bedeutsame Rolle: der unter anderem für die Überwachung des Zeremoniells bei Hof verantwortliche „praepositus" hatte allein jederzeit Zugang zum Kaiser und dessen Gemahlin; ihm stand ferner die Möglichkeit offen, anderen den Zugang zu den Majestäten zu gestatten oder zu verweigern.[83] Keiner der Hofeunuchen, aber auch keiner der anderen hohen Beamten und Militärs hat jedoch nach unserem Wissen je den Kaiser umfassend beherrscht und ihn zur Marionette herabgedrückt. Auch der Einfluß der kaiserlichen Damen, unter welchen neben der Nichte Serena, der Gemahlin Stilichos, des Kaisers erste Gemahlin Aelia Flaccilla und die zweite Schwiegermutter Justina hervorragten, war offenbar nur begrenzt und jedenfalls nicht vergleichbar mit der tonangebenden Rolle Justinas gegenüber ihrem Sohn Valentinian II. oder gar der Machtstellung, welche verschiedene Frauen unter Theodosius II. und Valentinian III. erreichten. Fast übermächtiger Einfluß wird neben Rufinus, zuletzt „praefectus praetorio Orientis", vor allem Bischof Ambrosius von Mailand nachgesagt. Fehlen bei Rufinus dazu überzeugende Quellen, so ergibt sich aus den Nachrichten über das Verhältnis zwischen Ambrosius und Theodosius (dazu S. 42ff.), daß der Kaiser die ihn tief beeindruckenden und näher beratenden Persönlichkeiten in entscheidenden Augenblicken die Grenzen ihrer Einflußmöglichkeiten spüren ließ. Wohl weil Theodosius stets der eigentliche Souverän geblieben ist, erfahren wir anders als zu den Jahrzehnten nach seinem Tode zu seiner Regierungszeit nur wenig über Streitigkeiten am Hofe. Wir vernehmen lediglich, daß es 390 während Theodosius' Abwesenheit in Konstantinopel zu Reibereien zwischen Arcadius und seiner Stiefmutter kam und 391 der Heermeister Promotus scharf mit Rufinus zusammengeriet. In beiden Fällen dürfte es auch zu weiter um sich greifenden Hofintrigen gekommen sein. Wie die Panegyriker weiß auch die dem Theodosius feindliche Tradition von der Leutseligkeit des Kaisers im Umgang mit Senatoren, Soldaten und anderen Untertanen zu berichten.[84] Es ist gewiß möglich, daß sich der Kaiser besonders gegenüber Soldaten immer wieder zu dahin deutbaren Gesten herabließ. Alles spricht jedoch dafür, daß auch Theodosius, zumindest dann, wenn er etwa in Konstantinopel, Thessalonike oder Mailand residierte, der längst bestehenden Etikette gemäß nur einem kleinen Kreis hochgestellter Persönlichkeiten zugänglich blieb.[85] Wie die anderen Augusti galt Theodosius nach zeitgenössischer christlicher Vorstellung als der von Gott eingesetzte und von Christus beschirmte Herrscher. Nach der wohl in theodosianischer Zeit eingeführten Eidesformel schworen die Soldaten bei Gott, Christus, Heiligem Geist und bei der Majestät des Kaisers, die unmittelbar nach Gott von den Menschen zu lieben und zu ehren sei.[86] Freilich blieb dieser hocherhobene Kaiser Glied der christlichen Gemeinde und hat sich bei einer Verfehlung der Buße zu unterziehen. Der Kaiser hat den christlichen Glauben zu schützen, eine Verpflichtung, welche der von den christlichen Tugenden der Frömmigkeit, Demut und Milde geleitete Theodosius nach den Worten des Ambrosius in vorbildlicher Weise erfüllt hat.[87] Für Heiden und Christen war es beinahe selbstverständlich, daß der das Gesetz lebend verkörpernde und als einzige gesetzgebende Kraft über den Gesetzen stehende Kaiser die Kaiserporträts auf den Münzen als „ewige Antlitze" („aeternales vultus") bezeichnete, er in seinen Gesetzen die Formulierung „aeternitas nostra" gebrauchte und er auch von seinem „numen", d. h. von der ihm innewohnenden göttlichen Kraft, sprach.[88] Theodosius, der gleich seinen heidnischen und christlichen Vorgängern weiterhin Kaiserbilder in Säulenhallen und auf öffentlichen Plätzen aufstellen ließ, wurde nach seinem Tode wie alle nicht der posthumen Verurteilung verfallenen Kaiser zum „divus", zur Gottheit, erklärt, auch wenn man die Divinisierung kaum mehr in der feierlichen Form eines Senatsbeschlusses vornahm.[89] Da „divus", „deus" und damit verwandte Wörter zu mehr oder weniger formelhaften Umschreibungen kaiserlicher Hoheit geworden waren, brauchten die Christen an der Divinisierung ebensowenig Anstoß zu nehmen, wie an der Apostrophierung des Kaisers als

„deus" durch den Panegyriker Pacatus (s. S. 39). Den Heiden wiederum erleichterte die Beibehaltung traditioneller Formen gewiß die Teilnahme an der Verehrung des ihnen religiös so fremd gewordenen Herrschers.

Die Überhöhung der Person des Augustus und seine Distanzierung von allen Untertanen, bis hin zu den höchsten Würdenträgern und den nächsten Anverwandten hat eine lange Vorgeschichte und weit zurückliegende Wurzeln. Es sei hier lediglich daran erinnert, daß einst die altorientalischen Monarchen, wie die Pharaonen Ägyptens oder die Herrscher des Zweistromlandes, auf verschiedene Weise in eine übermenschliche Stellung entrückt waren. Man hat sie, wie es Enßlin einmal formuliert, „entweder als eine menschgewordene Gottheit oder als Träger einer besonderen Gotteskraft zu fassen versucht", und sie waren „nicht nur Menschen mit überragender Machtfülle, sondern etwas wie ein Bindeglied zwischen der göttlichen und der menschlichen Welt."[90] Derartige Vorstellungen haben das Königtum Alexanders d. Gr. und seiner Nachfolger mitgeprägt. Von daher wiederum war Caesar beeinflußt, den die Epheser im Jahre 48 v. Chr. als in Erscheinung getretenen Gott und Retter der Menschheit bezeichneten. Einem zunächst vom Osten Impulse erhaltenden, aber bald über das ganze Reich verbreiteten und organisierten Kult der verstorbenen Herrscher hat dann Augustus den Weg geebnet, als er seinen Adoptivvater Caesar unter die Götter aufnehmen ließ. Während im ersten und zweiten Jahrhundert nur Kaiser mit ausgeprägt absolutistischen Neigungen den Kaiserkult im Stil einer göttlichen Verehrung auch lebender Herrscher pflegten, so achteten doch alle Kaiser darauf, daß der Kult der verstorbenen Vorgänger von allen Untertanen ausgeübt wurde. Seit Mitte des 3. Jhs. war man dann besonders bemüht, durch Ausbau des offiziellen Kaiserkultes das schwindende Zusammengehörigkeitsgefühl der Reichsbevölkerung wieder zu stärken. Adoration des Kaiserbildes bzw. des Kaisers wurden nun zu einer Forderung, auf deren Einhaltung streng geachtet wurde und deren Ablehnung durch die Christen stärker als zuvor zur

Verfolgung führte. Vollender einer über Jahrhunderte zu ver-
folgenden Entwicklung wurde Diokletian, der das von ihm neu
geschaffene Herrschaftssystem als irdische Manifestation göttlichen Weltregimentes betrachtet wissen wollte. Für Diokletian
war sein Weg zum Kaisertum gnadenvolle Fügung der Gottheit und göttlich war für ihn die kaiserliche Funktion des von
der Gottheit ausgewählten Herrschers.

Hält man sich die soeben erwähnten Fakten vor Augen, so
wird es leichter verständlich, daß es auch für die Heiden nicht
schwer war, den seit der Zeit Konstantins dann eingeschlagenen Weg zum Kaiser von Gottes Gnaden mitzumachen und die
Masse der Christen keinen Anstoß an erst dem späteren Be-
trachter als heidnisch empfundenen Formen der Verehrung für
christliche Kaiser nahm. Gewiß, Hieronymus erregte sich darüber, daß man den kaiserlichen Bildern noch Verehrung zollen
solle, aber kaum hätte er gegen den von Johannes Chrysostomus in einer Predigt zu Antiochia geäußerten Gedanken prote-
stiert, daß man ebensowenig den Leib des Herrn mit einem
durch Schwären befleckten Mund empfangen dürfe, wie man
den kaiserlichen Purpur mit unreinen Händen berühren
würde.[91]

2. Die Gesellschaft

Die oberste Schicht der Untertanen des Kaisers von Gottes
Gnaden bildete der Senatorenstand, die „viri clarissimi".[92]
Nachdem spätestens 359 der Senat von Konstantinopel dem
Senat von Rom gleichgestellt worden war, wuchs die Zahl der
Senatoren so stark an, daß unter Valentinian I. und Valens eine
Einteilung in drei Klassen erfolgte. Über den gewöhnlichen
„viri clarissimi" standen fortan die „viri clarissimi et spectabi-
les" und die „viri clarissimi et illustres". Wie die Aufnahme in
den Senatorenstand war die Zugehörigkeit zu einer seiner Klassen abhängig von dem durch die Laufbahn oder durch Ehren-
dekret des Kaisers erreichten zivilen oder militärischen Rang.[93]

Die vom Kaiser häufig auf Vorschlag des Senates verliehene Senatorenwürde war erblich. Um aber nicht nur Mitglied des Standes zu sein, sondern an Senatssitzungen teilnehmen zu können, mußte man wenigstens die Prätur erreicht haben, ein Amt, dem aber nichts mehr von der Amtsgewalt republikanischer Zeit geblieben war, sondern dessen Aufgabenbereich sich auf die Veranstaltung von Spielen beschränkte. Allein die Tatsache, daß die beiden Senate je etwa 2000 Mitglieder zählten und die Beschlußfähigkeit schon bei 50 Anwesenden erreicht war, deutet darauf hin, daß es zur Zeit des Theodosius sehr viele Senatoren gab, die niemals an Senatssitzungen in Konstantinopel oder Rom teilnahmen. Leitete auch gar manche stadtrömische Familie ihre Herkunft von Adelsfamilien der früheren Kaiserzeit oder gar der Republik her, so waren diese Stammbäume doch meist gefälscht und in der Mehrheit hatten die Senatoren des 4. Jhs. blutsmäßig nichts mit den Senatoren der Zeit vor Diokletian gemein.

Der unter dem Vorsitz des Stadtpräfekten („praefectus urbi") oder seines Stellvertreters tagende Senat wählte die spielgebenden städtischen Magistrate.[94] Als städtischer Rat stand er dem Stadtpräfekten beratend zur Seite. Lebensmittelversorung, Rechte und Pflichten der Senatoren, Neuaufnahmen in den Senat, Errichtung von Statuen bildeten die wichtigsten Beratungsthemen. Vom Senat, der als Publikationsorgan kaiserlicher Gesetze benutzt wurde, konnten auch Anregungen auf die kaiserliche Gesetzgebung erfolgen. Schließlich hatte der Stadtpräfekt von Rom seit dem Jahre 376 die Pflicht, ein Kollegium von fünf Senatoren bei der Entscheidung von Kapitalklagen gegen Angehörige des Senatorenstandes heranzuziehen. Libanius und Symmachus, unsere wichtigsten Zeugen für die Tätigkeit des Senates in der theodosianischen Zeit, geben uns genügend Hinweise darauf, einen wie bedeutsamen Einfluß einzelne Mitglieder des Senates, zumal in Konstantinopel, ausüben konnten. Der eigentliche Glanz des Senatorenstandes, den Symmachus in aller Eitelkeit einmal als den besseren Teil der Menschheit bezeichnet,[95] beruhte allerdings nicht auf der staatsrechtlichen Funktion des Senates, sondern vielmehr darauf, daß die „viri clarissimi" mit den höchsten Ämtern des Staates betraut und zugleich die reichsten Bürger waren. Bevor wir uns dem Reichtum der Senatoren und damit verbundenen Problemen zuwenden, erst noch zum Verhältnis des Theodosius zur Oberschicht.

Im Gegensatz zu Valentinian I., der vor allem seit 369 in fast ständigem Konflikt mit der Aristokratie lebte, verhielt sich der selbst dem senatorischen Adel angehörende Theodosius, ebenso wie seine Mitkaiser Gratian und Valentinian, freundlich. 384 ließ Theodosius den ewigen Wert der Ratschläge des Senates, der „senatus consulta", betonen und 393 gab er den mit der Wahrung der Rechte der hohen Herren in den einzelnen Provinzen beauftragten „defensores senatus" Vollmacht, bei Mißachtung notfalls direkt dem Kaiser zu berichten. Die Kriegsverwüstungen bewogen Theodosius, den in Thrakien und Makedonien beheimateten und begüterten Senatoren von Konstantinopel die Senatorensteuer, die „collatio glebalis", zu erlassen. Noch vor 393 richtete der Kaiser auf Antrag des Senates für die weniger bemittelten Senatoren eine vierte Stufe dieser Steuer von nur sieben „solidi" ein. Freilich, wer diese Mindestsumme nicht zahlen konnte, mußte auf die Würde verzichten. Angesichts der Finanznot des Staates war es für Theodosius selbstverständlich, dafür zu sorgen, daß neu eintretende Senatoren auf Grund einer genauen Erklärung über ihre Besitzverhältnisse möglichst bald zur Zahlung der „collatio glebalis" veranlagt wurden.[96] Entgegenzukommen suchte der Kaiser den Senatoren durch Beschneidung des Aufwandes beim feierlichen Amtsantritt und den damit verbundenen Spielen. Wie wir namentlich aus zahlreichen Äußerungen in den Briefen des Symmachus, aber auch durch archäologische Zeugnisse wissen, entstanden hier durch den feierlichen Aufzug und die Spiele, aber auch durch Geschenke an Freunde, Ausstreuen von Geld unter das Volk, Sachgeschenke, Siegerpreise und Speisungen, selbst für Begüterte kaum tragbare Belastungen. Nach C.T.XV 9,1 vom 25. Juli 384 sollten grundsätzlich keine reinseidenen Gewänder als Geschenk gegeben werden und sollte es nur den Konsuln erlaubt sein, ein Geschenk in Gold und elfenbeinernen Diptychen zu verteilen. Höchstwert der silbernen Festmünze sollte ein sechzigstel Pfund sein. Weniger zu geben wurde ausdrücklich als anständig erklärt. Damit hängt vielleicht das Gebot zusammen, keine Münzen außer auf Grund eines Reskriptes oder einer eigenhändigen Resolution des Kaisers prägen zu lassen. Mit dieser Verordnung von 393 wollte aber Theodosius vermutlich auch in Rom noch immer vorkommenden Festprägungen heidnischen Charakters entgegentreten.[97] Durch eine Kleiderordnung suchte er den Kleiderluxus einzudämmen, zugleich aber die Dienstkostüme vor unerwünschter Nachahmung zu schützen. Verstöße dagegen hatten den Verlust des Ranges und des Rechtes, in den Senat zu kommen zur Folge. Daß es bei der Beschränkung des Aufwandes dem Kaiser auch darum ging, die Distanz zwischen den Großen des Reiches und seiner Person zu wahren, ja weiter zu festigen, zeigt ein Gesetz, durch welches die Benutzung von Goldbortenbesätzen an den Tuniken und Leinengewändern für den Privatgebrauch allgemein verboten wurde.[98]

Pacatus beklagte in dem 389 vor Theodosius und dem Senat gehaltenen Panegyricus die Not, welche der Adel seiner gallischen Heimat unter dem Usurpator Maximus gelitten hatte. Gar mancher Zuhörer mag dabei an den Sturz und die Enteignung von Standesgenossen unter Valentinian I. gedacht haben. Neben der Verarmung infolge Verurteilung in einem Majestätsprozeß konnte, wie bereits angedeutet, etwa auch übertriebener Aufwand in der Repräsentation zum finanziellen Ruin senatorischer Familien führen. Die Mehrzahl der Adligen des Reiches dürfte aber in der Zeit des Theodosius sehr wohlhabend gewesen sein. Selbstverständlich gab es dabei graduelle Unterschiede. Nicht jeder war ein Sextus Petronius Probus, führender Repräsentant der christlichen Senatoren Roms, von dem behauptet wurde, daß er beinahe überall im Römischen Reich Güter besitze, oder eine Melania aus dem Hause der Valerier, welche neben dem Grundbesitz in der Nähe Roms und in

Kampanien, Domänen in Sizilien, Afrika, Spanien, Gallien und Britannien ihr eigen nennen konnte und nach der Veräußerung dieses Besitzes riesige Summen für Kirchen und wohltätige Zwecke zur Verfügung stellte.[99] Umfangreichen Grundbesitz in mehreren Provinzen hatte aber z. B. auch die zum senatorischen Adel zählende Familie des 379 als Bischof von Caesarea in Kappadokien verstorbenen Basilius oder der 353/354 geborene und um 410 Bischof von Nola gewordene Aquitanier Paulinus.[100] Man hat berechnet, daß ein nicht ganz so begüterter Landsmann des Paulinus, der Besitzer einer bald nach 400 zerstörten Villa bei Chiragan an der oberen Garonne einschließlich der abhängigen Höfe und Dörfer, ein Territorium von 7000 bis 8000 Hektar sein eigen nannte. Erwähnt sei noch der keineswegs als besonders reich geltende Redner Symmachus, dem mehr als ein Dutzend Villen in der Nähe Roms und in Italien, ferner Ländereien auf Sizilien und in Mauretanien gehörten.[101]

Vielleicht noch mehr als die Häuser in der Stadt waren die Villen der Senatoren im näheren Umkreis der Großstädte oder auch auf dem flachen Lande Spiegelbild ihres Reichtums. Nach Schilderungen bei Gregor von Nyssa und Basilius d. Gr. wurden zum Villenbau in Kleinasien Marmorsorten aus Lakonien, Thessalien, Ägypten und Numidien verwendet, waren die Fußböden mit Mosaiken verziert, schmückte man die Wände mit Gemälden (soweit sie nicht marmorn waren), hatte man an den Zimmerdecken kunstvolle Arbeiten aus Zedernholz und Goldbelag. Überall sah man Gold- und Elfenbeinschmuck oder buntgefärbtes Glas. Zu dem Gebäudekomplex der Villen führten Kolonnaden. Bäder, Gymnasien, Säulenhallen, Statuen gehörten fast selbstverständlich zu solchen Anlagen.[102] Diese Angaben werden durch den archäologischen Befund vollauf bestätigt und ergänzt. Ob in Gallien (einschließlich der Rheinlande), Spanien, Afrika, Pannonien oder Syrien, überall fanden sich aus dem 4. Jh. Villenanlagen oder Umbauten älterer Villen. Bei Anlage, Architektur und Mosaiken ist allenthalben zu verspüren, daß man sich erstklassige Meister leisten konnte und glänzende Vorbilder, wie der Palast Diokletians im heutigen Split oder die erst in den letzten Jahrzehnten erforschte kaiserliche Villa in Piazza Armerina (Sizilien), auf die Bautätigkeit der Senatoren einwirkten. Mosaiken mit Jagd- und Ernteszenen vermitteln uns auch die Beschreibungen ergänzende Einblicke in das feudalistisch geprägte Leben der Herren inmitten ihrer abhängigen Bauern und Sklaven. Der dominus einer Villa gleicht innerhalb seines Besitztums durchaus dem dominus des Imperium Romanum.[103]

Reaktion auf die in weiten Teilen des Reiches herrschende Unsicherheit war es, daß man im 3. Jh. immer mehr dazu überging, die Villenanlagen zu befestigen. Diese Entwicklung setzte sich auch im 4. Jh. fort. Durch die Hintersassen waren hinreichend Mannschaften zur Verteidigung dieser Villenkastelle vorhanden. Die Herren hatten nun nicht mehr nur die Möglichkeit, ihren Besitz vor Räuberbanden oder zum Beispiel auch randalierenden Mönchshaufen zu schützen, sondern es kam sogar dahin, daß man von den Behörden Verfolgte (darunter durchaus zwielichtige Elemente) zu schützen suchte oder auch sonst der Staatsgewalt (z. B. Steuereintreibern) Widerstand leistete. Offenbar um die Mächtigen in ihre Schranken zu verweisen, verordnete Theodosius schwere Strafen für jeden, der das gemeine Volk („plebs") vor der öffentlichen Gewalt zu verteidigen suchte. Außerdem ging der Kaiser gegen Mächtige vor, welche versucht hatten, Kaufleute vor Zahlung der Handelssteuer zu bewahren. Ihre Macht nutzten die Grundherren vor allem auch dazu, ihren Besitz auf brutale Weise zu vergrößern. Hart klagen Gregor von Nazianz und Basilius die Reichen an, wie sie durch Betrug und Gewalt den Bauern das Land wegnahmen, dabei auch vor Prügeln, Anklagen wegen angeblicher Gewalttat – Zeugen dafür besorgte man sich – und Einsperren nicht zurückschreckten. Ein Erlaß des Theodosius, der das Unterhalten privater Gefängnisse als Hochverrat brandmarkt, war offenbar zur Bekämpfung solcher Mißstände gedacht. Doch hätte es da ganz anderer Maßnahmen bedurft. Als verhängnisvoll erwies sich jetzt, daß die Großgrundbesitzer und Großpächter staatlicher Ländereien weitgehend identisch oder doch verwandt mit den mächtigen Beamten und Militärs waren. Kein Wunder, wenn die Behörden gewaltsamen Übergriffen oft tatenlos zusahen, ja sogar noch Beihilfe dazu leisteten. Ein zwischen 385 und 392 entstandenes Schreiben des Libanius an Theodosius läßt erkennen, wie der „Schutz" einzelner Bauern und ganzer Dörfer, das sogenannte „patrocinium vicorum", nicht nur zur Abhängigkeit der kleinen Leute und zu ihrer sozialen Knechtung durch die großen Herren führte, sondern daraus eine ernste Gefahr für die Zentralgewalt erwuchs.[104]

Es läßt sich feststellen, daß in der Zeit des Theodosius sehr viele Inhaber der höheren zivilen und militärischen Planstellen aus senatorischen Familien stammten und daher nur wenige aus anderen Schichten in den Senatorenstand aufstiegen. Gar mancher Adlige ließ sich, einer seit Mitte des 4. Jhs. zu beobachtenden Entwicklung entsprechend, zum Bischof wählen. Basilius d. Gr., Ambrosius von Mailand und Nectarius von Konstantinopel bildeten keineswegs Ausnahmen.[105] Der Entschluß dazu wurde gewiß erleichtert, weil man zwar als Bischof ebenso wie beim Eintritt in den niedrigeren Klerus auf persönlichen Besitz zu verzichten hatte, aber doch hohes Ansehen in der Öffentlichkeit behielt. Bei der Mehrzahl der aus dem Adel gewählten Bischöfe dürfte sich zugleich eine innere Wandlung vollzogen haben, denn wir haben sichere Anzeichen dafür, daß die Aufforderung zu einem asketischen und geistigen Leben, die von Männern wie Martin von Tours (Bischof von 372 bis 397) ausging, im Adel eine starke Resonanz fand.

Sehr zahlreich waren schließlich jene Senatoren, welche auf eine durchaus weltliche Weise ihr Dasein abseits von der Öffentlichkeit führten. Sie beschränkten sich auf die Verwaltung ihrer Güter oder gar nur auf die Pflege gesellschaftlichen Lebens. Diese Kreise sind es, welche Ammian in seinen Exkursen über den stadtrömischen Adel (14,6 und 28,4) attackiert und karikiert. Höchste Zierde ist nach Ammian für diese Senatoren Luxus jeglicher Art. Man prahlt mit Besitz und Reichtum, man sucht sich gegenseitig im Tafelluxus und Kleidungsaufwand zu übertreffen, man ist beinahe hysterisch um die rechte Einhaltung der gesellschaftlichen Rangordnung bemüht. Gegenseitige Schmeichelei, Verachtung der Götter, Aberglaube sind Trumpf. Die gern mit reichem Gefolge erscheinenden und wie Theaterfiguren gekleideten Damen empfinden es nur als lästig, Kinder zu haben. Besonders bissig schildert Ammian das öffentliche Auftreten jener Senatoren, welche sich vielseitigen Vergnügungen hingeben und einen Ausflug auf ihre Güter oder zur Jagd mit den Märschen Alexanders und Caesars zu vergleichen belieben: „Sie treiben die Pferde so rücksichtslos durch die weiten Straßen der Stadt, als ob es Pferde der Staatspost wären. Hinter sich ziehen sie ihre Sklavenmassen, wie Abteilungen zum Beutemachen her. Nicht einmal der Spaßmacher bleibt zu Hause ... Wie erfahrene Schlachtenlenker lassen sie im ersten Glied dichtgedrängt die Schwerbewaffneten aufstellen, dahinter die Leichtbewaffneten und schließlich – für den Notfall – die Hilfstruppen." Wir lesen weiter, wie sich schließlich die ganze Heerschar in Bewegung setzt: Handwerker, Küchenpersonal, Gesindel aus der Nachbarschaft, weitere Sklaven und schließlich die Menge der Eunuchen. Ein Kernpunkt von Ammians Kritik ist die Unbildung und das mangelnde geistige Interesse der stadtrömischen Aristokratie. Der Historiker übertreibt in rhetorischer Manier, denn er wußte ja genau, daß es um 390 in Rom kultivierte und um die Bewahrung des Bildungsgutes ernsthaft bemühte Senatoren wie Symmachus und Nicomachus Flavianus gab.[106] Man kann die damals in Senatorenkreisen entstandenen literarischen Produkte abwertend beurteilen und den Betrieb in den vom Adel besuchten Rhetorenschulen als steril bezeichnen. Man kann schließlich die Frage stellen, ob das in den verschiedenen Teilen der römischen Welt zu beobachtende Bildungsstreben geistig fruchtbar oder nur eine modisch bedingte Pflichtübung war. Ungeachtet der Bemerkungen Ammians, ist jedoch bei näherem Zusehen nicht zu verkennen, daß die Adligen im 4. Jh. anders als die deutliche Züge geistiger Verrohung tragende Oberschicht des späteren 3. Jhs. Bildung vielfach wieder für ein wertvolles Gut hielten. Im Bemühen um Bildung trafen sich Heiden und Christen.

Gemeinsam studierte man zum Beispiel in Alexandria, Antiochia, Athen, Burdigala (Bordeaux) oder Rom. Von grundsätzlicher Bedeutung für die Einstellung christlicher Aristokraten gegenüber der antiken Bildung ist der Traktat des Basilius an die Jugend über den nützlichen Gebrauch der heidnischen Literatur. Basilius warnt zwar vor sittlichen Gefahren, gesteht aber einer in richtiger Auswahl getroffenen Lektüre (besonders Homer, Hesiod, Solon, Euripides, Platon) hohen propädeutischen Wert zu.[107]

Theodosius, hat, wie erwähnt, den Adel begünstigt. Zumal aus der gebildeten Schicht der Aristokraten, gleich ob es nun Heiden oder Christen waren, sollen nach Ansicht des Kaisers offenbar die zu den mannigfachen Führungsaufgaben dringend benötigten Kräfte kommen. Ein solches Denken verschloß Theodosius vielleicht den Blick für morbide Erscheinungen im Adel und für Gefahren, welche dem Staat aus der Macht einzelner, am Gemeinwohl desinteressierter und ganz auf den eigenen Besitz bedachter Großgrundbesitzer erwuchsen.

Den zweiten Stand nach den Senatoren bildeten in den ersten drei Jahrhunderten der römischen Kaiserzeit die Ritter. Im Verlauf des 4. Jhs. verschwand dieser Stand völlig, wenn man von gewissen Relikten in der Stadt Rom absieht. Der für die Ritter übliche Titel „vir perfectissimus" hielt sich allerdings, war aber in der Zeit des Theodosius nur noch reiner Rangtitel für die zweite Rangklasse in der Beamtenhierarchie. Der Titel „perfectissimus", mit welchem die Befreiung von schweren Lasten, besonders der Dekurionatspflicht verbunden war, wurde von verschiedenen Kaisern sehr freizügig verliehen.[108] Darunter zu leiden hatten besonders die Kurialen, welchen wir uns nun zuwenden wollen.

Der Stand der Kurialen („curiales"), der Ratsherren der Städte, einst gebildet aus den ehemaligen städtischen Magistraten, war in der Zeit des Theodosius längst zu einem Stand geworden, in welchen man eintreten mußte, wenn man ein Mindestmaß an Besitz – fast immer Grundbesitz – erreicht hatte, und aus dem man nur auf Grund eines besonderen Privilegs ausscheiden konnte.[109] Diese für das spätrömische Staatswesen typische Zwangsbindung war außerdem erblich. Hatte es einst als Ehre gegolten, Ratsherr zu sein, so waren vor allem seit dem dritten Jahrhundert die mit den Ehren und ständischen Privilegien verbundenen Lasten so umfangreich geworden, daß es für die meisten eine kaum tragbare Verpflichtung bedeutete, Angehöriger der Kurie („curia"), des Rates, zu sein. Die Kurialen waren in der Spätantike vom Stadtregiment im wesentlichen ausgeschlossen, auch wenn sie aus ihren Reihen den „curator rei publicae", den vom Kaiser zu bestätigenden und mit umfassenden Vollmachten für die Stadtverwaltung ausgestatteten staatlichen Kommissar zu wählen hatten. Dennoch blieben zahlreiche repräsentative Verpflichtungen, unter welchen die Durchführung der Spiele und anderer Festlichkeiten zu den kostspieligsten gehörten. Die eigentliche Überlastung der Kurialen, welche neben anderen Leistungsverpflichtungen („munera"; Liturgien) auch noch wesentliche Aufgaben bei der Steuererhebung aufgebürdet bekamen, entstand dadurch, daß sie für das Steueraufkommen der Gemeinden haften mußten. Zu vermerken ist, daß es noch in der Zeit des Theodosius neben verarmten sehr reiche Kuriale gab und das soziale Gefälle innerhalb dieser Schicht stark war.[111]

Schon längere Zeit vor 379 war es dahin gekommen, daß einerseits die Gesundheit der öffentlichen Finanzen in erheblichem Maß von der Erfüllung der Leistungsverpflichtungen durch die Kurialen abhing und andererseits sich immer mehr Kuriale der Zwangsbindung an den Stand zu entziehen suchten. Bis zum Regierungsantritt des Theodosius hatte sich die Krise der Kurien so verschärft, daß durchgreifende Sanierungsmaßnahmen erforderlich wurden. Grundsätzlich sollte jeder, der von Geburt her Kurialer war, gleich ob er durch Vertuschung seiner Herkunft bis in den Senat gelangt war oder ob er irgendein Amt erreicht hatte, für sich und seine Nachkommen den Standesverpflichtungen verhaftet bleiben. Speziell wurde 383 verfügt, daß alle seit 360 in den Senat aufgestiegenen Kurialen in die Kurien zurückgeschickt werden sollten, um dort ihre

Verpflichtungen zu erfüllen. Allerdings konnte man nach Ableistung der Pflichten im Senatorenstand bleiben, mußte aber Ersatz schaffen oder das Vermögen weiter der Pflicht unterworfen lassen.[112] Auch die Inhaber widerrechtlich erlangter Dienst- und Ehrenstellen sollten erst nach Ablösung aller Pflichten für ihre Heimatgemeinden in ihren Stellen anerkannt werden. Nicht einmal Advokaten und Söhne von ausdrücklich befreiten Lehrpersonen durften die Übernahme kurialer Pflichten ablehnen. Selbst der Eintritt in den Klerus oder in den Heeresdienst brachte keine Befreiung. Gewiß im Sinne seines in den Westen aufgebrochenen Vaters ordnete Arcadius im Jahre 394 an, daß jede Stadtgemeinde die in den kaiserlichen Dienst geflüchteten Kurialen den Prätorianerpräfekten zu melden hätte, damit die Pflichtigen zurückgeschickt werden könnten.[113] Wie vergeblich freilich die Bemühungen, die Flucht aus den Kurien zu verhindern, weithin blieben, zeigt neben der erforderlich gewordenen Einschärfung verschiedener Erlasse etwa auch die um 390 zu datierende 49. Rede des Libanius, in der vor allem die Käuflichkeit der Beamten als Ursache für den Mißerfolg angesehen wird.

Gelang es schon nicht, die Flucht aus den Kurien zu verhindern, so mußte nach Möglichkeiten gesucht werden, die Zahl der Kurialen zu ergänzen. Daher wurden etwa Soldatensöhne, welche sich ihrer eigentlichen Dienstpflicht zu entziehen suchten oder wirklich untauglich waren, den Kurien zugewiesen. Oder es wurde 388 verfügt, daß Besitz und Verpflichtungen von geflüchteten und nach Aufforderung nicht zurückgekehrten bithynischen Kurialen auf bewährte Mitglieder der Dienststellen des Prätorianerpräfekten übergehen sollten. Den Kurialen der Provinz Moesia wurde nicht nur gestattet, die seit der Zeit Julians bei der Provinzialverwaltung untergeschlüpften Angehörigen ihres Standes zurückzufordern, sondern ihrem Vermögen nach Taugliche aus dem gewöhnlichen Volk („plebs") in die Kurie zu kooptieren. Mancher kam in den Stand der Ratsherren auch dadurch, daß er durch Heirat Erbe eines Kurialen geworden war.[114] Nur verständlich ist es, daß

Theodosius versuchte, das Ansehen des so mit Mühsal beladenen Standes zu heben und ihn vor Willkür von verschiedenen Seiten her zu schützen. Die Ehre des Standes betonend und zugleich auch der Flucht daraus vorbeugend, war etwa das Verbot, die Verwaltung fremder Güter zu übernehmen, weil dies unvereinbar mit der Würde eines Kurialen sei. Nachdem er bereits im Jahre 380 den Statthaltern eingeschärft hatte, daß die Kurialen nicht der Prügelstrafe ausgesetzt werden durften, erinnerte der Kaiser 392 unter Androhung schwerer Strafen daran, daß die militärischen Dienststellen keine Befehlsgewalt über die Mitglieder der Kurien haben sollten.[115]

Mit Stockschlägen bestraft werden sollten allerdings Kuriale, welche öffentliche Gelder unterschlugen oder bei der Steuererhebung vorschriftswidrige Mehrforderungen stellten. Um die aus den Kurialen genommenen Eintreiber von Steuerschulden („exactores") nicht zu sehr zum Mißbrauch ihrer Gewalt zu verführen, wurde ihre Amtszeit begrenzt. Beide Verfügungen erinnern daran, wie die städtischen Honoratioren oft ihrerseits wieder die Plebeier unterdrückten. Libanius klagt einmal darüber, wie die Bauern sich der Steuereintreibung durch Flucht unter den Schutz örtlicher Militärbehörden entziehen und Kuriale als Opfer einer solchen Koalition ihren Besitz verkaufen müssen, um so das Geld zu haben, das sie für den Staat eintreiben sollten. Libanius, der uns in diesem Schreiben Kunde auch davon gibt, daß um 390 noch sehr vermögende Grundbesitzer unter den Kurialen vorhanden waren, ist hier wohl unfreiwillig Zeuge dafür, daß den Bauern oft gar nichts anderes übrig blieb, als Schutz bei den Militärs zu suchen.[116]

Aus dem soeben erwähnten Schreiben des Libanius ist ferner zu entnehmen, daß es neben senatorischen und kurialen Grundbesitzern immer noch freie Bauern gab, die freilich zunehmend in Abhängigkeit gerieten. Bauern mit eigenem Grundbesitz gab es außer in Syrien auch noch in den anderen Provinzen. Ob sie sich nun im Rahmen der in der zweiten Hälfte des vierten Jahrhunderts anwachsenden sogenannten Patroziniumsbewegung in den „Schutz" mächtiger Grundherrn begeben hatten oder noch ganz frei waren, sie besaßen oft kaum ein Existenz-minimum. Vielfach standen die freien Bauern, bei welchen ört-liche Bedingtheiten zu unterschiedlichen Vermögensverhältnis-sen beigetragen haben dürften, noch schlechter da als die Kolo-nen („coloni"), jene Bauern, die als Pächter auf den großen privaten und kaiserlichen Gütern saßen. Ansätze zum Kolonat („colonatus") hatte es schon in der früheren Kaiserzeit gegeben, doch erst unter Diokletian wurde die zeitlich unbegrenzte und vererbliche Bodenpacht zu einer allgemein verbreiteten Er-scheinung.[117] Den Kolonen war es spätestens seit 332 verboten, ihre Pacht zu verlassen. Flüchtige Kolonen gebot Konstantin in diesem Jahr wie Sklaven zu fesseln und sie so zur Einhaltung ihrer Verpflichtungen anzuhalten. Auf schon bestehende Ver-fügungen dürfte Theodosius zurückgegriffen haben, wenn er Anweisung gab, Kolonen zurückzuführen, welche widerrecht-lich Grund und Boden ihres Herrn verlassen hatten, und wenn er darauf hinwies, daß es verboten sei, fremde Kolonen aufzu-nehmen und zu verbergen. Theodosius verfügte ferner die Schollenbindung für die bisher davon ausgenommenen Kolo-nen von Palästina.[118] Die erbliche Bindung des Kleinpächters an die Scholle entsprach ganz der allgemeinen Entwicklung, die Untertanen ihrer Freizügigkeit zu berauben und sie in einen bestimmten Stand zu zwängen. Die Regierung sah in der die Ansiedlung von Kriegsgefangenen auf verlassenen Böden er-gänzenden Schollenbindung offenbar einen letzten Ausweg, um die Landflucht einzudämmen. Zugleich ist diese Maß-nahme auch in engem Zusammenhang mit dem neuen Steuer-system zu sehen. Da die das Land bestellenden Bauern Steuer-objekt waren, wurde es sowohl für die Steuerbemessung als auch für die Steuereintreibung wichtig, daß die Zahl der Kolo-nen auf den einzelnen Domänen möglichst geringen Schwan-kungen unterworfen war. Der Kolone galt in der Zeit des Theodosius als Sklave des Grundbesitzes – nicht des Herrn – auf welchem er geboren war: wenn ein Besitz verkauft wurde oder der Großpächter einer kaiserlichen Domäne wechselte, wurde der Kleinpächter dem neuen Besitzer oder Pächter mit übergeben.[119] Auch sonst waren die Kolonen in vieler Hinsicht sozial auf das Niveau der Sklaven herabgedrückt. Der Herr konnte den Pächter innerhalb seines Besitztums willkürlich versetzen und für bestimmte Maßnahmen einteilen, eine Machtvollkommenheit, die freilich auch für die Wirtschaftlichkeit der Großbetriebe, in welchen Spezialisten jeglicher Art gebraucht wurden, wichtig war. Dem Pachtherrn war es auch seit Valentinian I. überlassen, ob der Pächter dem Einberufungsbefehl zum Heer zu folgen hatte oder ob dafür Ersatz gestellt werden sollte. Kennzeichnend dafür, wie gering man die Kolonen einschätzte, ist es, daß jeder, der einen frei geborenen Bettler zur Anzeige brachte, diesen als Kolonen zugesprochen erhielt, wenn er sich als arbeitsfähig erwies. Ungeachtet all der ihm auferlegten Beschränkungen galt der Kolone rechtlich als frei. Er besaß die Eigentumsfähigkeit und das Erbrecht, er konnte die Ehe mit der Tochter eines freien Bürgers eingehen und seine Töchter an Freie verheiraten, ja er durfte auch jederzeit vor Gericht Klagen erheben. Bei Prozessen gegen seinen Pachtherrn hatte er allerdings so viele formale Schwierigkeiten zu überwinden, daß er dabei kaum auf Erfolg hoffen konnte.

Geht schon aus den juristischen Texten hervor, daß das Los der Kolonen, deren Zahl die der „freien" Bauern in der theodosianischen Zeit um ein Mehrfaches übertroffen haben dürfte, äußerst hart war, so wird dies durch Predigten des Johannes Chrysostomus noch unterstrichen. Der Prediger, welcher wohl kaum zwischen freien Bauern und Kolonen oder den daneben außer den Sklaven ebenfalls noch in größerer Zahl vorkommenden landwirtschaftlichen Arbeitern unterschied, vergleicht die sich ihr ganzes Leben ohne Erholung abschuftenden Bauern mit Eseln und Mauleseln. Diese Bauern kommen dennoch nicht aus der Verschuldung heraus und leben in ständiger Furcht vor Vertreibung, Steuererhebung und Requirierung. Für einen erheblichen Teil der bäuerlichen Bevölkerung war es in der Tat völlig gleichgültig, ob römische Bürger oder Barbaren die Herren ihres Bodens waren. Sie konnten sich von den neuen Herren nur eine Verbesserung ihrer Lage versprechen.

Wir hören aus der Zeit des Theodosius nichts von den Bagauden, Bauern in Gallien und Spanien, welche sich im ausgehenden 3. Jh. erstmals gegen ihre Herren erhoben hatten. Es läßt sich aber vermuten, daß damals in Nordafrika die radikalen, zum erheblichen Teil aus landwirtschaftlichen Arbeitern bestehenden, vorwiegend donatistisch gesinnten Circumcellionen, welche auch anderen sozial Schwachen wie Kolonen und Sklaven helfen wollten, recht aktiv waren. Nach allem, was wir über Maßnahmen des Theodosius wissen, ist zu vermuten, daß die Erbitterung der verarmten landwirtschaftlichen Bevölkerung unter diesem Kaiser weiter anwuchs, er auf jeden Fall nichts zur Linderung der Not getan hat.[120]

Alle freien Bewohner einer Stadt, soweit sie nicht Senatoren oder Kuriale waren, bildeten das gewöhnliche Stadtvolk („plebs urbana"). Dazu gehörten auch mit besonderen Privilegien versehene Angehörige verschiedener Berufszweige. Die Plebeier waren strafrechtlich schlechter gestellt als die Honoratioren, aber angesichts der Belastungen für die Kurialen verspürte kaum einer der Beamten, Kaufleute, Redner, Ärzte oder Handwerker, welcher die vermögensmäßigen Voraussetzungen erreicht hatte, das Bedürfnis, unter die Kurialen aufgenommen zu werden. Eine für das wirtschaftliche, aber auch das gesellschaftliche Leben wichtige Rolle spielten die Berufsvereine („collegia"), welche im 4. Jh. gelegentlich schon die Merkmale der mittelalterlichen Zünfte trugen. Für fast alle Berufe gab es solche Zusammenschlüsse. Typisch für den spätantiken Staat war es nun, daß bei den für die Versorgung der Bevölkerung besonders wichtigen Berufen die Zugehörigkeit zur Berufsvereinigung Zwang wurde. Die Zwangskollegien, welche durch Beamte überwacht wurden, bekamen vom Staat fest umrissene Aufgaben zugewiesen. Den Verpflichtungen standen Privilegien für die Mitglieder gegenüber, wie zum Beispiel die Befreiung von den Kuriallasten und anderen Sonderbelastungen. Die Verpflichtungen überwogen freilich in vielen Fällen die Vorteile so sehr, daß es auch bei den Mitgliedern („corporati"; „collegiati") der im modernen Sprachgebrauch als

Korporationen bezeichneten Kollegien, ähnlich wie bei den Kurialen und Kolonen, häufig zu Versuchen kam, der Zwangsbindung zu entfliehen. Stellvertretend sei auf die Kollegien der Schiffseigentümer („navicularii") und der Bäcker („pistores") etwas näher hingewiesen. Schon seit Jahrhunderten hatten in Genossenschaften zusammengeschlossene Schiffseigentümer im Auftrag des Staates den Transport des Getreides zur Versorgung Roms und anderer Großstädte übernommen. Seit dem 3. Jh. ging dann die unter Theodosius bereits abgeschlossene Entwicklung dahin, daß alle Schiffseigentümer in eine solche Genossenschaft eintreten mußten und mit ihren Erben dazu verpflichtet wurden, die vom Staat geforderten Transportleistungen zu übernehmen. Die Regierung, welche zum Beispiel im Jahre 380 einschärfte, daß die Schiffahrt aus Sicherheitsgründen vom November bis März im allgemeinen zu ruhen habe, kontrollierte Verladung und Entladung der Schiffe. Sehr gründlich waren die Untersuchungen nach Verlust von Ladungen. Genau wurde ferner darauf geachtet, daß keine unnötigen Zwischenlandungen vorgenommen wurden und sonstige Verzögerungen beim Transport eintraten. Derartige Maßnahmen waren freilich unbedingt notwendig, da nur allzu häufig ganze Schiffsladungen spurlos verschwanden oder unterwegs die Ladung gegen minderwertige Ware ausgetauscht wurde – Manipulationen, bei welchen sich allerdings oft Beamte das Geschäft mit den „navicularii" teilten. Die staatliche Kontrolle wurde dadurch erleichtert, daß die einzelnen Kollegien kollektiv die Haftung zu tragen hatten und so Interesse bestand, unrechte Bereicherung einzelner Mitglieder auszuschalten. Die Verdienstmöglichkeiten der „navicularii", welche die Schiffe mit den Mannschaften stellten und dafür vom Staat bezahlt wurden, war gegenüber früheren Zeiten stark beeinträchtigt. Immerhin scheinen manche Kuriale das Los eines „navicularius" dem eigenen noch vorgezogen zu haben. Im allgemeinen war es allerdings so, daß die „navicularii" ihren Stand zu verlassen suchten und der Staat noch Angehörige anderer Schichten gewaltsam in die Kollegien der Schiffseigentümer hineinpreßte.

Zu den Privilegien zählte neben der Freiheit von den kurialen Lasten auch die Erhebung in den Ritterstand (vgl. S. 69) und damit Freiheit vor körperlicher Züchtigung und Folter.

Den für die Lagerung des Getreides und für die Brotbereitung verantwortlichen Bäckern kam im Rahmen der staatlichen Brotversorgung weiter Bevölkerungskreise eine zentrale Bedeutung zu. Wie Schiffseigentümer und andere Gewerbetreibende hatten sie schon seit Jahrhunderten die Möglichkeit, sich zu organisieren. Hier entstand dann ebenfalls erst im Verlauf des 3. Jhs. der Zwang, einem Kollegium anzugehören. Spätestens im Jahre 315 wurde dann dazu noch der Erbzwang bei den Bäckern eingeführt. Ähnlich wie die Mitglieder anderer Korporationen waren die Bäcker, obwohl juristisch gesehen frei, nicht nur mit der Person an die Korporation gebunden, sondern sie waren auch hinsichtlich der Verfügungsgewalt über ihr Eigentum eingeschränkt. Immer wieder mußten den Bäckern fremde Kräfte zugewiesen werden, um die von besonderen Beamten überwachten Betriebe arbeitsfähig zu erhalten. Zum Dienst in den Bäckereien wurden vielfach Verbrecher und arbeitsscheue Elemente verurteilt. Für das mindere Ansehen, welches die Zunft genoß, zeugt auch der Bericht des Sokrates zum Rombesuch des Theodosius im Jahre 389. Demnach unterhielten die Leiter von Backbetrieben bei ihren Backstuben Schenken und gewährten Dirnen Unterschlupf.[121]

Die Schaffung der Zwangskollegien, welche zum Teil aus Fürsorge des Staates um die regelmäßige Versorgung der Bevölkerung resultierte, aber auch durch Streben nach staatlicher Planwirtschaft bedingt war, erschwerte die Lage der Kaufleute und führte zu einer Zurückdrängung des freien Handels. Die Konkurrenz zwischen staatlich gelenktem und freiem Handel machte sich namentlich auf dem Gebiet des Getreide- und Weinhandels bemerkbar. In anderen Sparten, wie dem hauptsächlich von syrischen Kaufleuten betriebenen Handel mit Luxusgegenständen aus dem Fernen Osten, war die Situation wesentlich anders. So gab es auch in der theodosianischen Zeit immer noch eine große Zahl begüterter Kaufleute. Mehr als füher jedoch scheint der Staat sich jetzt bemüht zu haben, den Handel zu kontrollieren.[122] Kaum läßt sich eine Aussage darüber machen, welchen Anteil die freien Lohnarbeiter, über deren Lebensbedingungen im 4. Jh. nichts Näheres bekannt ist, an der Stadtbevölkerung hatten. Dies ist auch deswegen schwierig, weil in den staatlichen Betrieben für den Bedarf der Armee (Waffen u. a.) oder des Hofes (Webereien, Purpurfärbereien) und den Münzstätten, aber auch in der privaten „Industrie" (Töpfereien, Glaswerkstätten usw.) vielfach in Zwangskollegien organisierte Kräfte oder Sklaven eingesetzt waren. Beträchtlich hingegen dürfte zumal in den Großstädten die Zahl der Arbeitslosen gewesen sein. Dies beruhte keineswegs nur auf einem Mangel an Arbeitsplätzen, denn zumindest in der Landwirtschaft oder im Heer bestand ja im Gegenteil ein erheblicher Bedarf an Kräften. Wesentlicher Grund scheint vielmehr die Scheu vor einer geregelten Handarbeit. Der fehlende Wille zur Arbeit war zumal in Rom seit jeher begünstigt durch die großzügige Versorgung der Massen von seiten des Staates oder das die Bildung eines willigen Anhanges bezweckende Verteilen von Geschenken durch die Aristokraten. Im 4. Jh. kam nun noch hinzu, daß die auch recht aktive Armenfürsorge der Kirche keineswegs darauf bedacht war, die Betreuten einer Arbeit zuzuführen. Ebenso hart wie in seiner Kritik am stadtrömischen Adel ist Ammian auch gegenüber dem Proletariat. Nichts arbeiten, fressen, saufen, Wagenrennen und Theater, das ist nach Ammian der Lebensinhalt dieser Massen. Die Regierung unternahm offenbar keinen bemerkenswerten Versuch, den Bevölkerungsüberschuß der Großstädte zu vermindern oder dort neue Arbeitsplätze zu schaffen.[123] Ammian spricht von ganzen *Sklaven*armeen römischer Adliger, Johannes Chrysostomus sieht eine Zahl von 1000 bis 2000 Sklaven auf antiochenischen Domänen als Normalfall an und Melania soll nach ihrer Hinwendung zum geistlichen Leben 8000 Sklaven die Freiheit geschenkt haben. Welche Zuverlässigkeit man solchen Angaben auch zugestehen mag, so reichen sie doch als Hinweis dafür aus, daß die Sklaven im ausgehenden 4. Jh. immer noch einen beträchtlichen Anteil der Bevölkerung bildeten. Die nur geringe Zahl von siegreichen Feldzügen gegen äußere Feinde, aber auch das Eindämmen der Piraterie hatten freilich schon seit längerer Zeit dazu geführt, daß der Nachschub an neuen Sklaven zurückging. Der Verkauf von Kindern in die Sklaverei aus sozialer Not, wogegen Theodosius mit einem Gesetz von 391 energisch einschritt, dürfte kaum ein ausreichender Ausgleich gewesen sein. Ein weiterer Grund für den insgesamt zu vermutenden starken Rückgang der Sklavenzahl war das Anwachsen der Kolonenmassen. Mit den Kolonen standen den Grundbesitzern ja weit billigere Arbeitskräfte zur Verfügung als die Sklaven, für deren Verpflegung und Kleidung sie voll aufzukommen hatten. Angesichts der Zwangsbindung für die „coloni" und anderer Stände, aber auch der drückenden Lasten für viele Freie nimmt es nicht wunder, wenn wir vernehmen, daß viele Sklaven der Melania die Beibehaltung des Sklavenstandes der Freilassung vorzogen und sich als Sklaven ihrem Bruder übereignen ließen. Wie schon in früheren Zeiten gab es auch in der Zeit des Theodosius zumal für gebildete Sklaven gar manchen angenehmen Posten und verantwortungsvolle Aufgaben. Konstantin hatte die Freilassung von Sklaven in der Kirche („manumissio in ecclesia") für ebenso möglich erklärt, wie sie bisher schon vor staatlichen Instanzen geschehen konnte, doch ist es unbeweisbar, daß der Kaiser hiermit aus religiösen Motiven auf einen Abbau der Sklaverei hindrängte. Genauso haben wir kein Indiz dafür, daß Theodosius Absichten in dieser Richtung hatte. Nach wie vor sahen auch jetzt die Christen keinen moralischen Zwang gegeben, ihre Sklaven freizulassen. Gewiß rät Johannes Chrysostomus einmal dazu, sich in der Zahl der Sklaven zu mäßigen und spricht sich Hieronymus gelegentlich für Freilassung nach sechs Jahren aus. Dennoch ist die Ansicht Gregors von Nyssa, daß man keine Sklaven halten solle, die Meinung eines Einzelgängers. Die Aufrechterhaltung der Sklaverei blieb vereinbar damit, daß innerhalb der Gemeinde und vor Gott Herren und Sklaven als völlig gleichberechtigt galten. Mit Augustin sah wohl die

Mehrheit der Christen die Sklaverei als unvermeidlichen und notwendigen Bestandteil der menschlichen Ordnung an. In der Regel wird das Verharren bei solchen Anschauungen heute negativ beurteilt, aber bevor man den damaligen Christen diese Haltung als Versagen anlastet, wird man nicht nur als Historiker zu bedenken haben, wie schwierig es ist, sich gerade in solchen Fragen aus dem Bann des Zeitgeistes zu lösen.[124]

3. Großstädte als Zentren des politischen und kulturellen Lebens

Als Theodosius an die Regierung kam, war Rom immer noch die größte Stadt des Reiches, aber schon etwa ein Jahrhundert lang nicht mehr *das* politische Zentrum. Bereits seit langer Zeit existierten daneben etliche Städte, deren Bedeutung höher einzuschätzen war als die einer Provinzstadt in modernem Sinne. Vor allem in den griechischsprachigen Teilen des Reiches spielte das städtische Element eine für den Lebensstil der gesamten Reichsbevölkerung prägende Rolle. Unter den vielen Städten des Imperium Romanum ragten im späteren 4. Jh. Konstantinopel, Alexandria und Antiochia im Osten, Rom, Mailand und Trier im Westen besonders hervor. Gewiß könnte man neben manchen anderen etwa noch das weiterhin vom Ruhm seiner Philosophenschulen zehrende Athen, das mehrfach als Residenz dienende Thessalonike, das im ausgehenden 4. Jh. erhöhte Bedeutung gewinnende Arles oder das äußerst rege Karthago hervorheben. Abgesehen jedoch vom hier gegebenen Zwang zur Beschränkung scheint es aber gerade anhand von kurzen Skizzen über die zunächst genannten Städte, welche Zentren zugleich politischen, kirchlichen und kulturellen Lebens bildeten, besonders gut möglich, Einblicke nicht nur in das städtische Leben zu vermitteln, sondern auch auf die wichtigsten Erscheinungen in Literatur und Kunst, sowie auf den weiteren Fortgang der Begegnung zwischen antiker Welt und Christentum hinzuweisen.

Die außerordentlich günstige Lage am Bosporus ließ dem im 7. Jh. v. Chr. von Griechen aus Megara gegründeten Byzantion zu fast allen Zeiten eine hohe Bedeutung zukommen. Die Lage am Schnittpunkt der Wege von Europa nach Asien und vom Mittelmeer zum Schwarzen Meer war es auch, die Konstantin d. Gr. bestimmte, hierher die Hauptstadt des Reiches zu verlegen. Das Stadtgebiet wurde um etwa das Vierfache erweitert und von der feierlichen Neueinweihung an offiziell Constantinopolis genannt. Nach dem Vorbild Roms teilte man die durch eine vom Goldenen Horn zum Marmarameer reichende Mauer gut geschützte Stadt in vierzehn Regionen ein, zählte man sieben Hügel. Von Beginn an gab es in der Stadt, für die sich in der Zeit des Theodosius die Bezeichnung neues Rom allgemein durchgesetzt hatte, einen Senat, dessen Mitglieder bald die gleichen Privilegien erhielten, wie die Senatoren Roms. Gleich Rom wurde Konstantinopel einem im Rang mit dem Prätorianerpräfekten fast ebenbürtigen Stadtpräfekten unterstellt und damit auch verwaltungsmäßig durch eine Sonderstellung ausgezeichnet. Konstantin ließ seine Stadt reichlich mit vor allem aus Griechenland herbeigeschafften Kunstwerken ausstatten. Um den erweiterten Markt aus der Severerzeit (frühes 3. Jh.) gruppierten sich eine Basilika (an Stelle der späteren Hagia Sophia), das Senatsgebäude und der Hippodrom, an den sich nach Süden die Palastanlagen anschlossen. Nördlich lag die Akropolis mit der nach 330 erbauten Irenenkirche, westlich das Konstantinsforum. An weiteren Monumentalbauten der vortheodosianischen Zeit seien nur noch die Apostelkirche, mit der das kaiserliche Mausoleum verbunden war, und der teilweise heute noch erhaltene Aquädukt des Valens genannt.[125]

Unter Theodosius erlebte die Stadt einen weiteren Aufschwung. Nach der *18. Rede* des Themistius war die Bautätigkeit im Jahre 384 so intensiv geworden, daß man sich vor die Notwendigkeit gestellt sah, den Festungsring zu erweitern. Herausragend war neben den Palastbauten der Ausbau des Forum Tauri (= Forum Theodosii), des größten aus der Antike bekannten Platzes (etwa 450 × 300 m), den Theodosius nach dem Vorbild des Trajansforums in Rom gestalten ließ. Auf dem Platz, in dessen Bereich auch eine Basilika und eine Kirche erbaut wurden, errichtete man unter anderem eine der Trajanssäule in Rom ähnelnde, von einer Bronzestatue des Kaisers gekrönte Säule. Es war fast selbstverständlich, daß im Zusammenhang mit der repräsentativen Ausgestaltung Konstantinopels neben den Architekten auch die bildenden Künstler ein reiches Betätigungsfeld erhielten. Die Frage, ob man – wobei der Blick meist mit auf die Kunstentwicklung in Rom gerichtet ist – von einer theodosianischen Renaissance sprechen oder hier auch für Konstantinopel bzw. den Osten tiefe Abstürze der Leistungsfähigkeit registrieren und den damaligen Stil als schwächlich dekadent abtun soll, kann wohl erst nach weiterer Neufunden und sicheren Zuweisungen eindeutig entschieden werden. Immerhin entstanden damals im Osten und wohl auch in Konstantinopel selbst einige Kunstwerke von hervorragender Qualität oder kam doch von dort die Anregung dazu. Der Grund zu stärkerer Entfaltung der bildenden Kunst im Osten war jedenfalls gelegt.[126]

Theodosius beschränkte sich nicht darauf, Konstantinopel weiter auszubauen, sondern er bemühte sich auch sonst, die Geltung der Stadt anzuheben. Der wichtigste Schritt dazu war, daß durch die gewiß nicht ohne Mithilfe des Kaisers entstandenen Kanones 2 und 3 des Konzils von 381 (dazu S. 26 f.) der Bischof der Hauptstadt ranghöchster kirchlicher Würdenträger des Ostens wurde und nun die Voraussetzungen für die Entstehung eines eigenen Jurisdiktionsbereiches geschaffen waren. Das rasche Anwachsen der Bevölkerung, die um 390 etwa 250 000 Menschen betragen haben dürfte, brachte Probleme aller Art mit sich. Die schwierige Frage der Versorgung ließ sich im allgemeinen durch Getreidetransporte aus Ägypten gut lösen, doch blieben Engpässe und damit Unruhe unter der Bevölkerung unvermeidbar. Schwierigkeiten ergaben sich ferner dadurch, daß sich die von 330 an zugezogenen, wohl vorwiegend christianisierten Massen aus sehr verschiedenen Elementen zusammensetzten. Vor allem war es die Diskussion um Glaubensfragen, welche immer wieder beinahe explosionsartig zu Unruhen führte. Als 379/380 der Bischof Gregor von Nazianz die zahlenmäßig stark geschrumpfte nicaenische Gemeinde neu aufzubauen suchte, kam es darüber zu solcher Erregung, daß in der Osternacht 380 während der Feier der Vigilien die Kirche der Nicaener gestürmt wurde. Frauen und Mönche waren an den schweren Ausschreitungen beteiligt. Flüche und Verwünschungen kamen dann aus der Menge, als Gregor am 27. November 380 vom Kaiser unter starkem militärischen Schutz in die Apostelkirche geleitet wurde. Dank der glänzenden Erscheinung des Kaisers soll es aber ohne ernste Zwischenfälle sogar zu einem Umschwung der Stimmung gekommen sein.[127] Die Leidenschaft der Massen ist dann nochmals für das Jahr 388 bezeugt, als sich das Gerücht vom Tode des Theodosius verbreitete, die immer noch starken Gegner der Orthodoxie nun die Stunde der Rache gekommen sahen und das Haus von Gregors Nachfolger Nectarius in Brand setzten.[128] Wenn wir anläßlich der Glaubensdiskussionen nie etwas von den Heiden hören, so spricht dies dafür, daß sie in Konstantinopel keine besondere Rolle mehr spielten und es zu ihrer Ausschaltung nicht etwa erst der nach dem Historiker Malalas von Theodosius verfügten Umwandlung des Aphroditetempels in einen Wagenschuppen bedurfte.

Erst Theodosius II. erhob durch eine im Jahre 425 erfolgte Umorganisation die von Konstantin im Capitolium (am Forum Tauri) begründete Hochschule zu einer „Universität" von Weltrang. Dennoch hatte Konstantinopel schon im späteren 4. Jh., vor allem durch das langjährige Wirken (seit 345) des von Theodosius zum Erzieher seines Sohnes erhobenen Redners Themistius, auch als Stätte der Bildung hohe Geltung. Wie sein ebenfalls schon hier lehrender Vater stellte der als Lehrer der Philosophie tätige Themistius Aristoteles in den Mittelpunkt seiner Lehrveranstaltungen. Daneben standen bei dem in erster Linie auf Erziehung zum sittlich guten Menschen bedachten Unterricht Platon und Pythagoras im Vordergrund. Als Haupt der Schule sorgte Themistius dafür, daß weitere geeignete Lehrer nach Konstantinopel kamen. Themistius war zwar Heide, arrangierte sich aber doch auch leicht mit den christlichen Kaisern und war in seinen religiösen Anschauungen zu lau, um den Resten des Heidentums in der Hauptstadt neue Impulse zu verleihen. Erwähnt sei wenigstens noch, daß durch den Hof auch unabhängig von den Hohen Schulen bedeutende Gelehrte und Literaten nach Konstantinopel kamen, wie etwa der von Theodosius zum „quaestor sacri palatii" berufene Nicomachus Flavianus.[129]

Schriften Gregors von Nazianz und des von 398 bis 404 als Bischof amtierenden Johannes Chrysostomus, aber auch Äußerungen etwa der Redner Libanius und Themistius lassen uns interessante Einblicke in das Leben und Treiben der Bevölkerung Konstantinopels gewinnen.[130] Gregor rühmt in seiner Abschiedspredigt von 381 die Aufgeschlossenheit aller Schichten der Gemeinde für religiöse Fragen und auch das Wissen um diese Dinge. Aber auch ihm dürfte ähnlich wie Johannes Chrysostomus die Enttäuschung bereitet worden sein, daß sich bei attraktiven Wagenrennen im Hippodrom nicht nur die Werkstätten, Läden und Häuser leerten, sondern auch gleichzeitige Gottesdienste kaum besucht waren. Ähnlich wie über Fragen des Glaubens ereiferte man sich über die Vorbereitung und den Verlauf der Rennen. Man kannte Namen und Rasse berühmter Pferde . Die Wagenlenker, offiziell als Menschen zweiter Klasse geltend, waren in aller Munde, sie galten im Volk als die wahren Helden. Wie weit solcher Starkult ging, zeigt ein Gesetz aus dem Jahre 394, wonach überall dort, wo sich kaiserliche Bildnisse befanden, die Bilder von Pantomimen, Wagenlenkern und Schauspielern entfernt werden mußten und für solche Bilder nur die Vorbauten des Zirkus und des Theaters vorbehalten wurden.

Der Hippodrom, einst von Septimius Severus zu Beginn des 3. Jhs. erbaut und dann von Konstantin prächtig ausgestaltet, bildete ein Zentrum des Lebens der Stadt. Von den Gesellschaften her, welche die Rennen organisierten und zur besseren Unterscheidung ihre Wagen und Lenker mit weißer, grüner oder

blauer Farbe kennzeichneten, bildeten sich allmählich die sogenannten Zirkusparteien. Wie die Basisreliefs des unter Theodosius auf dem Hippodrom errichteten Obelisken veranschauli-
chen, präsidierte der Herrscher persönlich bei den anläßlich
verschiedener Feste veranstalteten Rennen und nahm dann
auch die Ehrung der Sieger vor. Schon unter Theodosius dürften Ansätze dazu vorhanden gewesen sein, daß das Volk die

Abb. 6. Relief der Basis des Obelisken auf dem Hippodrom (Konstantinopel); oben Mitte: Theodosius mit Honorius, Arcadius und Valentinian II als Zuschauer beim Wagenrennen; unten: Geschenke darbrin-
gende Barbaren.

Spiele als Gelegenheit zu Willenskundgebungen gegenüber dem Kaiser wahrnahm und die Zirkusparteien auch politischen Charakter erhielten. Tierhetzen scheinen in Konstantinopel nie zu großer Bedeutung gelangt zu sein, doch wurden nach dem Zeugnis Gregors unter Theodosius noch welche veranstaltet. Befriedigt wurde die Schaulust des Volkes ferner im Theater. Zum Leidwesen des Johannes Chrysostomus wurde dort weitgehend nur der Mimus mit seinen die Sinnenlust weckenden Obszönitäten gepflegt. Die unzüchtig auftretenden Tänzerinnen und die schmutzigen, zu Schlagern werdenden Lieder waren ein erhebliches Ärgernis. Lebhaft führten dann Gregor und Johannes Klage über die Damen der Gesellschaft, welche jede Mode mitmachten und mit den raffiniertesten Toiletten selbst in der Kirche erschienen. Mit beredten Worten wird demgegenüber das Ideal der wahrhaft christlichen Frau entworfen. Zum Bild Konstantinopels gehören neben den mit allem Prunk auftretenden Reichen ebenso die Menge der Bettler. Wenig entfernt standen oft von den teils palastähnlichen Häusern reicher Senatoren die elenden Hütten der Armen.[131]

Die 332/331 von Alexander d. Gr. gegründete Stadt Alexandria hatte auch in der römischen Kaiserzeit als Hauptstadt der Kornkammer Ägyptens eine hohe politische Bedeutung behalten. Sie galt in der zweiten Hälfte des 4. Jhs. als die dritte Stadt des Reiches nach Rom und Konstantinopel.[132] Dem Bischof der Stadt, deren Christengemeinde ihre Gründung – allerdings zu Unrecht – auf den Evangelisten Marcus zurückführte, kam neben seinem Kollegen in Antiochia die führende Stellung im Osten zu. Seit dem Konzil von Nicaea (325) war er Metropolit von Ägypten und der Kyrenaika und im Glaubensedikt des Theodosius von 380 wurde der damalige Inhaber des Stuhles von Alexandria neben Damasus von Rom als Garant des wahren Glaubens genannt. Als Zentrum der Papier- und Glasindustrie, aber auch als Verschiffungshafen des ägyptischen Getreides und als Umschlagplatz für den Handel mit Äthiopien, Arabien und Indien war die wirtschaftliche Kraft der etwa 300000 Einwohner zählenden Stadt um 380 ungebrochen. Unbestritten war vor allem aber auch Alexandrias Rang als geistiges Zentrum geblieben. Ammian betont in einem Exkurs zum Ruhme Alexandrias die gegenwärtige Blüte der naturwissenschaftlichen Studien. Er mochte dabei zum Beispiel an den seit etwa 360 als Lehrer der Mathematik und Astronomie wirkenden Theon denken. Theons Haupttätigkeit galt der Erklärung der Werke des Claudius Ptolemaeus und des Euklid. Wenn er sich dabei in erster Linie der Kommentierung und Neuherausgabe widmete, so stand er damit zugleich in der altehrwürdigen Grammatikertradition Alexandrias.[133] Noch größere Berühmtheit erreichte Theons um 370 geborene und dann 415 bei Ausschreitungen des christlichen Pöbels umgekommene Tochter Hypatia. Sie beschäftigte sich ebenfalls mit Mathematik und Astronomie, war jedoch in erster Linie Lehrerin der neuplatonischen Philosophie. Ihr prominentester Schüler war der ungefähr gleichaltrige, um 407 Bischof seiner Heimatstadt Kyrene gewordene Synesius. Es ist zu vermuten, daß Hypatia und auch ihr Vater Heiden waren, doch ist dies keineswegs sicher, da in der alexandrinischen Schule der Neuplatoniker das religiös-metaphysische Moment hinter dem rein fachwissenschaftlichen zurücktrat, der Brückenschlag zwischen Neuplatonismus und Christentum mithin erleichtert wurde und es in Alexandria noch eher als anderswo möglich war, daß Christen an der Philosophenschule studierten, ja sogar lehrten.[134] Altersgenosse der Hypatia und des Synesius war der wahrscheinlich in Alexandria geborene und dort bis gegen 395 lebende Dichter Claudius Claudianus. Wohl in Alexandria entstanden seine frühen, griechisch geschriebenen, die Verbundenheit mit der Heimat andeutenden Gedichte. Denken wir an das zu den Neuplatonikern Alexandrias Gesagte, dann ist es kein Zufall, daß man so schwer Klarheit über die Religion Claudians gewinnen kann, obwohl ihn Augustinus und Orosius als Heiden bezeichnen und ihn sein literarisches Werk insgesamt eindeutig als Anhänger nichtchristlicher Glaubensvorstellungen ausweist.[135]

Durch Athanasius, der von 328 bis 373 Bischof der Stadt war, allerdings nicht weniger als fünfmal für insgesamt 17 Jahre ins Exil mußte, war auch Alexandrias Ruhm als Zentrum der Theologie erneuert worden. Dieser Ruhm war einst Ende des 2. und Anfang des 3. Jhs. durch Origenes und Klemens begründet worden. Gerade die „wissenschaftliche Tradition" der Stadt und die „Aufgeschlossenheit ihrer gebildeten Oberschicht für religiös-wissenschaftliche Fragen" erwies sich „als der günstigste Boden für die Entwicklung einer wissenschaftlich begründeten christlichen Theologie".[136] Da die frühen Theologen Alexandrias entscheidend von der Auseinandersetzung mit dem mittleren Platonismus angeregt wurden, konnte hier eine der wichtigsten Begegnungen zwischen christlichem Glauben und griechischer Geisteswelt stattfinden. Geradezu prädestiniert war Alexandria zum Ausgangspunkt für den umfassendsten, bis in die Zeit des Theodosius anhaltenden theologischen Streit des 4. Jhs. Die Auseinandersetzungen um Athanasius brachten immer wieder neue Unruhe unter die an sich schon wegen ihrer Hitzköpfigkeit berüchtigten Alexandriner. Wie hart es bei Kämpfen um den Bischofsstuhl oft zuging, illustriert ein allerdings tendenziös aufbauschender Bericht des von Athanasius noch als Nachfolger eingesetzten Petrus, welcher zunächst seinem Gegenspieler Lucius hatte weichen müssen, bei Theodoret 4,22. Dieser Bericht zeigt uns ferner, daß sich in solche Auseinandersetzungen auch die Heiden einmischten, welche ungeachtet der christlichen Missionsfortschritte immer noch starke Bastionen in der Hauptstadt Ägyptens besaßen. Symbolhaft für die Macht alter Tradition war der von Alexander gebaute, hochaufragende, glanzvoll ausgestattete und von etlichen weiteren Gebäuden umgebene Tempel des Serapis. Der Tempel, mit dem sich nach Ammian außer dem kapitolinischen in Rom kein Heiligtum auf Erden messen konnte, galt den Christen als Säule der Götzenanbetung. Aus aller Welt strömte man immer noch zum Serapisfest im Herbst zusammen. Aus dieser Bedeutung heraus versteht es sich fast von selbst, daß das Heiligtum zum Zentrum wurde, als sich die Heiden im Jahre 391 zum Aufstand erhoben, nachdem Bischof Theophilus die ihm vom Kaiser gestattete Erbauung einer Kirche über einem verfallenen Bacchustempel genutzt hatte, die heidnischen Kulte lächerlich zu machen, ja die Riten als verbrecherisch anzuprangern. Unter den Führern der Erhebung ragte der aus Kilikien stammende Philosoph und Serapispriester Olympius hervor. Eingedenk des Blutbades von Thessalonike entschloß sich Theodosius zur Milde gegenüber den nur mühsam zur Ruhe gebrachten Alexandrinern, verfügte freilich die Zerstörung des Heiligtums, die dann mit aller Gründlichkeit erfolgte. Der von einem Soldaten gespaltene Kopf des kolossalen Serapisbildes wurde durch die Stadt getragen und auf einem Scheiterhaufen verbrannt; die Heiden sollen nun den Zusammensturz des Himmels befürchtet haben. Auch weitere Tempel wurden zerstört, an der Stelle des Serapäums wurde eine Kirche errichtet. Die für die Christen beschämenden Vorgänge von 391 fanden einen starken Widerhall.[137] Der Mentalität der Zeit entspricht es, wenn die Heiden wenig später ein ungenügendes Steigen des Nil und damit die Gefahr des Hungers als Strafe des Himmels für unterlassene Opfer angesehen haben sollen.[138]

Antiochia am Orontes in Syrien, gegründet im Jahre 300 v. Chr. durch Seleukos I., war um 380 Sitz der obersten Verwaltungs- und Militärbehörden der Diözese Oriens, Residenz eines Bischofs, der auf das Wirken von Paulus und Petrus in seiner Stadt verweisen konnte und dem somit der höchste Ehrenrang nach Rom zukam, und Handelsplatz von hervorragender Bedeutung.[139] Die 250000 Bewohner zählende Stadt mit ihren zahlreichen Tempeln für griechische Gottheiten und ihrer zu den bedeutendsten des Reiches zählenden öffentlichen Rhetorenschule war ein Hort griechischer Bildung und von griechischem Geist geprägt. Darüber ist aber nicht zu vergessen, daß die Mehrheit der Bevölkerung aus besonders im Handel hervortretenden Syrern bestand, zu welchen neben anderen Gruppen noch Phöniker, Araber, Armenier und Juden kamen. Libanius (314–393) hat in einem 358 vorgetragenen Panegyricus und vielen weiteren Äußerungen ein eindrucksvolles Bild der Stadt, aber auch ihrer nach Aussage des Redners unvergleichlich schönen und fruchtbaren Umgebung hinterlassen.

Prächtiger noch als in anderen Städten des Ostens waren in dem von pulsierendem Leben erfüllten Antiochia die von überdeckten Kolonnaden eingesäumten Hauptstraßen und die teilweise ebenso großzügig angelegten Nebenstraßen. Die fast zu allen Zeiten rege Bautätigkeit war durch die längere Anwesenheit der Kaiser Julian und Valens neu belebt worden, kam aber auch unter Theodosius keineswegs zum Stillstand. Mit Begeisterung spricht Libanius von dem etwa sieben Kilometer entfernten Daphne, wo sich ein uraltes Apolloheiligtum von überregionaler Bedeutung befand und wo unter Leitung des Alytarchen (er galt als Personifikation des Zeus) mit Pferderennen, sportlichen Wettkämpfen und musischen Aufführungen olympische Spiele gefeiert wurden, deren Glanz die Spiele in Olympia selbst weit übertraf. Der 362 ausgebrannte Apollotempel stand in der Zeit des Theodosius nur noch als Ruine, aber die Spiele wurden weiterhin gefeiert, auch wenn sie viel von ihrem ursprünglich religiösen Charakter verloren hatten. Mehr noch als über Bauten und Feste unterrichtet uns Libanius über das gesellschaftliche und wirtschaftliche Leben der Stadt, den Charakter der Bewohner, die Verwaltung und die Relationen der Gemeinde zu den römischen Behörden. Freilich sind die Aussagen des traditionsverhafteten, heidnischen Großgrundbesitzers nicht nur auf sozialem Gebiet von einer gewissen Einseitigkeit. Wir verspüren bei ihm kaum etwas davon, daß die heidnischen Religionen unverkennbar einen Prozeß des Niedergangs erlebten und daran auch die gerade in Antiochia betriebenen Reformbemühungen des Kaisers Julian nichts änderten. Nichts erfahren wir bei Libanius, der neben heidnischen auch viele christliche Schüler hatte, davon, daß das Christentum die Oberhand in der Stadt gewonnen hatte.

Antiochia, zentraler Ausgangspunkt der paulinischen Missionsreisen, hatte eine bedeutende, im Urchristentum beginnende, christliche Tradition. Seine theologische Schule konnte es an Einfluß mit der von Alexandria durchaus aufnehmen. In der Zeit des Theodosius allerdings war die Gemeinde gespalten. Neben den vermutlich die Mehrheit bildenden Anhängern des Meletius und den Arianern existierte seit 362 eine starke Gruppe, welche sich um den ebenfalls nicaenischen Paulinus scharte. Fanden Meletius und der 381 zu seinem Nachfolger gewählte Flavianus die Unterstützung des Kaisers, hatte der bis 398 lebende und weithin als rechtmäßiger Bischof von Antiochia geltende Paulinus Freunde wie Ambrosius von Mailand und Hieronymus. Kronzeuge für das christliche Antiochia in theodosianischer Zeit ist Johannes Chrysostomus. Um 350 in Antiochia geboren, wurde er dort Schüler des Libanius und wandte sich dann theologischen Studien zu. Mehrere Jahre verbrachte er als Asket in völliger Einsamkeit. Seit 386 wirkte er als Prediger an der auf Weisung Konstantins d. Gr. erbauten, als ein Wunderwerk geltenden Hauptkirche der Stadt. Chrysostomus, einer der glänzendsten Redner seiner Zeit, mahnte die dem Luxus zugewandten Antiochener zur Mäßigkeit und stellte in eindringlichen Worten immer wieder das Leben in der Askese als Lebensideal vor.[140] Von den zahlreichen, gelegentlich bis zu zwei Stunden dauernden Ansprachen des durch Papst Pius X. zum Patron der Prediger erhobenen Chrysostomus sei an dieser Stelle nur die zum Weihnachtsfest von 386 erwähnt. Wir erfahren, daß das Fest erst seit etwa zehn Jahren in Antiochia gefeiert wurde und es, anders als im Westen, noch galt, ihm einen würdigen Platz in der Reihe der kirchlichen Feste einzuräumen.

Einen dramatischen Höhepunkt erreichte die Stadtgeschichte Antiochias im Jahre 387. Durch eine kaiserliche Verfügung war zu Beginn des Jahres den Ratsherrn und anderen Besitzenden eine erhebliche zusätzliche Steuerbelastung auferlegt worden. Während sonst keine Auflehnung gegen die neuen Lasten bekannt ist, entwickelte sich in Antiochia aus einer anfänglich harmlos anmutenden Beschwerdeaktion der Betroffenen ein regelrechter Aufstand. Es kam dabei zur Zerstörung von Bildern und Statuen des Theodosius und seiner Familie, ferner zum Versuch, den kaiserlichen Palast anzuzünden. Die zunächst zurückhaltenden örtlichen Behörden gingen alsbald mit aller Brutalität vor. Da der Tatbestand der Majestätsbeleidigung gegeben war, hatte man außerdem noch den Zorn des Kaisers zu befürchten. Deshalb entschloß sich Bischof Flavianus, bei Theodosius selbst um Gnade zu bitten. Weil dieser aber schon Bericht erhalten hatte, traf Flavianus unterwegs den „magister officiorum" Caesarius und den in Antiochia residierenden Heermeister Hellebich, welche der Kaiser mit unbeschränkten Vollmachten für die Untersuchung der Vorfälle ausgestattet hatte. Sie brachten ein Schreiben mit, wonach die Antiochener mit der Schließung aller Theater und Bäder, ferner mit Aufhebung der Getreidespenden für die Armen bestraft wurden. Außerdem sollte die Stadt ihres Ranges als Metropole (d. h. als Hauptstadt der Diözese) entkleidet und der alten Nebenbuhlerin Laodicaea unterstellt werden. Nach strenger, jedoch gerechter Untersuchung reiste Caesarius an den Hof und nahm dabei auch ein Bittgesuch der Mönche aus der Umgebung der Stadt mit. Durch Bitten des Flavianus und des Caesarius ließ sich Theodosius umstimmen und gewährte 34 Tage nach der unseligen Revolte Amnestie. Neigt Libanius dazu, das Hauptverdienst um die Rettung der bedrohten Stadt dem Caesarius und Hellebich zuzuschreiben, rühmt Chrysostomus einseitig Flavianus.[141] – Gerade am Beispiel Antiochias, wo gleichzeitig Libanius und Johannes Chrysostomus wirkten, wird uns bewußt, wie weitgehend in der Zeit des Theodosius der Umbruch vom alten heidnischen römischen Staat zum christlichen römischen Imperium bereits vollzogen war. Die Skizzen zu Rom, Mailand und Trier mögen verdeutlichen, wie unter Theodosius dieser Prozeß auch im Westen fortschritt.

Faszinierend wirkt das Bild, welches der aus der griechischen Bevölkerungsschicht Antiochias stammende Historiker Ammian von einem mit wenigen Ausnahmen völlig dekadenten Adel und einer gänzlich auf Brot und Spiele konzentrierten, arbeitsscheuen Masse im Rom der theodosianischen Zeit entwirft. Man könnte denken, daß dies der Wirklichkeit der ihrer Stellung als Welthauptstadt beraubten Stadt durchaus entsprach. Dennoch scheint der Glaube an Rom als die ewige Stadt, „urbs aeterna", bei Ammian nicht verloren, ist auch er sich offenbar bewußt geblieben, daß Rom noch immer die größte Stadt des Reiches war und der Glanz seiner Bauten nach wie vor den der anderen Städte überstrahlte. Schließlich hatte Rom den Antiochener so in seinen Bann gezogen, daß er um 380 dorthin übersiedelte, Kontakte zu den geistig führenden Kreisen suchte und sein Geschichtswerk (das bedeutendste in lateinischer Sprache seit Tacitus) abfaßte, aus dem er mit Beifall aufgenommene Vorlesungen hielt. Unseres Wissens hat Ammian die Symptome des Niedergangs in rhetorischer Manier überbetont, aber es war gewiß für manchen Bewohner Roms zutreffend, daß er vom Ruhm der Vergangenheit träumte und sich darin sonnte, ohne recht zu merken, wie entscheidend sich die Situation der Stadt verändert hat.[142]

Rom, das nach wie vor einen verwaltungsmäßigen Sonderstatus hatte, dessen Bevölkerung immer noch so zahlreich war – die mit Vorsicht aufzunehmenden Schätzungen reichen bis zu 1 Million –, daß es wie seit jeher zu schweren Versorgungskrisen kam, war freilich keineswegs ein museales Relikt einer lebendigen Vergangenheit.[143] Wenn Theodosius, der die Stadt 389 besucht hatte (vgl. S. 39), sowohl 388 als auch 394 dem stadtrömischen Adel die Parteinahme für den Gegner verzieh, so vielleicht nicht zuletzt deswegen, weil er wußte, wie groß das Prestige Roms im ganzen Reich war. Ein Erlaß des nach dem Zeugnis des spanischen Dichters Prudentius von der Stadt tief beeindruckten Kaisers besagt zwar, daß man in erster Linie alte Bauten restaurieren solle, bezeugt aber zugleich, daß es weiterhin größere Neubauobjekte gab. Zum Ausgleich gewissermaßen für das Zurückgehen repräsentativer Regierungsbauten, hatte ja Konstantin die Möglichkeit zur Entfaltung einer umfangreichen kirchlichen Bautätigkeit gegeben. Der Neubau der Kirche über dem Grab des Apostels Paulus („S. Paolo fuori le mura") zeigt, daß hier gegen Ende des Jahrhunderts kein Stillstand eingetreten war.[144]

Nichts weniger als Erstarrung herrschte im damaligen Rom auf geistigem und religiösem Gebiet. Selbst in Alexandria und Antiochia vollzog sich kaum eine lebhaftere Auseinandersetzung zwischen Heiden und Christen. Ein spezieller Akzent wurde in Rom zum Beispiel durch die Prägung von Pseudomünzen gesetzt. Bei den auf Initiative römischer Aristokraten entstandenen Stücken handelt es sich erstens um kleine Messingstücke vornehmlich mit Bildern von Isis und Serapis (ferner weiteren ägyptischen Gottheiten) und zweitens um die sogenannten Kontorniaten, Bronzemedaillons mit profiliertem Rand.[145] Gratian verbot zwar 379, auf den seit Konstantin geprägten Isis- und Serapismünzen das Kaiserporträt anzubringen, doch wurden diese Prägungen eindeutig heidnischen Charakters weiterhin geduldet. Bei den Kontorniaten ist in unserem Zusammenhang die Frage entscheidend, wie weit man in ihnen eine Waffe der Heiden im Kampf gegen das Christentum oder eine Äußerung des Protestes gegen die kaiserliche Religionspolitik zu erblicken hat. Von vornherein sei festgestellt, daß für eine Interpretation in dieser Richtung nur ein Bruchteil der Medaillons, deren Bildschatz weitgehend von Motiven aus der Welt der Zirkusspiele und der Wagenrennen beherrscht wird, in Betracht kommt. Hervorgehoben sei ferner, daß sich Theodosius als erster lebender Kaiser auf den seit Constantius II. erscheinenden Prägungen findet und ich anders als Alföldi in einigen dieser Kontorniaten durchaus eine Huldigung für Theodosius erblicken möchte (vgl. S. 147). Etliche der aus der Zeit des Theodosius stammenden Stücke verweisen auf Sieghaftigkeit des Kaisertums ganz allgemein und zeigen auf der Vorderseite die Köpfe Neros und Trajans, welche schon vor 379 am häufigsten auf den Pseudomünzen erscheinen; Nero wohl deswegen, weil er im Bewußtsein der Öffentlichkeit als eine Art Patron der Spiele galt, die ja ganz im Brennpunkt des Interesses standen und um deren glanzvolle Ausrichtung sich die Senatoren bemühten. Meiner Meinung nach ließen die heidnischen Reaktionäre frühestens von 391 an – als Theodosius einen stark antiheidnischen Kurs in der Religionspolitik einschlug – Nerokontorniaten mit dem Gedanken prägen, daß der wiedererstandene Nero den Zusammenbruch der Christen und die Wiedererstarkung der alten Religionen verkünden sollte. Wenn Trajan von 379 an in vielen Prägungen auftaucht, so wohl kaum nur, weil er allgemein als idealer Herrscher galt, sondern auch, weil man sich um Gunst des Theodosius bemühte (vgl. S. 11).

Theodosius, dem gewiß bekannt war, daß auch christliche Kreise Erhaltung und Wiederbelebung der alten Kultur anstrebten (vgl. S. 99), nahm kaum Anstoß an den Prägungen mit Homer, Sallust und anderen Autoren. Auch Prägungen mit Roma, Fortuna, Mars, Augustus oder anderen auf die alte Größe Roms weisenden Bildern verstimmten den historisch interessierten Kaiser wohl nicht.[146] Das heidnische Kolorit der Kontorniaten ist unbestreitbar. Jedoch erst ab 391 scheinen die Prägungen mit dem schon früher gelegentlich gegen Christus ausgespielten Wundertäter Apollonius von Tyana (1. Jh. n. Chr.) entstanden zu sein. Ferner könnten nun die 379–394 insgesamt seltenen Abbildungen von Göttern und religiösen Szenen etwas häufiger geworden sein.

Kaum Zufall ist es, daß, neben Sol Invictus und Kybele, nur Bacchus und Hercules auf den 393 vermutlich verbotenen Kontorniaten (vgl. Anm. 97) des öfteren vorkommen: Sol Invictus (griech. Helios), der Sonnengott, welcher während des 4. Jhs. für viele die oberste Gottheit oder – wie bei den Neuplatonikern – Mittler zwischen der obersten Gottheit und den übrigen Göttern bedeutete, Kybele, die seit 204 v. Chr. in Rom als Magna Mater verehrte orientalische Muttergöttin, deren Kult in spätrömischen Adelskreisen sehr gepflegt wurde, Hercules, der immer noch als ideales Vorbild der Herrscher gefeierte Halbgott. Bei dem in der Zeit des Theodosius ausgefochtenen Kampf um den Altar der Victoria (vgl. S. 131) wird zwar das Bangen um den Bestand der nationalen Kulte in den Vordergrund gestellt, und beim Entscheidungskampf gegen Theodosius begab man sich unter den Schutz Jupiters, aber wirkliche Gläubigkeit bestand weit mehr gegenüber den orientalischen Kulten wie Kybele (Magna Mater), Isis oder Mithras.

Die Aktivität der heidnischen Senatoren Roms, welche oft gleichzeitig Priesterämter römischer und orientalischer Kulte

Abb. 7. Priesterin des Bacchus vor Jupiteraltar, Tafel eines Diptychons

versahen, beschränkte sich keineswegs auf den religiösen oder politischen Bereich. Dies möge deutlich werden anhand der um 420 entstandenen Saturnalia des Macrobius. Der wie so viele Intellektuelle seiner Zeit vom Neuplatonismus[147] geprägte Autor läßt im Hause des Vettius Agorius Prätextatus ein Symposion veranstalten, bei dem sich außer dem Hausherrn Q. Aurelius Symmachus, Virius Nicomachus Flavianus und weitere Freunde des Symmachus versammeln. Im Mittelpunkt der Gespräche, deren Teilnehmer mit den Gesprächspartnern in Ciceros Schrift über den Staat verglichen werden, steht der Dichter Vergil, dessen hohe Geltung im Mittelalter nicht zuletzt der Hochschätzung seines Werkes um 400 zuzuschreiben ist.[148] Der Ende 384 verstorbene Praetextatus – 361/364 Statthalter von Achaia, 367/368 Stadtpräfekt von Rom und 384 Prätorianerpräfekt von Illyrien, Italien und Afrika – war unter anderem Augur, Priester der Vesta und des Sol, ferner eingeweiht in die Mysterien der Götter von Eleusis und der Kybele.[149] Macrobius läßt den auch als philosophischer Schriftsteller tätigen Praetextatus eine Rede halten, wonach die Sonne (Sol) unter dem Namen der verschiedensten Gottheiten (Apollo, Minerva, Mercur, Serapis usw.) verehrt werde.[150] Symmachus, glänzendster lateinischer Redner seiner Zeit, Wortführer im Kampf um den Victorialtar, brachte es ebenfalls zu höchsten Staatsämtern (384/385 Stadtpräfekt) und war Mitglied des Kollegiums der „pontifices maiores". Eigentliches Haupt der heidnischen Aristokratie war von 385 an freilich Flavianus. Er, der sowohl 390 von Theodosius als dann 393 von Eugenius zum Prätorianerpräfekten ernannt wurde, galt als Autorität der Auguraldisziplin und war zugleich für seine Gelehrsamkeit berühmt. Von seinen literarischen Arbeiten seien die Übersetzung der Vita des Apollonius von Tyana und die Annalen genannt. Sein Sohn (Statthalter von Asia 383; Stadtpräfekt 393/394) war maßgeblich an der Neuausgabe des Livius beteiligt. Aus dem Symmachuskreis sei schließlich noch der nebenbei auch als Geschichtsschreiber tätige Dichter Naucellius (etwa 305 bis etwa 400) genannt, der die Klassiker (neben Horaz und Vergil auch Ovid) hoch verehrte und ihre Werke nachbildete. Politische Ambitionen hatte er im Gegensatz zu anderen Freunden des Symmachus offenbar nicht. Die Angehörigen des Symmachuskreises konnten wohl meist noch griechisch, was unter den Gebildeten im Westen damals ebenso wenig eine Selbstverständlichkeit war wie Lateinkenntnisse bei an der Beamtenlaufbahn nicht interessierten Gebildeten des Ostens.[151] Im Kreise des Symmachus, zu dem sich Ammian hingezogen fühlte und zu dem 389 auch der traditionsverbundene Panegyriker Pacatus hinfand (vgl. S. 39), mag auch die sogenannte Historia Augusta, eine Sammlung der Biographien römischer Kaiser (von 117–284), entstanden sein, ein Werk das mit aller Vorsicht auch als Quelle zur Geschichte der theodosianischen Zeit herangezogen werden kann.[152]

Rom war zwar in der Zeit des Theodosius der wohl bedeutendste Hort heidnischer Reaktion, aber nichts wäre irreführender, als nur bei den Heiden geistige und religiöse Aktivität zu suchen. Noch bildeten die Heiden unter den stadtrömischen Senatoren die Mehrheit, doch waren die Christen, welche beim Volk wohl schon weit überwogen, im Vergleich zur Mitte des Jahrhunderts bereits eine sehr beachtliche und vor allem auch einflußreiche Minderheit geworden. Die Position des an sich bedeutenden und von Theodosius im Jahre 380 als Garant des rechten Glaubens anerkannten Bischofes Damasus war geschwächt durch die anfangs sogar blutigen und auch bei seinem Tode im Jahre 384 noch keineswegs völlig zum Stillstand gekommenen Auseinandersetzungen mit den Anhängern des 366 gleichzeitig zum Bischof gewählten Ursinus. Damasus, der unter anderem unverkennbar von Vergil beeinflußte Grabepigramme hinterlassen hat, beauftragte im Jahre 382 Hieronymus mit der Revision des lateinischen Bibeltextes. Hieronymus, um 345 in Dalmatien geboren, hatte schon in früher Jugend rund ein Jahrzehnt in Rom verbracht und bei dem von ihm stets hochverehrten Aelius Donatus studiert, dessen Kommentare zu Terenz und Vergil, ebenso wie seine Grammatik (ein Standardwerk des mittelalterlichen Unterrichtes!) schon sehr bald große

Berühmtheit erreichten. Donatus verdankte Hieronymus die Begeisterung für Vergil und Cicero. Bevor der 379 in Antiochia zum Priester geweihte Hieronymus wieder nach Rom kam, lebte er mehrere Jahre im Osten (Antiochia, Chalcis bei Antiochia, Konstantinopel), vertiefte dort seine theologischen Studien, lernte griechisch und hebräisch und schuf so die Voraussetzungen, um heute als der gelehrteste unter den lateinischen Kirchenvätern zu gelten. In Rom, wo er am Klerus Kritik übte, die sich an Schärfe mit der Ammians an adligen Kreisen (dazu S. 67f.) durchaus messen kann (Brief 22), sammelte er um sich einen Kreis, den er für das asketische Lebensideal zu begeistern suchte und dem er theologische Vorträge hielt. Dem Kreis, der sich in der Villa der Marcella auf dem Aventin versammelte, gehörten vornehmlich junge Witwen aus dem Hochadel mit ihren Töchtern an. Als Hieronymus im Jahre 385 Rom verließ, folgten ihm einige seiner begeisterten Schülerinnen in die Einsamkeit nach Palästina. Auch auf die Angehörigen seiner Schülerinnen blieb die „nebenamtliche" Tätigkeit des Kirchenvaters nicht ohne Wirkung.[153] Die bei Hieronymus theologische Studien betreibenden Damen waren vermutlich ähnlich wie ihr Meister mit den klassischen Autoren vertraut. So gespalten der Adel selbst in den einzelnen Familien in den religiösen Anschauungen auch war, so spricht alles dafür, daß die Gebildeten unter ihnen ein gemeinsames Bildungsgut besaßen. Die geistige Gemeinsamkeit äußerte sich auch in aus privaten Aufträgen stammenden Kunstwerken, wie dem Elfenbeindiptychon, das anläßlich einer Hochzeit zwischen Symmachi und Nicomachi entstand, und Stücken des in christlichem Besitz befindlichen Silberschatzes auf dem Esquilin.[154] Zusammenfassend ist zu sagen, daß Rom im ausgehenden 4. Jh. eine sehr lebendige Stadt war. Gewiß fehlte es nicht an Symptomen des Verfalls, aber man brauchte keineswegs nur vom Ruhm der Vergangenheit zu zehren, zumal das Papsttum – obwohl es augenblicklich im Schatten des Bischofs von Mailand stand und sich die Rangerhöhung Konstantinopels gefallen lassen mußte – auf dem besten Wege war, der Stadt wenigstens im Westen eine neue Geltung als Mittelpunkt zu schaffen.

In Mailand, nicht in Rom, nahm Theodosius Residenz nach seinen Siegen über Maximus und Eugenius (388 bzw. 394). Mailand (Mediolanum), auf eine gallische Gründung zurückgehend, 222 v. Chr. erstmals von den Römern erobert und als verkehrsgünstiger Mittelpunkt einer fruchtbaren Landschaft stets von Bedeutung, war im 4. Jh. der Sitz des Vicarius Italiae, dem die Statthalter der italischen Provinzen unterstanden, und damit Hauptstadt Italiens. Darüber hinaus war es als Sitz des „praefectus praetorio Illyrici, Italiae et Africae" (oder bei dessen Abwesenheit doch der Verwaltungsstellen) Vorort gleichsam dieses Reichsbezirkes. In zunehmendem Maße wurde die Stadt schließlich kaiserliche Residenz. Von den Mitkaisern des Theodosius weilten von 378 an Gratian des öfteren und Valentinian II. ständig in der oberitalischen Metropole. Stärkste Persönlichkeit am Hof war Justina, die Gemahlin Valentinians I., die Mutter Gratians und Valentinians II. Justina war Arianerin und gab den seit der Wahl des Ambrosius zum Bischof im Jahre 374 empfindlich geschwächten Gegnern des Nicaenums einen bedeutenden Rückhalt. Ihrem Einfluß dürfte es zuzuschreiben sein, wenn Valentinian II. 385 nochmals den Kampf gegen die Nicaener begann und dabei gar die Übergabe von Kirchen an die Arianer in Mailand befahl (vgl. S. 42).

Sieger in diesem Kampf blieb Ambrosius, energischer Widerpart der Kaiserin, welche ihm nach der Ermordung Gratians nur aus politischer Notwendigkeit heraus die Fürsorge für Valentinian anvertraut hatte. Ambrosius, der schon wiederholt zu erwähnen war und zu welchem in diesem Rahmen nur einige knappe Bemerkungen möglich sind, trat auf Grund seiner Überzeugung, daß der Kaiser bei all der ihm von Gott verliehenen Gewalt innerhalb und nicht über der Kirche stehe, nicht nur Justina, sondern auch Gratian, Valentinian II. und Theodosius stets mit allem Freimut entgegen. Die seelsorgerischen Bemühungen des Ambrosius, in deren Mittelpunkt das Hinführen von Heiden, Häretikern und Juden zum wahren Glauben stand, entsprachen völlig den religionspolitischen Intentionen des Theodosius. Ungeachtet mancher Konflikte suchten Kaiser und Bischof immer wieder die Freundschaft, respektierten sie sich gegenseitig, empfanden sie Verehrung füreinander. Ambrosius, unter anderem Schöpfer des abendländischen Hymnengesanges, war vielleicht mehr ein Mann der Tat und erreichte nicht den hohen Grad von Gelehrsamkeit wie Hieronymus, doch verspürt man auch in seinen zahlreichen Schriften allenthalben die Vertrautheit mit Cicero und Vergil. Ähnlich anderen Theologen seiner Zeit, welche sich zur damals einen

Abb. 8. Sarkophag mit Himmelfahrt des Elias und Gesetzesübergabe an Moses (Schmalseite), Christus als Lehrer der Apostel (Langseite), Jesuskind in der Krippe (Giebel)

Schwerpunkt der theologischen Diskussion bildenden Trinitätslehre, speziell zum Heiligen Geist, äußerten, hatte auch Ambrosius neuplatonische Lehren studiert. Schließlich sei noch im Blick auf die Wichtigkeit für das Fortbestehen oder sogar Neuanknüpfen von Verbindungen zwischen Ost und West hervorgehoben, daß sich Ambrosius stark von östlichen Theologen, und da wiederum von Basilius, beeinflussen ließ.[155]

Ambrosius, der niemals den geistigen Primat des Bischofs von Rom anzutasten suchte, dem aber sicher bewußt war, daß er, der Bischof von Mailand, die führende Position unter den Bischöfen des Westens einnahm, trug mehr als mancher Kaiser auch zur Erhöhung des äußeren Glanzes von Mailand bei. Zu den auf seine Anregung zurückgehenden Kirchenbauten gehörten die fünfschiffige Basilika Salvatoris (später S. Tecla), die Basilika Apostolorum (heute S. Nazaro) mit ihrem kreuzförmigen Grundriß und die als dreischiffige Säulenbasilika erbaute, heute nach ihm benannte Kirche S. Ambrogio. Aus dem Bau des ausgehenden 4. Jhs. sind Fragmente einer Holztür mit Szenen aus dem Leben Davids, vielleicht in Anlehnung an Predigten des Ambrosius, erhalten. Stilistisch verwandt ist der sogenannte Stilichosarkophag unter der mittelalterlichen Kanzel von S. Ambrogio. Der Sarkophag mit Christus und den Aposteln, der Himmelfahrt des Elias und der Gesetzesübergabe an Moses, verdient vor allem wegen seines geschlossenen christlichen Bildprogramms, aber auch wegen seiner hohen Qualität besondere Erwähnung. Wie in der Theologie des Ambrosius erweist sich Mailand in der Zeit des Theodosius auch auf dem Gebiet der Kunst als Stätte der Begegnung zwischen Ost und West.[156]

Durch Vermittlung des Symmachus wurde im Jahre 384 der 354 in Thagaste (Numidien) geborene, bis 383 dort beziehungsweise in Karthago lebende Augustinus als Lehrer der Rhetorik nach Mailand berufen. Augustinus, der sich den Manichäern angeschlossen hatte, freilich im Jahre 384 schon eine ziemliche Skepsis gegenüber ihren Lehren zeigte, hörte in Mailand – zunächst mehr aus ästhetischem Interesse – Predigten des Ambrosius, bekam dann sehr bald persönlichen Kontakt mit dem Presbyter Simplicianus (397 Nachfolger des Ambrosius). Ambrosius, Simplicianus und der in Mailand lehrende Philosoph Theodorus führten den jungen Rhetor in die neuplatonische Philosophie ein. Vor allem Simplicianus scheint es gewesen zu sein, der ihn schließlich dazu brachte, sich 387 taufen zu lassen. Die Predigten des Ambrosius, welche ihm den Weg zum tieferen Verständnis des Alten Testaments bahnten, regten ihn offenbar zu der bald nach der Abreise aus Mailand (noch 387) erfolgten Abfassung des grundlegenden Werkes „De genesi contra Manichaeos" an. In Mailand dürfte auch der Grund dazu gelegt worden sein, daß Augustinus später in Theodosius das Musterbild eines christlichen Kaisers sah (De civ. dei 5,26).[157]

Trier, seit ca. 45 Colonia Augusta Treverorum, war gewachsen auf dem Boden eines alten religiösen und politischen Zentrums der Treverer. Ihre über Jahrhunderte anhaltende Blüte verdankte die Stadt der Tatsache, daß sie von ihren Anfängen an wichtiger Verwaltungsmittelpunkt und zugleich eine Versorgungsbasis der römischen Rheinarmee war. 275 von schwerer Zerstörung betroffen, erreichte Trier den Höhepunkt seiner Entwicklung aber doch erst, als es zur Kaiserresidenz wurde. Von 287 bis 387 haben fast alle Regenten des westlichen Reichsbezirkes längere Zeit in Trier residiert. Hier hatten der „praefectus praetorio Galliarum" (bis etwa 400) und der „magister militum per Gallias", also die obersten Spitzen der Verwaltung und des Militärs, im Westen ihren Amtssitz. Hinzu kamen eine das ganze 4. Jh. über tätige kaiserliche Münzstätte, Fabriken für Bekleidung und Ausrüstung der Truppen, aber auch für den Bedarf des Hofes. Ferner trugen zum wirtschaftlichen Wohlstand der in fruchtbarer Umgebung gelegenen Stadt Glasfabriken und Töpfereien bei. Ein erst neuerdings erforschter riesiger Lagerkomplex auf dem Gelände der ehemaligen Abtei St. Irminen an der Mosel zeigt, daß auch die Bedeutung als Versorgungszentrum im 4. Jh. noch gestiegen sein dürfte. Trier, das nach Worten des Ausonius die Heere des Reiches nährte, kleidete und bewaffnete, nahm mit seinen etwa 80000 Einwohnern damals den vierten Rang unter den Städten des Reiches ein.[158]

Fast nirgends wird uns heute noch so wie in Trier monumentale Architektur des späten 3. Jhs. und des 4. Jhs. faßbar. Aus diokletianisch/konstantinischer Zeit stammen die sogenannten Kaiserthermen, die drittgrößte uns bekannte Anlage dieser Art, welche aber wohl niemals ihrer eigentlichen Zweckbestimmung übergeben wurde und somit auch nicht als Treffpunkt der vornehmen Gesellschaft in Konkurrenz trat zu den im 4. Jh. renovierten und umgebauten „Barbarathermen". Die Kaiserthermen wurden nach 360 für einen noch nicht erkannten Zweck umgestaltet. Um 310 ließ Konstantin die sogenannte Basilika errichten. Die Langseiten dieses 76 m langen, 27,5 m breiten und 30 m hohen Ziegelbaues, den man sich im 4. Jh. allerdings außen ganz verputzt und durch Galerien aufgelockert vorzustellen hat, waren von Höfen mit dreiflügligen Kolonnaden umgeben. Es spricht vieles dafür, daß der damals farbenprächtig ausgestaltete Raum als Thronsaal der kaiserlichen Residenz und mithin als Stätte der großen offiziellen Staatsakte diente. Eine weitere frühkonstantinische Palastanlage, deren Prunksaal nach 316 mit einer großartig gemalten Kassettendecke ausgestaltet wurde, war im späten 4. Jh. nicht mehr zu sehen, denn sie wurde offenbar gleich nach der Familientragödie im konstantinischen Hause von 326 überbaut durch eine riesige Kirchenanlage: Es waren dies zwei west-ostorientierte dreischiffige Basiliken mit zahlreichen Anbauten. Im Osten verband man die beiden Kirchen, Vorgänger der heutigen Liebfrauenkirche und des Domes, durch einen Quertrakt, im Westen waren große Atrien vorgelagert. In der Zeit von Theodosius' Mitkaiser Gratian wurde auf den Grundmauern der konstantinischen Anlage ein Quadratbau errichtet, der heute den Kern des damals schon als Bischofssitz dienenden Domes bildet. Neben den beiden Großkirchen besaß Trier auch noch weitere Kirchenbauten. Erwähnt sei aus der Bautätigkeit des 4. Jhs. neben der wahrscheinlich um 370 erfolgten Einbeziehung des Amphitheaters (mit 20000 Plätzen) in die Stadtbefe-

Abb. 9. Kulthandlung, Fußbodenmosaik; Trier

stigung, die Errichtung einer Sommerresidenz in Condiacum (Konz) und eines festungsartigen Schlosses, Palatiolum (Pfalz), beide unweit von Trier gelegen. Zeugnis von der Pracht der Bauten in der Stadt und im Trierer Land, wo sich auch Villen reicher Grundbesitzer finden, geben vor allem noch zahlreiche gut gearbeitete Mosaiken.[159]

Der Aufenthalt der Herrscher und die in diesem Zusammenhang entstandenen monumentalen Kirchenanlagen mochten dazu beitragen, daß die Bischöfe von Trier nach einer freilich nicht erreichten Metropolitangewalt über benachbarte Bistümer strebten. Auch könnte damals die Legende entstanden sein, daß der Apostel Petrus persönlich von Rom aus die ersten Glaubensboten nach Trier entsandt habe. Immerhin dürften neben der weltlichen Würde Bischöfe wie Maximinus (336–346) und Paulinus (346/47–356), zwei treue Freunde des Athanasius, ferner der bei der Bekämpfung des Priscillianus hervortretende Britto (370–381) dazu beigetragen haben, daß Triers Ansehen auch als Mittelpunkt kirchlichen Lebens anstieg. Die schon im 3. Jh. beträchtliche Christianisierung scheint nach Aussage unserer Belege – wir besitzen aus dem 4. Jh. zahlreiche christliche Grabinschriften – im wesentlichen die zum Teil aus Spanien, Nordafrika und dem griechischen Osten stammende romanisierte Schicht der Bevölkerung erfaßt zu haben. Die Treverer selbst pilgerten vermutlich immer noch mehr zu dem gegen 400 zerstörten Tempelbezirk im Altbachtal mit seinen etwa 70 Kultbauten, in welchen Muttergöttinnen und andere Gottheiten keltischen Ursprungs am meisten verehrt wurden, oder dem Lenus-Marstempel, der Kultstätte eines als Mars interpretierten keltischen Heilgottes. Weiterleben oder sogar Neubelebung heidnischer Kulte aber auch in den romanisierten Kreisen von Trier bezeugt ein 1950 beim Kornmarkt entdecktes Mosaik aus dem späteren 4. Jh. Das eine der beiden Hauptbilder zeigt die Geburt der Dioskuren und der Helena aus dem Ei, das andere eine Kulthandlung. Eine genaue Deutung des Mosaikes ist noch nicht gelungen, und wir wissen nicht den Kultraum welcher Gemeinschaft das auf Reichtum der Stifter weisende Kunstwerk schmückte. Zwei auf seinen Inschriften zu findende christliche Namen könnten ein Hinweis darauf sein, daß es in der theodosianischen Zeit auch in Trier vom christlichen Glauben Abtrünnige gab.[160]

Heidnisches, jedenfalls unchristliches Gedankengut dürfte wie anderswo auch in Trier fast ausschließlich den Lehrplan der „Hochschule" bestimmt haben. Dem seit etwa 365 als Erzieher und seit 375 als höchster Berater des Kaisers Gratian in Trier wirkenden Dichter Ausonius aus Burdigala (Bordeaux) verdankten es die Trierer Professoren vermutlich, daß sie kraft eines Erlasses von 376 eine höhere Besoldung als die Professoren anderer Städte erhielten. Ausonius, der in seiner *commemoratio professorum Burdigalensium* Einblicke in den Lehrbetrieb seiner Heimatstadt vermittelte, kam nicht dazu, seine Ankündigung, die Trierer Lehrer ausführlicher zu würdigen, in die Tat umzusetzen, aber wir verdanken ihm doch einzelne Notizen. So etwa die, daß der lateinische Grammatiker Ursulus täglich sechs Stunden lehrte und die, daß der mit Homerkritik beschäftigte, vielleicht aus Griechenland stammende Harmonius es allein verstanden habe, den Chierwein mit dem amineischen – einer auch sonst aus Gallien bekannten Sorte – zu mischen. Ausonius hat nicht selbst in Trier gelehrt, aber seine langjährige Anwesenheit dürfte befruchtend gewirkt haben, ebenso wie die des Symmachus, der für längere Zeit als Gesandter am Trierer Hof weilte. Um 370 verbrachte auch der junge Hieronymus, vermutlich als Student, einige Zeit in Trier, das als geistiger Mittelpunkt gewiß weit unter Städten wie Rom, Alexandria oder Athen stand, das aber doch als Residenzstadt zu einem der wichtigeren Orte in der Begegnung zwischen Antike und Christentum geworden war.[161]

4. Gesetzgebung und Reichsverwaltung

Nach den im 4. Jh. herrschenden Vorstellungen standen die
Kaiser als einzige gesetzgebende Kraft über den geschriebenen
Gesetzen.[162] Trotz dieser Position hätte es für ein geordnetes
Rechtsleben einer umfassenden Kodifikation des Rechtes, welche zugleich eine Fülle sich widersprechender Gesetze besei-
tigte, bedurft. Schon lange war der Ruf danach laut geworden,
doch noch immer bestanden im Jahre 379 die verwirrenden
Rechtsverhältnisse, deren Überwindung vom anonymen Autor
der nach 350 entstandenen Schrift *De rebus bellicis* als entscheidend für das Heil des Reiches angesehen wurde.[163] Theodosius
kam der Forderung nach Kodifikation des geltenden Rechtes
zwar noch nicht nach, doch wenn er verfügte, daß jedermann
verpflichtet sei, die kaiserlichen Konstitutionen zu kennen und
zu befolgen, und er ferner den Grundsätzen, daß die neuen
Gesetze frühere Maßnahmen nicht verurteilen, aber Richt-
schnur für die Zukunft sind und daß allgemein gültige Vorschriften über Spezialverfügungen stehen, Gesetzeskraft verlieh, so deutet dies darauf hin, daß der Kaiser den Wünschen
nach Klarheit auf dem Felde der Gesetzgebung Rechnung tragen wollte.[164] Die Frage wie weit die Gesetze des Theodosius
im Gesamtreich Geltung erlangten oder wie weit er umgekehrt
die Gesetze seiner Mitkaiser gelten ließ, wird im Einzelnen
nicht zu entscheiden sein, auch wenn wir annehmen dürfen,
daß zumindest von 388 an die Gesetze des Theodosius über
seinen ihm 379 zugewiesenen Machtbereich hinaus entschei-
dendes Gewicht erhielten. Es ist sicher kein Zufall, daß uns für
die Zeit von 388 bis 394 fast nur von Theodosius erlassene
Gesetze überliefert sind. Im Codex Theodosianus, der im Jahre
438 von Theodosius II. und Valentinian III. publizierten
Sammlung der Kaisergesetze seit Konstantin d. Gr., sind viele
Gesetze gerade des Theodosius enthalten. Daß keineswegs alle
seine Gesetze hier Aufnahme fanden, ergibt sich schon allein
daraus, daß wir eine ganze Reihe davon nur aus dem *Codex*

Justinianus kennen. Darauf hingewiesen sei auch, daß wir in beiden Codices mit Eingriffen der Redaktoren in den Text zu rechnen haben und vor allem in der Regel Einleitung und Schluß fehlen.[165]

Die Codices als Quelle für die Reichsverwaltung werden hervorragend ergänzt durch die *Notitia dignitatum omnium tam civilium quam militarium*. Die in je einen Teil für Ost und West gegliederte Notitia ist eine Art Staatshandbuch oder Hilfsbuch für den internen Dienstgebrauch der Behörden. Sie gibt Aufschluß vor allem über die Gliederung des Reiches, die Verteilung der Truppen und die zivilen bzw. militärischen Dienststellen. Das uns erhaltene Exemplar bietet in seinem Kern die Zustände der theodosianischen Zeit. Nur sehr unsystematisch sind bis 425 reichende Ergänzungen eingefügt.[166]

Die Grenzen der drei Präfekturen, der größten Verwaltungseinheiten, blieben unter Theodosius unverändert, wenn man davon absieht, daß 379 vorübergehend Teile Illyriens dem Osten zugewiesen wurden und zeitweise die bis 360 und dann wieder seit 395 bestehende illyrische Präfektur eingerichtet wurde. Zu einer eigenen Diözese wurde wahrscheinlich 380/ 381 Ägypten, unter einem rangmäßig unmittelbar hinter dem „comes Orientis" (Residenz Antiochia) und vor den Vikaren, den Verwaltungschefs der übrigen Diözesen, stehenden „praefectus Augustalis". Die Neuerung war vermutlich vollzogen, als 381 auf dem Konzil von Konstantinopel die auch für die Staatsverwaltung gewichtige Entscheidung getroffen wurde, daß die einzelnen Diözesen selbständige kirchliche Bezirke sein sollten. Die von Diokletian zur Stärkung der Zentralgewalt vorgezeichnete Politik der Verkleinerung der Provinzen setzte Theodosius fort. Mit einiger Sicherheit dürfen wir annehmen, daß er in Ägypten die Provinz Arcadia von der Augustamnica abtrennte, die Provinzen Lycaonia, Honorias und Phoenicia Libanensis schuf und ferner Syria, Galatia und Armenia unterteilte.[167]

An der Spitze der Beamtenhierarchie, ausgezeichnet durch besondere Insignien und Ehrenbezeugungen, standen die Prätorianerpräfekten. Ursprünglich Kommandeur der Leibgarde, war der Präfekt seit Konstantin d. Gr. allein mit Aufgaben im zivilen Bereich betraut. Für seinen Amtsbereich stellte er die höchste Gerichts- und Verwaltungsinstanz dar. Der für die Aufrechterhaltung von Recht und Ordnung im allgemeinen verantwortliche Präfekt hatte unter anderem das Postwesen, die Errichtung und Erhaltung von öffentlichen Bauten, die Preisüberwachung und die Aufsicht über Berufsverbände unter sich. Dazu verwaltete er die einträglichste Steuer, die Grundsteuer. Zumal der in Konstantinopel amtierende Präfekt für den Orient besaß kraft seiner Amtsstellung außerordentlichen Einfluß auf den Kaiser.[168] Die bedeutendsten Inhaber des Amtes unter Theodosius waren Cynegius (von 384–388), Tatianus (von 388–392) und Rufinus (392–395). Auch den Präfekten gegenüber blieb der Kaiser natürlich der alleinige autokratische Herr, und Kaiser wie Theodosius ließen sich auch von diesen höchsten Beamten gar nicht oder doch nur in begrenztem Umfang lenken. Nach den Präfekten und Heermeistern erscheint in der *Notitia dignitatum* der unter Theodosius wachsende Bedeutung gewinnende „praepositus sacri cubiculi" (s. S. 57f.). Die Rangierung vor dem magister officiorum, dem die Verwaltung kontrollierenden Chef der kaiserlichen Kanzleien, des „Staatssicherheitsdienstes" (agentes in rebus) und der staatlichen Fabriken (Waffen, Kleidung für die Armee usw.) dürfte jedoch erst nach 395 erfolgt sein. Ebenso wie über die „praepositi" und „magistri" besitzen wir auch über die „quaestores sacri palatii", die gesetzeskundigen Ratgeber und sprachgewandten Helfer bei der Abfassung der Erlasse, kaum Nachrichten aus der Zeit des Theodosius. Dem „quaestor" folgten im Protokoll der für den Einzug verschiedener Steuern und die Münzprägung verantwortliche „comes sacrarum largitionum" und der „comes rerum privatarum", welcher mit der Verwaltung des kaiserlichen Privatvermögens und der Durchführung von Konfiskationen betraut war. Über den organisatorischen Aufbau des etwa 450 Beamte umfassenden Zentralamtes des „comes sacrarum largitionum" informiert ein Erlaß von 384.[169] Wie hier zeichnet sich auch sonst das Bestreben des Theodosius ab, die Zahl der Personalstellen in den Ämtern zu fixieren und einem übermäßigen Anschwellen entgegenzuwirken. Eine Maßnahme zur Stärkung der zentralen Verwaltung war es, wenn Theodosius, veranlaßt wohl durch die Wirren des Jahres 388, im finanziellen Bereich die Kompetenzen des Stadtpräfekten von Rom zugunsten des „comes rerum privatarum" schwächte.[170] Abgesehen von ihren speziellen Kompetenzen hatten die Leiter der bisher erwähnten Ämter insofern noch eine wichtige Funktion in der Regierung, als sie dem obersten Beratungsgremium des Kaisers, dem Konsistorium, angehörten.[171]

Fragen der Rangordnung, der Privilegien und der Besoldung der Beamten hat Theodosius sehr eingehend behandeln lassen.[172] Die teils als Resultat eines von starrem Zeremoniell und Reglement beherrschten Denkens anmutende gesetzgeberische Aktivität auf diesem Gebiet muß gesehen werden auch auf dem Hintergrund der über die Beamtenschaft um 380 laut werdenden Klagen. Willkürliche Erpressung von Steuerzahlern, Korruption, gegenseitiges Decken von korrupten Handlungen und Liebedienerei gegenüber den Vorgesetzten oder dem Kaiser werden bei Autoren wie Libanius und Ammian nur allzu häufig erwähnt.[173] Gerade nun von einer genaueren Regelung dieser Angelegenheiten mochte sich Theodosius – wie schon andere Kaiser vor ihm – eine Erhöhung des Staatsbewußtseins und damit Ausschaltung von mancherlei Willkürlichkeiten der mit hoher Autorität versehenen Beamten gegenüber der Bevölkerung erhofft haben. Darüber hinaus ergriff der Kaiser aber auch direkte Maßnahmen gegen Amtsmißbrauch. So wurde 380 verkündet, daß höhere Beamte, die ihr Amt mißbraucht hatten, ihre Stellung verlieren, in die Reihen des gemeinen Volkes verstoßen werden und niemals mehr zu einer Ehrenstellung gelangen sollten. Ferner wurden unter anderem 386 die Provinzialen aller Stände aufgefordert, Bestechlichkeit und sonstige Vergehen der Statthalter zur Anzeige zu bringen, und man verschärfte die Strafe für Unterschleif von Staatsgeldern. Erwähnt sei in diesem Zusammenhang schließlich eine Maßnahme zum Schutz gegen Erpressung: Schenkungen an hohe Verwaltungsbeamte durften in den ersten fünf auf ihren Abgang ins Privatleben folgenden Jahren zurückgefordert werden. Wie zahlreich die Übergriffe der Beamten, aber auch der an der Steuereintreibung maßgeblich beteiligten städtischen Honoratioren („curiales") geworden waren, zeigt die wahrscheinlich von Valentinian I. zum Schutz der Untertanen allgemein eingeführte Institution der „defensores civitatis". Theodosius erließ für diese, vornehmlich aus dem Kreis der ehemaligen höheren Beamten ausgesuchten Anwälte des Volkes, noch eine genaue Instruktion. Schon unter Theodosius galt es freilich, die ihrer Macht nur allzubewußt gewordenen „defensores" ihrerseits vor Übergriffen zu warnen und ihre Amtszeit zu begrenzen.[174]

Die bei der Vielfalt zu bekämpfender Mißstände allerdings kaum ausreichenden Maßnahmen zum Schutz gegen Amtsmißbrauch waren schon deshalb notwendig, weil Theodosius gezwungen war, von den häufig gänzlich ausgelaugten Untertanen ein Höchstmaß an Leistungen zu fordern. Ammianus Marcellinus, der uns die trostlosen Zustände in verschiedenen Provinzen mehrfach vor Augen führt, weist im fünften Kapitel des dreißigsten Buches drastisch auf Amtsmißbrauch höchster Beamter und Not der Bevölkerung hin: Als Kaiser Valentinian I. 375 nach Pannonien kam, war er laut Ammian bestürzt über die dort herrschenden Zustände. Sein ganzer Zorn konzentrierte sich schließlich auf Sextus Petronius Probus, der seit 368 als Prätorianerpräfekt für Illyrien, Italien und Afrika vorwiegend von Sirmium aus beinahe wie ein Kaiser die ihm anvertrauten Provinzen regierte. Probus hatte sich bei Valentinian durch Steigerung der Einkünfte in seinem Amtsbereich beliebt gemacht und sorgfältig darauf geachtet, daß der Kaiser nichts von den Ausschreitungen bei der Steuereintreibung erfuhr. Selbstmord, Flucht, Einkerkerung und Folter von nicht mehr Zahlungsfähigen waren an der Tagesordnung. Der Sprecher einer epirotischen Gesandtschaft offenbarte dem Kaiser auf dessen drängende Fragen hin die ganze Wahrheit. Hätte allerdings, so meint Ammian schließlich, der den Zorn des Kaisers noch schürende „magister officiorum" Leo die Präfektur erhalten, dann hätte man die Verwaltung des Probus sogar noch gepriesen. Der Bericht Ammians verdient um so mehr Beachtung, als der hier angegriffene Präfekt bis zu seinem nach 389 (und vor 395) erfolgten Tod einer der Mächtigsten unter den Großen des Reiches blieb und als Haupt der christlichen Minderheit der stadtrömischen Aristokratie das Vertrauen des Theodosius genoß.[175] Wie Ammians Ausführungen zeigen, bedurfte es nicht erst der Ereignisse ab 375, um bei den Steuerzahlern den Gedanken aufkommen zu lassen, daß die Steuerbeamten noch mehr als die Barbaren zu fürchten seien oder daß man angesichts des ständigen Steuerdruckes lieber unter den Barbaren als unter den Römern leben wolle.[176] Durch Ammians Bericht gewinnt an Glaubwürdigkeit, was wir bei Zosimus zum Jahre 380 erfahren: „Theodosius entsandte die öffentlichen Steuereinnehmer, um den Tribut mit der größten Eile einzutreiben, als ob die Siege der Barbaren den Städten Makedoniens und Thessaliens keinen Schaden zugefügt hätten. So konnte man sehen, daß, wo die Menschlichkeit der Barbaren noch etwas übriggelassen hatte, die Steuereinnehmer auch dieses forttrugen. Tatsächlich gaben die Steuerpflichtigen nicht nur Geld, sondern auch den weiblichen Schmuck und alle Art von Kleidungsstücken ... und infolge dieser Eintreibung waren Stadt und Land voller Klagen und Tränen, und alle riefen die Barbaren an und suchten ihren Schutz."[177] Gewiß ist auch hier daran zu erinnern, daß die bei Zosimus vorliegende Überlieferung von Haß gegen Theodosius erfüllt ist. Andererseits müssen wir uns aber auch hüten, die Zeit des Theodosius nur im Spiegel wohlmeinender Stimmen und offizieller Verlautbarungen (wie den Gesetzen) zu sehen. Nach den erhaltenen Gesetzen ging Theodosius mit Steuernachlässen gerade auch für die vom Krieg betroffenen Gebiete sehr sparsam um, und es wird bei der Gesamtsituation mehr als unwahrscheinlich, daß er, wie Ambrosius behauptet, gegen 395 an eine Aufhebung der Steuerschulden dachte, jedoch durch den Tod daran gehindert wurde.

Keine sicheren Anzeichen bestehen aber auch dafür, daß Theodosius die Steuerschraube mehr als seine Vorgänger anzog.[178]

Der plötzliche Tod des Valentinian trug vermutlich wesentlich dazu bei, daß der so hochgestellte und nach Ammians Zeugnis schließlich doch als Verbrecher entlarvte Probus einer Bestrafung durch den Herrscher entging. Eine Rolle dürfte, nach allem was wir über die damaligen Verhältnisse am Kaiserhof wissen, ferner gespielt haben, daß Probus mächtige Freunde am Hof hatte oder keinen Feind, welcher einflußreich genug war. Schließlich aber ist keineswegs gewiß, ob die bei Ammian gebrachten Beschuldigungen der Wahrheit entsprachen. Wie schwer es für einen Kaiser war, sich wirklich ein Urteil über hohe Beamte zu bilden und auch schon die richtige Wahl zu treffen, veranschaulicht vielleicht das Beispiel von zwei so prominenten Würdenträgern wie Tatianus und seinem Sohn Proculus. Tatian, um 330 geboren, war ein gebildeter Heide aus Lykien, der eine in der Zeit seiner Macht viel gelesene Fortsetzung der Ilias dichtete. Er durchlief die höhere Beamtenlaufbahn von der untersten Stufe bis zur Spitze. Er begann als Advokat, war dann Assessor (juristischer Berater) verschiedener Statthalter und Präfekten, Statthalter der Thebais und von 367–370 Präfekt von Ägypten. Anschließend wurde er in rascher Folge Statthalter von Syrien, „comes Orientis" und „comes sacrarum largitionum". Das letztere für die Staatsfinanzen so wichtige Amt verwaltete er über fünf Jahre. Dann zog er sich 379 oder 380 in seine Heimat zurück. Nachdem Theodosius bereits zum Kampf gegen Maximus aufgebrochen war, also in einer sehr prekären Situation, trat Tatian das Amt des „praefectus praetorio Orientis" an und war damit faktisch Stellvertreter des Kaisers für die Zeit von dessen Abwesenheit. Als Auszeichnung für die Leistung im Amt ist die Ernennung zum Konsul für das Jahr 391 anzusehen. Im Spätsommer 392 erfolgte der Sturz. Das Drängen des Rufinus zum höchsten Amt und die Verschärfung des Kurses gegen die Heiden waren dabei von Gewicht. Doch konnten Tatian auch ungerechtfertigte Konfiskationen und die Aufbürdung von Zuschlägen zu den normalen Lasten der Untertanen nachgewiesen werden. Tatian wurde zum Tode verurteilt, jedoch dann zur Verbannung begnadigt; sein Vermögen wurde eingezogen. Darüber hinaus wurde seinen lykischen Landsleuten das Recht genommen, Ehren zu bekleiden.

In den Sturz hineingezogen wurde der um 360 geborene Sohn Proculus, welcher dank des väterlichen Ansehens eine außerordentliche Karriere hinter sich hatte. Bereits 383 wurde er „comes Orientis", nachdem er vorher schon Statthalter von Palästina und Phönikien gewesen war. Nach Libanius war Proculus ein Lüstling von geringer Bildung, der seine Ämter mit Grausamkeit verwaltete und dabei viele Leute aus niederen Ständen totpeitschen ließ. Proculus, dessen Schmeichler sich durch ihn bereicherten, bürdete den Bürgern ferner durch seine Bauwut schwere Lasten auf. 384 verließ er laut Libanius Antiochia fluchtähnlich. Die Städte, voran Berytus (Beyruth; Sitz einer schon damals berühmten Rechtsschule), wollten ihn verklagen, doch sein Nachfolger Icarius verhinderte dies, aus Furcht vor den hohen Verbindungen des Proculus, der dann auch bereits 386 als „comes sacrarum largitionum" die nächste hohe Würde innehatte. Nach kurzer Tätigkeit in diesem Amt begab er sich wieder nach Antiochia. Jedermann drängte sich an den Mächtigen heran, auch Libanius, welcher zwar von Proculus schon 383/384 hochverehrt worden war, aber doch seinerseits möglichst Distanz gewahrt hatte. Der Redner geleitete Proculus im Jahre 388 bei der Abreise nach Konstantinopel, wohin er als Stadtpräfekt berufen war, und pries seine Amtsführung. Auch in den folgenden Jahren suchte sich Libanius die Gunst des Präfekten zu erhalten. Wie der Vater wurde Proculus 392 zum Tode verurteilt. Auch ihm gegenüber entschied sich Theodosius für Begnadigung, doch kam der entsprechende Befehl zu spät. Im Jahre 396, nach dem Sturz Rufins, wurden Tatian und Proculus rehabilitiert.[179]

Die an sich schon fatale Wirtschaftslage weiter Bevölkerungskreise wurde durch die germanische Invasion auf dem Balkan zusätzlich erschwert. Die Bekämpfung der Invasoren, aber auch die Auseinandersetzungen mit Maximus und Eugenius verursachten eine beträchtliche Anspannung der finanziellen und wirtschaftlichen Kräfte des Staates. Hinzu kamen dann noch Mißernten, welche gerade auch die für die Getreideversorgung der Großstädte so wichtigen ägyptischen und nordafrikanischen Provinzen trafen.[180] Wie ernst etwa die Versorgungslage nach der sich auf den ganzen Mittelmeerraum erstreckenden Mißernte von 383 war und wie sich der Staat daher bemühte, die Naturalabgaben sicherzustellen und die Verkaufsbereitschaft der Erzeuger zu fördern, veranschaulicht ein Gesetz, das man als eine Art Kommentar zur wirtschaftlichen Situation im Jahre 384 bezeichnen könnte. Aus den Bestimmungen sei hervorgehoben: 1. Steuerzahlungen haben nur in Gegenwart der „defensores civitatis" (dazu S. 112), welche sofort quittieren sollten, zu erfolgen; 2. die „adaeratio", d. h. der Ersatz von Naturalleistungen durch Geld, wird grundsätzlich verboten; 3. der öffentliche Warenankauf, bei dem kein Zwang ausgeübt werden darf, soll zu Tagespreisen – also nicht zu Festpreisen – erfolgen.[181]

Die angespannte Wirtschaftslage und die sich daraus ergebende Dringlichkeit, ungeachtet einer sinkenden Steuerkraft die Einkünfte des Staates zu sichern, erklärt verschiedene Neuerungen bei der Verwaltung und Erhebung der Steuern. Dabei war auch auf Selbstverständlichkeiten hinzuweisen, wie eine genaue Buchung der Eingänge oder die Verwendung amtlicher Maße und Gewichte bei der Steuererhebung. Die Tendenz zur Stärkung der Zentralgewalt zeigt z. B. eine Verordnung, nach der den Beamten der Statthalter bei der Steuererhebung Beamte des „comes sacrarum largitionum" zur Verfügung stehen sollten. Bezeichnend für die Verhältnisse erscheint es, daß man genaue Vorschriften zum Transport der Steuergelder und Naturalabgaben erlassen mußte, um die eingegangenen Steuern auch wirklich bald an ihren Bestimmungsort zu bringen und eine übermäßige Belastung der Untertanen durch Transportkosten zu verhindern. Streng achtete Theodosius auf die Begleichung der Verpflichtungen durch gerichtlich verurteilte

Schuldner des Fiskus. Bei der starken Beteiligung der Kurialen an der Steuererhebung war es schließlich eine Selbstverständlichkeit, daß der Kaiser es sich im Interesse des Staatshaushaltes sehr angelegen sein ließ, diesen bedrängten Stand zu stützen.[182]

Wie schon immer in der römischen Geschichte, bildeten die Einkünfte aus der Bewirtschaftung des Bodens auch in der Zeit des Theodosius die Grundlage für eine gesunde Staatskasse. Daher finden wir zum einen etwa einige Gesetze, welche den Anbau brachliegenden Landes lukrativ machen und damit dem Übel der Landflucht steuern sollten. Zum andern war man darauf bedacht, die Verwaltung des sehr ausgedehnten, weitgehend verpachteten Domänenbesitzes in Ordnung zu halten. Mißstände, welche durch Übertragung der Verwaltung an die Provinzialbeamten eingetreten waren und zu einer starken Belastung mit Zahlungsrückständen geführt hatten, sollten behoben und die Verwaltung künftig wieder den Zentralbehörden übertragen werden. Zur Gewährleistung der Ertragsfähigkeit wurden die kaiserliche Güter bewirtschaftenden halbfreien Bauern („coloni") vom Wehrdienst und außerordentlichen Lasten befreit. Verschiedene Vorschriften befaßten sich mit Einzelheiten der Verpachtung. Hervorhebenswert scheint ein Erlaß, nach welchem eingezogene Tempelgüter nun nicht etwa in kirchlichen Besitz übergingen, sondern der Verwaltung des „comes rerum privatarum" unterstellt wurden. In den kaiserlichen Besitz einverleibt wurden auch in Majestätsprozessen konfiszierte Güter.[183]

Wichtiges Instrument einer von der Zentrale aus zu lenkenden Verwaltung, aber angesichts hoher Leistungsanforderungen zugleich starke Last für die Untertanen war die Post, der „cursus publicus". Eine erhebliche Kostensteigerung war dadurch eingetreten, daß sehr häufig Unbefugte sich Fahrterlaubnisscheine erschwindelten oder widerrechtlich ausgestellt bekamen. Theodosius sah es daher für unerläßlich an, die Kontrolle über die Erteilung der Fahrterlaubnis zu behalten. Genau bestimmt wurde die Belastungsgrenze für Postfahrzeuge und Tragtiere. Gesetzlich festgelegt wurde unter anderem ferner die

Zahl der Pferde, welche den einzelnen Beamten bei ihren Dienstreisen mit der Staatspost zustehen sollten. Die Zwangsdienstpflicht der Fuhrleute und das Verbot, sie im Heeresdienst zu verwenden, wurde unterstrichen.[184]

Kurz wenigstens zu den Steuern und weiteren Einnahmequellen des Staates: Die Benennung und auch die Bemessungsgrundlage der im 4. Jh., wahrscheinlich auf Grund einer von Diokletian für das ganze Reich durchgeführten Steuerreform zu zahlenden Normalsteuer ist in der Wissenschaft umstritten. Mit einiger Wahrscheinlichkeit ist daran zu denken, daß menschliche Arbeitskraft (d. h. „caput"; bei der Kopfzahl wurden manchmal auch die Arbeitstiere des Steuerpflichtigen mitgerechnet) und Flächeneinheit bzw. Werteinheit des Ertrages („iugum" = Joch) die Bemessungsgrundlage bildeten. Bei der Bemessung, welche alle fünf Jahre neu durchgeführt wurde, spielte neben der Arbeitskraft der einzelnen Personen (Männer, Frauen) die Qualität des Bodens und die Art des Anbaues (z. B. Getreide, Wein, Ölbäume) eine Rolle. Einzelheiten der Berechnung wurden weitgehend den örtlichen Behörden überlassen. Im Rahmen dieses Steuersystems, der „capitatio–iugatio", bildete die Hauptsteuer die „annona", welche auf allem landwirtschaftlichen Besitz lag und daher bei der Wirtschaftsstruktur des spätrömischen Staates für die meisten Steuerpflichtigen verbindlich war. Gezahlt wurde zunächst, ähnlich wie schon in früheren Jahrhunderten, in Naturalien, doch kam es im Verlauf des 4. Jhs. immer mehr zur Umrechnung der Steuerschuld in einen Geldbetrag („adaeratio"; vgl. S. 116). Neben der „annona" seien von den allgemeinen Steuern der „canon vestium", eine Steuer zur Beschaffung von Ausrüstungsgegenständen für die Soldaten, und das „aurum tironicum", welches zu zahlen war, wenn man keinen Rekruten stellte, erwähnt. Die Senatoren hatten seit Konstantin, die nach Vermögensverhältnissen in drei Stufen variierende „collatio glebalis" (vgl. S. 63) zu entrichten. Die in eine eigene Liste („matricula") einzutragenden Gewerbetreibenden hatten von einem bestimmten Umsatz an alle fünf Jahre eine Abgabe an Gold oder Silber zu leisten („lustralis collatio" oder „chrysargyron"). Zu den Betroffenen gehörten neben den Kaufleuten und freien Handwerkern unter anderem auch die Kuppler und Dirnen. Da jeder Gemeinde eine bestimmte Steuersumme auferlegt war, bedeutete die manchmal großzügig gehandhabte Befreiung Einzelner oder ganzer Gruppen für den Rest der Abgabepflichtigen eine schwere Mehrbelastung. Bei besonderen Anlässen (Thronbesteigung, Siegen, Jubiläen) wurde der Landbesitz der Kurialen noch mit der Zahlung des „aurum coronarium" belastet, das aus einer freiwilligen Spende längst zu einer Zwangsabgabe geworden war. Die besondere Belastung bestand darin, daß man oft unvorhergesehen mit der Ausschreibung dieser Steuer rechnen mußte und auch ihre Höhe beinahe willkürlich festgesetzt werden konnte. Theodosius wandte sich bei Gelegenheit gegen den Mißbrauch, den Kreis der Zahlungspflichtigen willkürlich auszudehnen. Dem „aurum coronarium" entsprach das von den Senatoren zu spendende „aurum oblaticium". Einen gewissen Anhaltspunkt über die ebenfalls schwankende Höhe haben wir dadurch, daß nach der *13. Relatio* des Symmachus anläßlich des zehnjährigen Regierungsjubiläums Valentinians II. 1600 Pfund Gold eingehen sollten. Die indirekten Steuern (Verbrauchssteuern, Zölle) bestanden in der Regel aus einer Abgabe von zweieinhalb Prozent des Warenwertes („quadragesima"). Einen wesentlichen Platz nahmen dabei die Zölle ein. Wie schon in früherer Zeit war auch in der Spätantike der römische Zoll kein Außenhandels-, sondern ein Binnenzoll. Hohe und zugleich sichere Einnahmen ergaben sich aus Bergwerken, Steinbrüchen, Salinen und Münzprägung. Gerade Theodosius machte zwar für den Betrieb von Steinbrüchen und bei Edelmetallfunden gewisse Konzessionen an Private, doch blieb dem Staat ein großer Anteil. Nicht ohne geringe Bedeutung für den Staatshaushalt waren schließlich die von den Bürgern ohne Bezahlung zu übernehmenden Leistungen. Nur die besonders Privilegierten konnten von diesen „munera" teilweise oder ganz befreit werden.[185]

Forscher wie A. Piganiol glaubten, daß unter Theodosius

eine im 4. Jh. zu beobachtende Geldentwertung ihren Höhepunkt erreichte oder damals besonders zum Ausbruch kam, doch läßt sich dies nicht beweisen. Verschiedene Steuergesetze, aber auch Strafbestimmungen in anderen Gesetzen deuten mit darauf hin, daß der seit Konstantin d. Gr. während beträchtliche Goldumlauf auch unter Theodosius nicht abnahm. Soweit man es überblicken kann, ließ Theodosius allerdings weniger Gold als seine Vorgänger prägen. Die Standardgoldmünze war auch jetzt der von Konstantin eingeführte „solidus". Theodosius führte 383 daneben ein neues Drittelstück ein. Häufig und ebenfalls zum Umlauf bestimmt waren von den Silbermünzen die sogenannten „siliquae" und die „miliariensia" (= zwei „siliquae"). Theodosius war offenbar bestrebt, zu echtem Gold- und Silbergeld zurückzukehren. Auf dem Gebiet der Prägungen aus Kupfer (mit Silberzusatz) kam es nach 386 zu starken Gewichtsherabsetzungen. Die häufigste der drei unter Theodosius gebräuchlichsten Sorten wurde der „centionalis". Das Bild- und Legendenprogramm der Münzen des Theodosius ist wenig abwechslungsreich und bietet keine Besonderheiten. Christliche Einflüsse machen sich kaum stärker geltend als bei den Vorgängern.[186]

Ein erheblicher Anteil der Gesetze des Theodosius ist dem Gerichtswesen und der Rechtsprechung gewidmet.[187] Auch unter Theodosius setzte sich die seit Konstantin d. Gr. in der offiziellen Gesetzgebung zu beobachtende Vulgarisierung des Rechtes fort. Gefühlsbetonte, moralisierende und rhetorische Phrasen treten im Rahmen dieser Entwicklung an die Stelle der sachlich-logischen und abstrahierenden Diktion der „klassischen" Jurisprudenz.[188] Ebenso macht sich selbst in den Gesetzestexten der gleichfalls seit Konstantin zu verzeichnende Rückgang in den juristischen Studien bemerkbar.[189] „Konstantinisch" war die Gerichtsorganisation mit den zentralen (Kaiser; Präfekten, Vikare, Statthalter im höchsten Rang), regionalen (Masse der Statthalter) und lokalen (Kurien) Gerichten. Mit dieser sich schon länger anbahnenden Neuordnung war die Grundlage für eine Politisierung der Justiz gegeben und zugleich eine weitere Voraussetzung für die bedenkliche Vollmacht der höheren Beamten in der Spätantike geschaffen. Im Gerichtswesen fällt das Bemühen des Theodosius auf, die Abwicklung der Verfahren zu beschleunigen. Dabei wurden auch die oft zur Verschleppung der Prozesse mißbrauchten Berufungsmöglichkeiten eingeschränkt. Dem Bestreben des Kaisers, den Rang der Hauptstadt zu erhöhen, entsprach es, wenn er schon in den Anfängen seiner Regierung die Appellationsgerichtsbarkeit über Bithynien, Paphlagonien und Phrygien dem Stadtpräfekten von Konstantinopel übertrug.[190] Energisch ging Theodosius gegen fahrlässige Ankläger vor und gegen Leute, die unter falschem Namen öffentlich falsche Anklage erhoben. Gerade damit wurde ein in diesen Zeiten allgemeiner Unsicherheit weit verbreitetes Übel bekämpft. Theodosius schärfte ein, daß das Urteil in jedem Falle schriftlich redigiert und den Parteien verlesen werde.[191] Der Klage über willkürliche Einkerkerungen trat er dadurch entgegen, daß er es unter Androhung der für Majestätsbeleidigung bestehenden Strafen verbot, einen Beklagten im Privatkerker einzusperren, und daß er befahl, Freigesprochene sofort nach Ergehen des Urteils freizulassen. Als negativ ist anzusehen, daß Theodosius Leistungen und Leistungsversprechungen für Empfehlungen oder Fürsprache beim Kaiser oder höheren Beamten („suffragia") als Rechtsanspruch behandeln ließ und somit den Mißstand der Protektion beinahe noch sanktionierte.[192] Von den einzelnen Bereichen des Rechtes sei etwas näher auf das Familienrecht eingegangen, weil sich hier deutlich der christliche Einfluß aufzeigen läßt. Witwen, welche sich vor Ablauf ihrer von bisher zehn auf zwölf Monate erhöhten Trauerzeit wiederverheirateten, wurden de iure für ehrlos erklärt. Den aus christlicher Sicht erhobenen Bedenken gegen eine erneute Heirat wurde es gerecht, wenn Theodosius das Recht der Kinder aus erster Ehe genau regelte. Ehen von Geschwisterkindern verbot der Kaiser. Die Ehefrauen, welche nach wie vor nur in eigener Sache rechtsfähig sein sollten, erhielten insofern Vergünstigungen, als sie durch die Ehe die Vorrechte des Ranges ihrer Gatten eingeräumt bekamen und die Männer nur beauftragt als Vertreter in Rechtsangelegenheiten der Frauen fungieren durften. Im Sinne christlicher Zucht waren Verbote der Beschäftigung christlicher Frauen und Knaben im Theater, sowie des Auftretens von Sklavinnen und Flötenspielerinnen bei Gastmählern und Schauspielen.[193]

Die Zahl der Delikte, auf welchen die Todesstrafe stand, hat sich nach unseren Quellen unter Theodosius noch erhöht,[194] und die im 4. Jh. zu Tage tretende Brutalisierung im Strafvollzug scheint sich auch jetzt weiter entwickelt zu haben. Dennoch weiß Themistius im Jahre 385 zu rühmen, daß der Kaiser noch kein Todesurteil unterschrieben habe.[195] Diese Aussage gewinnt an Glaubwürdigkeit durch die Überlieferung von der Milde des Theodosius gegenüber den Anhängern des Maximus und des Eugenius, aber auch über sein Verhalten nach einem Hochverratsprozeß. Dieser im Jahre 385 geführte Prozeß ergab, daß Zukunftsbefragungen über die Nachfolge des Theodosius angestellt worden waren. Wie bei solchen Vergehen üblich, wurden die Angeklagten zum Tode verurteilt. Im letzten Augenblick jedoch entschloß sich der Kaiser zur Begnadigung, wiederholte freilich dann bald darauf das Verbot von Opfern zur Zukunftserforschung mit Androhung verschärfter Todesstrafe.[196] Der Gnadenakt des Kaisers verdient deswegen besondere Erwähnung, weil nach dem Zeugnis Ammians Majestätsverfahren schon zu einem Alptraum für die Untertanen geworden waren. Unter dem Vorwand, die kaiserliche Majestät verletzt zu haben, wurden oft persönliche Gegner oder Personen, an welchem man sich durch Erpressung bereichern konnte, zur Anzeige gebracht. Der Willkür waren bei Anklage und Prozeßführung Tür und Tor geöffnet. Kein Kaiser, nicht einmal Julian, ist hier nach Ammian schuldlos geblieben. Erschütternd sind die Schilderungen, welche der Historiker von Verfahren unter Constantius II., Valens und Valentinian bzw. ihren beauftragten Schergen, den leitenden Beamten, gibt. Ein weiteres Indiz dafür, daß sich Theodosius zumindest bei der Handhabung der Gesetze gegen Majestätsverbrechen milder zeigte und er vor allem Willkür bei der Anklage unterdrücken wollte, ist ein Erlaß von 393; demnach war der Kaiser bei Majestätsbeleidigung durch Schimpfreden prinzipiell bereit zu verzeihen und verbot gerichtliches Einschreiten; freilich forderte er näheren Bericht, um noch eine Entscheidung über eventuelles Vorgehen treffen zu können.[197]

Theodosius hat in Gesetzgebung und Reichsverwaltung keine umfassenden Reformen durchgeführt, obwohl auf manchen Gebieten, wie der Steuern oder der Beamtendisziplin nur wirkliche Reformen zu einer Besserung hätten führen können. Dennoch wird man dem Kaiser eher eine um Besserung bemühte Aktivität zubilligen dürfen als ihm schwerwiegende Versäumnisse oder Fehler vorwerfen müssen.

5. Kirchen- und Religionspolitik

Nachdem im Jahre 379 die Anhänger des seit 325 modifizierten Nicaenums im Osten eine gewisse Stärkung erfahren hatten, sah Theodosius die Voraussetzung gegeben, am 27. Februar 380 das im Westen mit Ausnahme von Nordafrika meist unbestritten vorherrschende nicaenische Bekenntnis als für alle Christen allein verbindlich zu erklären. Wesentlich ist dabei, daß der zwar sehr fromme, aber doch erst im Herbst 380 getaufte Theodosius diese grundsätzliche Entscheidung in Glaubensfragen von sich aus und offenbar ohne Konsultation kirchlicher Stellen fällte. Die Erstmaligkeit des Geschehens von 380 wird evident durch einen Blick auf die frühere Entwicklung. Auch frühere Kaiser hatten in Fragen des christlichen Glaubens ihren Willen durchzusetzen versucht, doch selbst Constantius II. hatte sich formal an den Grundsatz gehalten, daß dogmatische Entscheidungen auf einem Konzil zu fällen seien. Hatte sich Konstantin d. Gr. damit begnügt, den Gegnern des wahren Glaubens die Bestrafung durch Gott in Aussicht zu stellen, so sah sich nun Theodosius vom Himmel dazu autorisiert, bei Widersätzlichkeit schließlich selbst strafend einzugreifen. Mit der Konstitution vom 27. Februar 380 war nichts anderes als das Prinzip des Glaubenszwanges verkündet. Dennoch ist nichts von Protesten dagegen bekannt. Dies wird ohne weiteres verständlich, wenn man sich von modernen Vorstellungen löst und bedenkt, daß Theodosius für seine Untertanen Kaiser von Gottes Gnaden war, als „vicarius dei", als Stellvertreter Gottes, handelte und den Anschauungen seiner Zeit gemäß den Erlaß des Ediktes als Teil der Erfüllung seiner Pflicht, den wahren Glauben zu schützen, ansehen durfte. Seiner Autorität bewußt zeigt sich Theodosius dann auch bei dem Erlaß gegen die Häretiker vom 10. Januar 381. Nochmals ist das allein zu befolgende Bekenntnis definiert, diesmal als „nicaena fides". Die 380 erfolgte Berufung auf Damasus von Rom und Petrus von Alexandria als Garanten der Rechtgläubigkeit entfiel. Man verspürt, wie der Herrscher inzwischen mit den theologischen Auseinandersetzungen im Osten des Reiches vertraut gemacht worden war. Auf dem 381 von Theodosius nach Konstantinopel einberufenen Konzil bestätigten die Konzilsväter nicht nur die Bekenntnisentscheidung des Kaisers, sondern sie erkannten auch, den Intentionen des Theodosius entsprechend, dem Bischof der jetzt erstmals als Neues Rom bezeichneten Hauptstadt den zweiten Rang unmittelbar nach dem Bischof von Rom zu und schufen die Grundlage dafür, daß der unter Bruch alter Traditionen über die Herren von Antiochia und Alexandria gestellte Bischof von Konstantinopel einen eigenen Jurisdiktionsbereich erhielt. So wie 381 haben die Bischöfe des Ostens auch bei den Konstantinopler Konzilien von 382 und 383 die Autorität des Kaisers in Glaubensfragen anerkannt und sich die Lenkung durch ihn gefallen lassen.[198] Sieht man einmal davon ab, daß der Kaiser bei dem lang anhaltenden Schisma von Antiochia schließlich doch dem seit 381 von ihm begünstigten Flavianus zum Sieg verhalf,[199] so wissen wir nichts davon, daß er sich weiter in innerkirchliche Angelegenheiten einmischte. Keine Anzeichen sprechen umgekehrt dafür, daß Bischöfe oder Kleriker des Ostens in rein politischen Fragen größeren Einfluß auf den Kaiser zu nehmen suchten.

Während Theodosius mit den Bischöfen des Ostens niemals Schwierigkeiten hatte und er stets auf ihren Gehorsam zählen durfte, zeigte sich bereits im Jahre 381, ein wie ganz anderer Partner Ambrosius von Mailand war. Die entscheidende Begegnung erfolgte 388. Im damals ausgebrochenen Streit um die Maßregelung des Bischofs von Callinicum gab Theodosius dem Ambrosius ebenso nach wie 390, als der Bischof für ein durch Schuld des Kaisers unter den Bewohnern von Thessalonike angerichtetes Blutbad Buße forderte. Mehr noch als 390 spielte dabei 388 die politische Erwägung eine Rolle, es nicht zum Bruch mit dem mächtigen Ambrosius kommen zu lassen. Ausschlaggebend war für die Nachgiebigkeit in beiden Fällen allerdings die auch sonst in Erscheinung tretende Frömmigkeit des Kaisers. Entgegen anderen in dem Kapitel über den Bußakt von Mailand erwähnten Interpretationen bedeutet das Geschehen vom Weihnachtsfest des Jahres 390 keinen Sieg der Kirche über den Kaiser, sondern der Bußgewalt über den reuigen Sünder. Es handelt sich auch nicht um Beugung der weltlichen Macht oder um einen Triumph der Kirche, sondern um ein geistliches Geschehen und um eine Gewissensentscheidung des Kaisers. Ohne deswegen die weltliche Autorität geschmälert zu sehen, werteten die Zeitgenossen das Verhalten des Theodosius positiv. Die demonstrativ vor Augen geführte Reue des Kaisers mag für manchen Reichsbürger geradezu notwendig gewesen sein, um das durch die Greuel von Thessalonike erschütterte Vertrauen auf die Milde des Kaisers wieder zu gewinnen. Ambrosius bekam zwar nun wieder mehr Einfluß auf den Kaiser, jedoch gelang es ihm niemals, ihn zu beherrschen. Andererseits erwarb sich Theodosius einen wertvollen Bundesgenossen. Erst die Schwäche seiner Nachfolger begünstigte die in der Kirchengeschichte des Theodoret schon sehr ausgeprägt vorliegende Legendenbildung. Nicht vom Bußakt des Kaisers, sondern erst von der Legende darüber konnten in späteren Jahrhunderten Ansprüche auf die Überordnung der Kirche über die weltliche Gewalt hergeleitet werden. An der überragenden Bedeutung des Ambrosius, aber auch an der durch die Rangerhöhung Konstantinopels vermutlich eingetretenen Spannung dürfte es gelegen haben, daß Theodosius selbst von 388 bis 391 keinen näheren Kontakt zum Bischof von Rom gewann.

Mag man gerade im Westen mit Argwohn allem begegnet sein, was nach Lenkung der kirchlichen Geschicke durch den Kaiser aussah, so war man doch unbedingt dafür, daß der Kaiser die Feinde des wahren Glaubens bekämpfte. Zum besonderen Ruhm des Theodosius führt Augustinus an, daß er seit Beginn seiner Regierung nicht geruht habe, der bedrängten und durch den Arianerfreund Valens heimgesuchten Kirche durch äußerst gerechte und barmherzige Gesetze gegen die Gottlosen zu Hilfe zu kommen.[200] Sieht man die aus den ersten fünf Regierungsjahren überlieferten Häretikergesetze etwas näher an,[201] so fällt auf, daß sie insgesamt keineswegs so schroff gehalten sind, wie man dies zunächst auf Grund des Ediktes vom 27. Februar 380 vermuten könnte. Theodosius, der bis 379 ja fast ausschließlich im Westen gelebt hatte und sich deshalb gewissen Illusionen über die Stärke der Nicäner bzw. die Schwäche der anderen Gruppen hingegeben haben dürfte (vgl. S. 11 ff.), war offenbar klug genug, nicht durch rigorose Durchführung seiner in den Erlassen von 380 und 381 klar umrissenen kirchenpolitischen Konzeption die innere Zwietracht noch auf die Spitze zu treiben. Außerdem hoffte der Kaiser ja auch im Blick auf die arianischen Goten noch auf Einigung bzw. auf Hinführung arianischer Gruppen zum Nicaenum (vgl. S. 28). Eine gewisse Behutsamkeit im Vorgehen war aber auch schon deswegen am Platze, weil es nicht nur eine Vielzahl von häretischen Gemeinschaften gab, sondern es auch nicht immer ganz klar war, wer nun als häretisch zu gelten habe. Es sei dazu eine Bittschrift erwähnt, welche Ende 383 oder Anfang 384 durch die beiden römischen Presbyter Faustinus und Marcellinus dem Kaiser persönlich überreicht wurde. Die Verfasser, die sich auf Lucifer von Calaris, einen Vorkämpfer des Nicaenums zurückführen, verteidigen sich gegen den Vorwurf der Häresie und beschweren sich darüber, daß Anhänger ihrer Richtung in verschiedenen Teilen des Reiches durch Bischöfe verfolgt würden.

Ähnlich wie die Bittsteller, welchen Theodosius dann die Rechtgläubigkeit bescheinigte, glaubten sich ungefähr gleichzeitig die Priscillianisten in Spanien durchaus zu Unrecht verfolgt.[202] Beide Fälle sind übrigens wichtige Hinweise darauf, daß auch zur Zeit des Theodosius keineswegs alle Ketzereien gleich vom Kaiser geahndet wurden, sondern in der Regel erst ein Vorgehen auf unteren Ebenen erfolgte.[203] Die Bittschrift lehrt uns ferner, ebenso wie etwa ein Brief Gregors von Nazianz oder das Verhalten der Bischöfe beim Konzil von 383, daß es in kirchlichen Kreisen Scharfmacher gab, welchen das offizielle Vorgehen gegen die Häretiker noch zu milde war.[204] Schwerpunkt der kaiserlichen Maßnahmen gegen die Häretiker lag bis 384 darauf, sie vom Gottesdienst auszuschließen und ihre eigenen Zusammenkünfte zu verbieten und damit das Leben der häretischen Gemeinden in seinem Kern zu treffen. Besonders wichtig für die unter Constantius II. und Valens so bedrängten Nicaener war die in diesem Zusammenhang getroffene Bestimmung, daß alle Kirchen den katholischen Bischöfen zurückerstattet werden sollten. Nur konsequent war es, wenn man den Häretikern den Neubau von Kultgebäuden bei schwerer Strafe untersagte. Den Manichäern, welche unter den verschiedensten Namen auftraten und die daher als besonders gefährlich galten,[205] wird 381 nicht nur die Zusammenkunft verboten, sondern man nahm ihnen auch die Testierfreiheit, d. h. ihr Vermögen verfiel im Todesfall in der Regel dem Fiskus und sie durften kein Vermächtnis annehmen. Bestimmten Gruppen der Manichäer wurde im folgenden Jahr sogar die Todesstrafe angedroht. Gegen sie sollten – ein Novum im römischen Recht – „inquisitores" eingesetzt werden.

Nach einem Erlaß vom 21. Januar 384, der die Ausweisung der Bischöfe und der übrigen kirchlichen Diener von vier Sekten aus Konstantinopel bestimmte, erfolgte dann erst am 10. März 388 wieder eine Verfügung gegen Häretiker. Es spricht einiges dafür, daß hier tatsächlich eine Pause eintrat und wir es nicht mit einem durch die Überlieferung bedingten Zufall zu tun haben. Theodosius mochte hoffen, die eingeleiteten

Maßnahmen seien ausreichend, um einen allmählichen Zerfall der häretischen Gruppen herbeizuführen. Er nahm es auch hin, daß es ungeachtet der ausgesprochenen Verbote wieder zu Versammlungen von Häretikern kam, schärfte allerdings dann am 23. Januar 386 ein, daß es keinesfalls Unruhen und Störungen des kirchlichen Friedens geben dürfe. Da die Verfügung wörtlich mit dem zweiten Teil eines Erlasses übereinstimmt, in welchem Valentinian II. gleichzeitig Versammlungsfreiheit für die Anhänger des unter Druck Constantius' II. 359 in Rimini formulierten Bekenntnisses gestattete, darf man vermuten, daß der weichere Kurs Rücksichtnahme auf den Mitkaiser bedeutete, der unter dem Einfluß seiner Mutter Justina eine arianerfreundliche Politik betrieb.[206] Arianer und andere Häretiker wurden in diesen Jahren mancherorts so aktiv, daß Gregor von Nazianz in einem Brief an Nectarius von Konstantinopel darüber Klage führte und bat, beim Kaiser vorstellig zu werden. Als dann gar die Arianer mit dem Hinweis, der Kaiser habe ein für sie günstiges Gesetz erlassen, gewisse Ansprüche erhoben, bezeichnete der Kaiser Urkunden dieser Art als Fälschung und stellte ihre Weiterverbreitung unter Strafe.[207] Ein direktes Vorgehen gegen die Häretiker hielt jedoch Theodosius, der noch 387 dafür gesorgt hatte, daß der nach Thessalonike geflüchtete Valentinian und auch Justina sich zum katholischen Glauben bekannten, erst für notwendig, als der Kampf gegen den Usurpator Maximus offen ausbrach.

Am 14. Juni 388 wurde nochmals allen Sekten jegliche Art der Versammlung untersagt. Der mit strenger Durchführungsbestimmung versehene Erlaß verfolgte vermutlich die propagandistische Absicht, alle durch die Politik Valentinians beunruhigten und dadurch eventuell dem frommen Katholiken Maximus zuneigenden Kreise davon in Kenntnis zu setzen, daß man unter der Herrschaft des Theodosius und Valentinians mit einer streng orthodox orientierten Religionspolitik rechnen dürfe. Da die religiösen Gegensätze offenbar immer noch hart waren und gerade angesichts des Krieges gegen Maximus als Gefahr für die öffentliche Sicherheit angesehen werden mußten, untersagte Theodosius am 16. Juni die Diskussion über Glaubensfragen in der Öffentlichkeit. Wie stark sich die Gegner der Orthodoxie in Konstantinopel einschätzten, geht daraus hervor, daß es zum offenen Aufruhr kam, als sich das Gerücht vom Tode des Theodosius im Kampf gegen Maximus verbreitete. Eine der Häretiker besonders hart treffende Ergänzung der bisherigen Maßnahmen mußte es bedeuten, daß im Jahre 392 jedem Häretiker, der jemanden zum Kleriker weihte oder der sich weihen ließ und darüber hinaus allen, die schon früher eine häretische Weihe empfangen hatten, schwerste Bestrafung angedroht wurde.

Die Politik des Theodosius gegenüber den Häretikern läßt deutlich werden, welche Arbeit noch zu leisten war, um erst einmal die Einheit der Christen herzustellen. Die vielfachen Spaltungen unter der Christenheit, die oft mit Erbitterung ausgetragenen Kämpfe um die Bekenntnisformeln, aber auch die Besetzung von Bischofsstühlen und das wankelmütige Verhalten so mancher Bischöfe bildeten mit anderen Übelständen eine schwere Hypothek für die Auseinandersetzung mit dem Heidentum und gar für jeden nach offiziell kirchlicher Ansicht notwendigen Versuch, vom Staat her gegen die Heiden vorzugehen. Hatten die Heiden unter Konstantin und seinen Söhnen Niedergang erlebt und zum Teil auch Verfolgung erlitten, so brachte ihnen die Regierung Julians neuen Auftrieb. Die Verklärung Julians im Andenken vieler Reichsbürger ließ das in der kurzen Regierungszeit des Apostaten angefachte Feuer weiterlodern. Begünstigend kam hinzu, daß unter Valentinian I. und Valens das Heidentum toleriert wurde. Freilich ist stets zu bedenken, daß „Heiden" („pagani") ja ein Sammelbegriff für die Anhänger zahlloser, untereinander meist kaum in Beziehung stehender oder zusammenarbeitender Religionsgemeinschaften sowie auch philosophischer Schulen ist und daß alte kultische Formen vielfach zur leeren Form erstarrt waren. Wenn Julian bewegt über die religiöse Gleichgültigkeit der Heiden klagte und dagegen auf das vorbildhafte Festhalten der Juden an ihren Riten hinwies, so galt dies zwar hauptsächlich für die Anhänger der klassischen griechischen und römischen Kulte, doch scheint es auch zum Beispiel bei den Anhängern verschiedener orientalischer Religionen, wie Isis- oder Mithraskult, nicht viel besser ausgesehen zu haben. Vor allem unter jenen Gebildeten, welche sich formal weiter an nichtchristliche Gemeinschaften hielten, gab es offenbar eine unreligiöse oder doch wenigstens religiösindifferente Mehrheit.[208]

Mußte im Jahre 379 eine geistige Erneuerung und eine mehr als äußere Wiederbelebung insbesonders der griechisch-römischen Kulte als ausgeschlossen angesehen werden, so war es mehr als fraglich, ob sich nochmals Persönlichkeiten finden würden, um die auf viele Gemeinschaften verteilten oder religiös indifferenten Nichtchristen zu einem gemeinsamen Aufbegehren oder doch zur Selbstbehauptung gegenüber dem christlichen Element im Römischen Reich hinzuführen. Immerhin scheint die Entwicklung seit Julian, aber auch der Glaube daran, daß Unheil für die Menschheit durch Verfehlung gegenüber himmlischen Mächten ausgelöst werde, dazu geführt zu haben, daß zahlreiche Menschen vom Christentum abfielen und sich wieder den alten Kulten zuwandten. Jedenfalls sah sich Theodosius im Frühjahr 381 veranlaßt, gegen Apostaten vorzugehen. Er nahm den vom Christentum Abgefallenen das Recht, ein Testament zu machen. Sowohl 383 als auch 391 wurde diese Bestimmung noch erweitert und die Strafmaßnahme verschärft. Der Rückfall in das Heidentum wird dabei als besonders verabscheuungswürdiges Verbrechen gebrandmarkt.[209] Die religionspolitische Lage allgemein, aber auch etwa Rücksichtnahme auf die Heiden in der barbarisierten Armee legten Theodosius, der als erster Kaiser bei seinem Regierungsantritt nicht mehr den Titel eines „pontifex maximus" annahm (vgl. S. 16), nahe, behutsam gegenüber den Heiden zu verfahren. Bei der Wahl seiner Vertrauten zeigte sich der Kaiser den Heiden gegenüber sogar durchaus freundlich. So gehörte zu seinen engsten militärischen Beratern der heidnische Germane Richomeres, der seinerseits einen freundlichen Kontakt zwischen Theodosius und dem antiochenischen Rhetor Libanius herstellte. Dem ebenfalls heidnischen Rhetor Themistius vertraute Theodosius gar die Erziehung seines Sohnes Arcadius an. Für das Jahr 384 ernannte er die Heiden Richomeres und Clearchus zu Konsuln. Um die gleiche Zeit erfolgte die Beförderung des Libanius zum Prätorianerpräfekten ehrenhalber, des Themistius zum Stadtpräfekten von Konstantinopel und des von Symmachus dem Kaiser empfohlenen Nicomachus Flavianus, eines führenden Exponenten des stadtrömischen Heidentums, zum „quaestor sacri palatii", d. h. einem der höchsten, maßgeblich an der Ausarbeitung der Gesetze beteiligten Hofbeamten. Ende 381 war allerdings dennoch ein erster direkter Angriff auf das Heidentum erfolgt. Bei Androhung der Vermögenskonfiskation wurden Opfer zum Zweck der Zukunftserforschung verboten. Das Verbot, das nur einen Teil der blutigen Opfer und in keiner Weise die Brandopfer tangierte, dürfte die heidnischen Untertanen nicht allzu sehr bestürzt haben, da wahrscheinlich sogar die toleranten Kaiser Valentinian und Valens ähnliche Maßnahmen ergriffen hatten.[210]

Beunruhigender für die heidnische Welt waren Vorgänge im Westen. Der sehr fromme, aber den Heiden gegenüber zunächst duldsame Gratian entzog unter dem wachsenden Einfluß des Ambrosius von Mailand im Jahre 382 verschiedenen heidnischen Kulten und Priesterschaften, darunter den Vestalinnen, in Rom ihre Einkünfte, Grundstücke und Privilegien. Ferner ordnete er die Entfernung des seit Augustus gleichsam zum kultischen Zentrum des Senatssitzungssaales gewordenen Altares der Victoria, der den Schutz von Kaiser und Reich gewährleistenden Siegesgöttin, an. Die heidnische Mehrheit des stadtrömischen Senates sah das Heiligste angegriffen, die Existenzgrundlage der altehrwürdigen Kulte auf das schwerste erschüttert. Vergeblich versuchte eine Gesandtschaft des über gute Beziehungen zu Gratian verfügenden Symmachus einen Widerruf der Maßnahmen zu erreichen. Neue Hoffnungen schöpfte man, als bald nach dem Tode Gratians im Sommer 383 nicht nur im Osten verschiedene Heiden hohe Ehrungen erhielten, sondern Vettius Agorius Praetextatus, einer der Führer der stadtrömischen Heiden, Prätorianerpräfekt für Italien, Illyrien und Afrika wurde dann Symmachus Stadtpräfekt von Rom. Abermals unter Führung des Symmachus schickte man im Sommer 384 eine Gesandtschaft nach Mailand an den Hof Valentinians II. Symmachus trug seine in der Nachwelt berühmt gewordene und in der Forschung viel diskutierte *3. Relatio* vor. Die uns als Bittschrift überlieferte Rede gipfelt in Worten, die der Redner Roma sprechen läßt: „Wir leben alle in derselben Welt, wir beten zu göttlichen Gewalten; es gilt gleich, welches Denken die Wahrheit ermittelt; auf einem Wege allein kann das hohe Geheimnis nicht erreicht werden." Man war zutiefst beeindruckt und neigte schon dazu, den Wünschen der Gesandten nachzugeben. Doch wie 382 intervenierte Ambrosius. Höhepunkt eines im kaiserlichen Konsistorium verlesenen Schreibens des Bischofs ist die Drohung, daß ein christlicher Kaiser, der an der Wiederherstellung eines heidnischen Altares und der Unterstützung des Kultes mitwirkte, zwar noch in die Kirche kommen könne, aber dort entweder keinen Priester finden werde oder nur einen, der Widerstand leiste. In einem weiteren Schreiben suchte Ambrosius die einzelnen Argumente des Symmachus zu entkräften, vor allem die Anschuldigung, daß das seit 382 hereingebrochene Unheil, wie die Ermordung Gratians und die Mißernte des Jahres 383 durch den Zorn der Götter über die Maßnahmen Gratians heraufbeschworen worden sei. Schon vor Eingang dieses Briefes allerdings hatte der Kaiser die Bitten der Senatoren abgewiesen und ihnen damit verdeutlicht, daß die Zeit für die Förderung heidnischer Kulte durch den Staat vorüber war.[211]

Theodosius schärfte 385 das 381 ausgesprochene Opferverbot ein, nachdem sich bei einem Hochverratsprozeß ergeben hatte, daß Zukunftsbefragungen über seine Nachfolge angestellt worden waren.[212] Der seit 384 als Prätorianerpräfekt des Ostens amtierende und dank seiner spanischen Herkunft höchstes Vertrauen genießende Cynegius wurde mit der Überwachung des Verbotes betraut. Angetrieben von seiner Frau Acanthia und radikalen Mönchen legte Cynegius den Auftrag dahingehend aus, daß er auch heidnische Tempel, wie z. B. die in Edessa oder Apamea, zerstören oder schließen sollte. Um die bisher gezeigte Haltung des Kaisers wohl wissend konnte es Libanius unter Hinweis auf in den Gesetzen gegen blutige Opfer nicht Verbotenes wagen, in einem an den Kaiser gerichteten Schreiben über das Treiben des Präfekten und der Mönche Klage zu führen. Mit Erbitterung bemerkt der Rhetor: „Die Schwarzröcke, die da mehr essen als die Elefanten, durch die Menge der Becher aber, die sie leeren, denen beikommen, die das Trinken mit Liedern begleiten, und ihre Trunkliebe unter

Abb. 10. D(ominus) N(oster) Eugenius P(ius) F(elix) Aug(ustus), Goldmadaillon

einer künstlich erzeugten Bleichheit verbergen, stürzen mit Stangen, Steinen und Eisen oder auch ohne dies zu den Tempeln. Dann werden die Dächer eingerissen, die Mauern umgestürzt, die Bilder herabgerissen, die Altäre zerstört und die Priester müssen schweigend den Tod leiden".[213] Sozomenos berichtet VII 15 im Anschluß an seinen Bericht über die Zerstörung des Serapaeums zu Alexandria (dazu S. 89) davon, daß die Heiden sich gegen derartige Aktionen örtlicher Behörden oder einzelner Bischöfe zur Verteidigung ihrer Tempel zusammenrotteten und dabei der Bischof Marcellus von Apamea in Syrien den Martertod erleiden mußte. Daß der Kaiser nach dem Tode des Cynegius im Jahre 388 den Heiden Tatian als dessen Nachfolger einsetzte, darf auch teilweise als Reaktion auf das undisziplinierte Vorgehen des Präfekten angesehen werden. Ein gewisses Wohlwollen des Kaisers gegenüber der heidnischen Oberschicht läßt sich auch noch bei weiteren Personalentscheidungen und seinem Rombesuch im Jahre 389 beobachten.

Ausdruck seiner beim Bußakt von Mailand an Weihnachten 390 gezeigten Reue könnte es sein, daß Theodosius nun die Zeit gekommen sah, das Heidentum energisch zu bekämpfen. Maßnahmen in den Jahren 391 und 392 lassen an Deutlichkeit nichts zu wünschen übrig. Heidnische Kulte wurden dabei in ihrem Kern getroffen. War es bis gegen 390 auch im Machtbereich des Theodosius möglich, Bauten wie ein Mithräum in Sidon zu errichten oder wie den sogenannten Hadrianstempel in Ephesus zu restaurieren,[214] so dürfte jetzt, wie das Beispiel von Alexandria zeigt (dazu S. 89), die Zerstörung von Heiligtümern volle Billigung des Kaisers oder sogar Förderung durch ihn erfahren haben. Eine gewisse Rücksichtnahme war freilich immer noch wegen der Heiden in der Armee geboten. In einem Bündnis mit dem Usurpator Eugenius sah schließlich die stadtrömische Senatsaristokratie und mit ihr wohl ein erheblicher Teil der Anhänger der alten Götter eine letzte Chance gegeben, die freie Ausübung ihrer Kulte wieder durchzusetzen. Theodosius seinerseits fühlte sich ganz eindeutig nicht nur als rechtmäßiger Kaiser, sondern zugleich als Vorkämpfer der Sache des Christentums. Im Blick auf die Vorgeschichte des Feldzuges mußte nach dem Siege des Theodosius in der Schlacht am Frigidus bei allen Soldaten der Eindruck entstehen, daß das Kreuzeszeichen, mit dem die Fahnen der Sieger geschmückt waren, heilbringender sei als das vermutlich auf den Standarten der Eugenianer angebrachte Herculesbild. Der Gott der Christen hatte nunmehr gesiegt über Jupiter und den zum mythischen Vorbild römischer Herrscher gewordenen Hercules. Der Kaiser, der allenthalben großzügig Verzeihung gewährte, bemühte sich auch darum, die führenden Senatskreise zu gewinnen. Theodosius hat im Zeichen des Kreuzes die Anhänger der alten Götter überwunden, aber nach dem Sieg gezeigt, daß er ein guter Christ war und ihm das Gemeinwohl höher stand als die allzu billige Nutzung des augenblicklichen Erfolges. Ungeachtet aller Kampfmaßnahmen gegen die Feinde des Glaubens hoffte der Kaiser auch jetzt auf freiwillige Bekehrung zum wahren Glauben.

Im Zusammenhang mit der Religionspolitik stellt sich die Frage, wie sich der Kaiser gegenüber den Juden verhielt. Gar manche christliche Zeitgenossen des Theodosius standen auf dem Standpunkt, daß auch die Juden als Feinde des wahren Glaubens zu bekämpfen seien. Außer auf die bereits erwähnten Ausschreitungen gegen die Juden in Callinicum, und die dabei sichtbar werdende judenfeindliche Haltung des Ambrosius, sei nur darauf verwiesen, daß Johannes Chrysostomus 386/387 in Antiochia eine Abhandlung gegen die Juden und Heiden über die Gottheit Christi verfaßt, ferner in acht Predigten mit scharfen Ausfällen gegen die Juden die Teilnahme antiochenischer Christen an jüdischen Festen und die Konsultation jüdischer Ärzte bekämpft hat.[215] Nach dem Zeugnis des Chrysostomus übte also das Judentum gerade in Syrien eine erhebliche Anziehungskraft auf die Christen aus.[216] Um den Übertritt oder die Bekehrung von Christen zum Judentum möglichst einzuschränken, verbot Theodosius im Jahre 384 an Gesetze Konstantins und Constantius II. erinnernd den Juden, christliche Sklaven zu halten und sie zum Judentum zu bekehren. Eine ähnliche Absicht hatte wohl die verschärfende Wiederholung eines Gesetzes Constantius' II., wonach Ehen zwischen Juden und Christen verboten waren.[217] Dennoch ist es verfehlt, davon zu sprechen, daß unter Theodosius der im Jahre 423 erfolgte Angriff des Staates gegen das Judentum angebahnt wurde.[218] Um den Bruch mit Ambrosius zu vermeiden, hat Theodosius 388 nicht auf der von ihm angeordneten Bestrafung des am Brand einer Synagoge schuldigen Bischofs von Callinicum bestanden. Aber er hat nicht nur dem jüdischen Patriarchen Gamaliel den Rang eines Präfekten ehrenhalber verliehen, sondern sich nachhaltig für die Erhaltung bisheriger Privilegien der Juden ausgesprochen und im Jahre 393 die Anweisung gegeben, gegen alle Versuche, Versammlungen der Juden zu verbieten oder ihre Synagogen zu zerstören, einzuschreiten.[219] Das Nachgeben gegenüber Ambrosius bedeutet in keiner Weise die Aufgabe des staatlichen Schutzes für die Juden. Wenn Theodosius am 30. Dezember 393 die bei den Juden vorkommende Polygamie verbot, so war dies ungeachtet des Eingriffes in innerjüdische Verhältnisse keine antijüdische Maßnahme, sondern es entsprach dem Bestreben, eine christlich orientierte Ehegesetzgebung für alle Reichsbürger zu schaffen.[220]

Von Theodosius, der sich so intensiv um die Stärkung des Christentums bemühte und seine Widersacher bekämpfte, dürfte sich die Geistlichkeit sehr bald vielseitige Vergünstigungen versprochen haben. In der Tat gewährte der Kaiser, gewiß unter Beibehaltung der seit 377 bestehenden entsprechenden Vergünstigungen für die Kleriker, Kirchendienern aller Art Befreiung von persönlichen Leistungen für den Staat. Sich einem Erlaß Kaiser Gratians von 382 anschließend, befreite Theodosius 390 die Kirchen, zugleich mit den höheren Beamten, Rhetoren und anderen Privilegierten von den sogenannten „munera sordida", zu welchen z. B. Beteiligung an öffentlichen Bauten oder am Wege- und Brückenbau gehörten. Die Bischöfe brauchten nicht mehr als Zeugen vor Gericht zu erscheinen und die Presbyter wurden als Zeugen von etwaigen peinlichen Verfahren ausgenommen. 384 schärfte Theodosius den offenbar häufiger umgangenen Beschluß des Konzils von 382 ein, wonach Streitigkeiten unter Klerikern und Prozesse wegen ihrer kirchlichen Vergehen nicht vor das weltliche, sondern vor das bischöfliche Gericht gehörten. Theodosius, von dem uns keine größeren Stiftungen für die Kirchen bekannt sind und der auch im Kirchenbau keine überragende Aktivität gezeigt zu haben scheint, ging freilich mit den materiellen Zuwendungen an die Geistlichkeit nicht allzu weit und hat hier offenbar stets das Interesse der Allgemeinheit zu wahren gesucht. So mußten in den Klerus eintretende Kuriale zugunsten der Kurien auf ihr Vermögen verzichten bzw. einen Ersatzmann für den Gemeinderat stellen, und Witwen mit Kindern konnten erst mit 60 Jahren Diakonissen werden, wobei der Besitz den Kindern verbleiben sollte und ausdrücklich verboten wurde, Testamente zugunsten der Kirche oder von Klerikern zu machen. Bischöfe und Kleriker, die Steuerschuldnern Asyl gewährten, sollten für die Schuld aufkommen. Mit aller Energie wandte sich Theodosius gegen Versuche der Geistlichkeit, durch Intervention die Urteilsvollstreckung für schwere Verbrechen zu verhindern oder zu verzögern. Vom Bestreben, auch kirchliche Kreise die kaiserliche Autorität fühlen zu lassen, zeugt ferner die zeitweilige Verbannung der als Unruhestifter aufgetretenen Mönche aus den Städten und dichter bewohnten Gebieten. Erwähnt sei schließlich noch, daß Theodosius die Sonntagsheiligung noch stärker gesetzlich verankerte und daß von seinen sonstigen Gesetzen insbesondere die Ehegesetzgebung von christlichem Geist geprägt war.[221] Die in Ägypten, Syrien und Kleinasien nach tausenden zählenden, seit Mitte des 4. Jhs. auch in Konstantinopel fest etablierten Mönche waren aber nicht nur ein Unruhefaktor, sondern sie bekamen mit ihrem Streben nach Askese und ihrer Glaubensstrenge immer mehr Gewicht im Leben der Kirche. Für Staat und Gesellschaft warf der sich in der Ausbreitung des Mönchtums äußernde, keineswegs immer idealistisch motivierte Drang zur Weltflucht mancherlei Probleme auf.[222]

Insgesamt, so mochte es scheinen, gingen die Anhänger des katholischen Glaubens in Ost und West aus der Regierungszeit des Theodosius gestärkt hervor, doch nur allzu bald sollte sich zeigen, wie berechtigt es war, daß sich der fromme Monarch noch im Sterben um die Kirche sorgte. Nicht nur gab es auch weiterhin viele Häretiker und Heiden zu bekämpfen oder labile und nur als Mitläufer zählende Katholiken im Glauben erst richtig zu festigen, sondern es bedurfte vor allem im Osten auch einer starken Hand, um Rivalitäten unter den Großen der Orthodoxie auszuschalten oder doch in einem für den Staat tragbaren Rahmen zu halten. Mehr denn je seit Konstantin war mit durch das Wirken des Theodosius die Kirchenpolitik zu einem zentralen Anliegen der Innenpolitik geworden und hing innerer Frieden vom Frieden unter den führenden Kirchenmännern ab. Ziel der Kirchen- und Religionspolitik des Theodosius war ganz offensichtlich nicht, eine zentralistisch, straff vom Kaiser her gelenkte und ihm als Machtinstrument dienende „Reichskirche", sondern die Einheit zunächst der Christen und dann der gesamten Reichsbevölkerung im Nicaenischen Glauben. Die Erreichung dieses Zieles hat Theodosius stets im Auge behalten, auch wenn er in Anpassung an politische Realitäten gelegentlich die Methoden wechselte. Theodosius arbeitete dabei auch mit dem Mittel der Einschüchterung der Nichtkatholiken, aber in der Regel verzichtete er doch auf brutale Durchführung seiner Anordnungen. Getragen war die auf religiöse Einheit der Reichsbevölkerung orientierte Politik von der Frömmigkeit des Kaisers, aber auch von seinem Willen, die Einheit des Reiches zu sichern und zu mehren. Wie Konstantin d. Gr. wollte auch Theodosius „mit der universal gerichteten Kirche für den universal gerichteten Staat eine dauernde Stütze gewinnen". (Enßlin 8 – vgl. S. 157f.)

6. Germanenpolitik und Reichsverteidigung

Wenige Jahre nach dem Tode des Theodosius hielt Synesius, der aus Kyrene stammende Schüler der alexandrinischen Neuplatonikerin Hypatia, am Hof von Konstantinopel eine Rede über die Königsherrschaft. In der weithin als eine Art Fürstenspiegel zu bezeichnenden Rede wird dem jungen Kaiser Arcadius sein Vater als leuchtendes Vorbild hingestellt. Sein Glück sei der Lohn für seine Tüchtigkeit gewesen. Dieses Lob, durch das Arcadius zugleich zu einem aktiven, von militärischer Tatkraft erfüllten Leben angespornt werden sollte, scheint freilich nicht mehr als der vom Redner nun einmal geforderte Tribut an das Herrscherhaus. Nur auf diese Weise war es Synesius auch möglich – selbstverständlich mit Worten, welche die kaiserliche Majestät nicht verletzten –, an der Germanenpolitik des Theodosius Kritik zu üben: Theodosius habe die Goten zu Verbündeten gemacht, ihnen das Bürgerrecht verliehen, ihnen den Zugang zu Ehrenstellen verschafft und an sie, die Todfeinde des Reiches, römisches Land verteilt. Den Vorwürfen wird die Schärfe dadurch etwas genommen, daß der Redner hervorhebt, Theodosius habe nach Züchtigung der Goten Gefühlen des Mitleides nicht widerstehen können. Synesius, der sich darüber erregt, daß die als Sklaven zur Not noch tragbaren blonden Barbaren Herren des Staates würden, tritt entschieden dafür ein, alle fremden Elemente wieder auszuschalten. Insbesondere sei es notwendig, den Goten das Tragen von Waffen nicht mehr zu erlauben und an Stelle der barbarisierten wieder eine echt römische Armee zu schaffen.[223] Der Redner, der, in seine Heimat zurückgekehrt, beim Versagen der kaiserlichen Befehlshaber energisch den Selbstschutz gegen räuberische Wüstenstämme organisierte, stand gewiß mit seiner Persönlichkeit hinter so starken Worten. Vor allem aber ist Synesius als Sprachrohr jener Kräfte am Hof anzusehen, die schon zu Lebzeiten des Theodosius jedem Entgegenkommen gegenüber den Germanen und anderen Barbaren abgeneigt waren und dem Aufstieg so mancher Germanen im Heer mit Mißtrauen begegneten. Führende Exponenten eines solchen Antigermanismus waren gegen 400 die Kaiserin Eudoxia, als Tochter des aus fränkischem Adel stammenden Heermeisters Bauto selbst germanischen Blutes, und Aurelianus, der von Synesius in anderem Zusammenhang idealisierte „praefectus praetorio Orientis". Aurelianus, nun höchster Beamter des Staates, hatte seit 383 eine einflußreiche Stellung am Hofe inne und noch zu Lebzeiten des Theodosius die Würde eines Stadtpräfekten von Konstantinopel erreicht.[224]

Am Beispiel eines Synesius wird sichtbar, wie sehr die Germanenpolitik im ausgehenden 4. Jh. innenpolitisch zum heißen Eisen geworden war und wie sehr in den maßgeblichen Kreisen die Ansichten darüber differierten, auf welche Art die mit der germanischen Infiltration des Reichsgebietes, insbesondere der gesamten Armee, aufgeworfenen Fragen zu lösen seien. Stellvertretend sei von den Zeitgenossen des Theodosius noch der Historiker Ammianus Marcellinus genannt. In langjährigem Dienst als Stabsoffizier hatte der seit etwa 380 in Rom lebende Antiochener Gelegenheit gehabt, die das Reich in Ost und West bedrohenden Gefahren aus eigener Anschauung kennenzulernen. Gewiß kein Zufall ist es, wenn Ammian, der die Regierungszeit des Theodosius nicht mehr behandelt, in dem gegen 395 entstandenen letzten Buch seines Werkes abschließend mit Befriedigung davon spricht, daß der „magister militum trans Taurum" in seinem Bereich diensttuende Goten niedermetzeln ließ, als er von der Niederlage des Kaisers Valens bei Adrianopel am 9. August 378 erfuhr. Ammian ist nicht, wie man gelegentlich einmal angenommen hat, von einem geradezu religiösen Haß gegen die Barbaren erfüllt, er ist sogar bereit, die Verdienste einzelner im Reichsdienst hochgekommener Barbaren anzuerkennen, er begrüßt die Mitarbeit solcher sich dem Dienst für das Reich hingebender Männer.[225] Grundsätzlich allerdings war Ammian dafür, die Masse der Germanen aus dem Reichsgebiet zu vertreiben und nach Möglichkeit sogar zu vernichten. Der Historiker erinnert im 5. Kapitel des *31. Buches* die Leser daran, wie seit den Einfällen der Kimbern und Teutonen durch Barbaren heraufbeschworene Gefahren immer wieder gebannt werden konnten. Weder Synesius noch Ammian scheinen Zweifel daran gehabt zu haben, daß die momentan bestehende Bedrohung zu überwinden sei. Freilich, in den Jahrzehnten nach dem Tode des Theodosius wurden vom heutigen Ungarn bis zur Atlantikküste die Provinzen des römischen Reiches von germanischen und anderen nach römischen Maßstäben barbarischen Völkerschaften überflutet, bildeten sich überall, sei es in Pannonien oder Britannien, in Gallien, Spanien, Afrika oder Italien, im Verlauf des 5. Jhs. neue Reiche auf römischem Boden. Setzen wir nun einmal voraus, daß es beim Regierungsantritt des Theodosius noch die Möglichkeit gab, die soeben skizzierte Entwicklung aufzuhalten, so stellt sich die

Frage, ob dazu die Wege gangbar waren, wie sie einem Synesius und anderen radikalen Gegnern der Germanen vorschwebten, oder ob die Verhältnisse mehr eine Politik geboten, durch die man versuchte, die Kräfte der Germanen für die Interessen Roms nutzbar zu machen und wenigstens Teile der germanischen Völkerschaften mit der Reichsbevölkerung zu verschmelzen, eine Politik, wie sie nach Synesius von Theodosius eingeschlagen wurde. Will man die Germanenpolitik des Theodosius, welche einen wesentlichen Bestandteil der Maßnahmen zur Reichsverteidigung bildete, recht verstehen, so ist nicht nur zu bedenken, daß sich der Kaiser nur zeitweise auf eine Lösung des Germanenproblems konzentrieren konnte, sondern ist vor allem auf die Situation zu achten, in die sich der Kaiser gegenüber den Germanen gestellt sah. Dazu ist hier kurz an einige Vorgänge des früheren 4. Jhs. zu erinnern.[226] Konstantin d. Gr., der, von kleineren Aktionen abgesehen, keine größeren Kämpfe gegen Germanen durchzuführen hatte, sah gegen 330 das Reich vor allem an der unteren Donaugrenze gefährdet und ließ dort umfassende Befestigungsarbeiten beginnen. 332 kam es dann in diesem Raum zu siegreichen Feldzügen gegen Westgoten und Taifalen, anschließend noch gegen die Sarmaten, welche vorher von den Goten bedrängt, die Römer zu Hilfe gerufen hatten.[227] Über dreißig Jahre lang blieb es daraufhin an der unteren Donau ruhig. An der Rheinfront war es in der Zeit Konstantins nur zu geringen Störungen gekommen und auch Kämpfe gegen die Franken an Niederrhein im Jahre 341 brachten keine gefährliche Situation. Kritisch wurde die Lage allerdings, als nach der Usurpation des Magnentius im Jahre 350 durch Constantius II. gegen den Usurpator aufgehetzte Alamannen und Franken am Ober- und Mittelrhein ins Reichsgebiet eingebrochen waren. Erst durch den Sieg Julians bei Straßburg im Jahre 357 konnte dieser Einbruch im wesentlichen wieder bereinigt werden. Eine entschlossene Haltung gegenüber den Germanen am Rhein und in Rätien zeigte dann auch der den Ausbau und die Erneuerung der Befestigungsanlagen nochmals energisch fördernde Kaiser Valentinian I. 374

sah er sich freilich durch den Einbruch der Quaden und Sarmaten in Mösien (vgl. S. 13) zu einem Kompromißfrieden mit den Alamannen genötigt. An der unteren Donau kam es 367–369 zu Kämpfen mit den Goten unter Athanarich. Obwohl dieser Krieg wegen gleichzeitiger Auseinandersetzungen mit den Persern nicht mit voller Kraft geführt werden konnte, trat eine gefährliche Situation erst ein, als nach dem Zusammenbruch des Ostgotenreiches in Südrußland germanische Massen durch die Hunnen an die Grenzen des Imperiums getrieben wurden. Mit der Aufnahme westgotischer Scharen in Thrakien im Winter 375/376 schien die Gefahr zunächst gebannt, doch wurden die Goten durch schlechte Behandlung seitens römischer Behörden bald aufsässig, mußte man – immer noch durch die Perser im Osten gebunden – das Einströmen weiterer Germanen hinnehmen und kam es schließlich zur katastrophalen Niederlage des Kaisers Valens bei Adrianopel.

Sowohl 332 als bei Aktionen gegen Franken und Alamannen in den Jahren 306 und 310 hatte man zahlreiche Barbaren gefangen. Ähnlich wie bereits Maximian, dem Mitkaiser Diokletians, waren Konstantin die Gefangenen und freiwillig zu den Römern übertretende Stammesgenossen höchst willkommen zur Neubesiedlung verödeter Landstriche in den nordgallischen Provinzen und im Donauraum. Zu solcher Verödung hatten die Wirren des 3. Jhs., die zunehmende Konzentration des Landbesitzes bei relativ wenigen Grundbesitzern, welche unrentable Böden unbewirtschaftet ließen, und Menschenmangel ganz allgemein geführt. Die neuen Siedler sollten zugleich als Rekruten für die Armee zur Verfügung stehen. Ein weiteres Truppenreservoir bildeten wie schon seit langer Zeit die freien Germanen an den Grenzen. Mehr denn je sah man sich für die Erreichung der Sollstärke auf die Germanen und andere Barbaren angewiesen, nachdem Diokletian aus vornehmlich fiskalischen Gründen die Zwangsbindung der Untertanen an die Scholle oder ihre sonst ausgeübten Berufe eingeführt beziehungsweise stark gefördert hatte. Konstantin machte den Dienst in der römischen Armee für die Barbaren noch dadurch attraktiv, daß er ihnen die Aufstiegsmöglichkeiten zu den höchsten Offiziersrängen einräumte. Fast die Hälfte der aus der Zeit zwischen 337 und 378 bekannten Heermeister, d. h. der ranghöchsten Offiziere, war germanischer Herkunft.[228] Vorwiegend dürften die Germanen im römischen Dienst Heiden geblieben sein, ein Umstand, dem die kaiserliche Religionspolitik selbstverständlich Rechnung tragen mußte. Germanische Generale, Offiziere und Mannschaften leisteten Rom vielfach hervorragende Dienste, obwohl wir auch von gelegentlichen Versagen vor dem Feind hören und Klagen kennen über schlechte Disziplin und teils daraus resultierende Spannungen zwischen barbarisierter Armee und Zivilbevölkerung. Nur ausnahmsweise kam es zu illoyalem Verhalten hochgestellter Germanen gegenüber ihren Dienstherren.

Theodosius konnte also von guten Erfahrungen ausgehen, wenn er es von Beginn seiner Regierung an für richtig hielt, Germanen in der höchsten Generalität zu belassen und sie mit äußerst verantwortungsvollen Aufgaben zu betrauen. Es seien hier aus der Zeit des Theodosius einige markante Beispiele dafür angeführt, wie sehr germanische Generale, ungeachtet der in manchen Kreisen bestehenden Zurückhaltung oder Abneigung, bereits mit der römischen Gesellschaft verbunden waren und wie keineswegs nur einseitig von den Germanen her Kontakte innerhalb der Führungsschicht gesucht wurden. Zunächst möchte ich Flavius Richomeres nennen, einen heidnischen Franken vornehmer Abkunft. Er zeichnete sich 377 und 378, von Gratian nach dem Osten delegiert, im Kampf gegen die Goten aus. Richomer, der vor der Schlacht bei Adrianopel vermutlich zu den verhandlungsbereiten Römern gehörte, stand dann seit 379 im Dienst des Theodosius. Zuletzt wurde er ausersehen, im Kampf gegen Eugenius die Reiterei zu führen, starb jedoch vor Beginn des Feldzuges. Richomer, der ständig das Vertrauen des Kaisers behielt und für das Jahr 384 mit dem Konsulat ausgezeichnet wurde, schloß Freundschaft mit den Rednern Libanius und Symmachus. Mit Erfolg konnte unter anderem der Sprecher des heidnischen Teiles der stadtrömischen Aristokratie seinen Freund Nicomachus Flavianus über Richomer dem Kaiser für ein hohes Amt empfehlen.[229] Libanius, der Richomer den Panegyricus zum Antritt seines Konsulates hielt, schreibt dem Franken einmal: „Deine Stellung ist glänzend . . ., der Herrscher und Du, Ihr strebt nach allem Edlen und regiert mit Weisheit und starker Hand."[230] In direkte Verbindung trat Richomer, vermutlich in Rom, auch mit dem Rhetor Eugenius, dem späteren Usurpator, den er um 390 seinem Neffen Arbogast aufs wärmste empfahl. Arbogast, ebenfalls heidnischer Franke, war nach Verbannung aus der Heimat in römische Dienste getreten. 380 führte er mit Bauto das von Gratian zur Entlastung des Theodosius entsandte Heer. 387 mit seinem Herrn, Valentinian II., nach Thessalonike geflüchtet, zeichnete er sich 388 beim Sieg über Maximus aus. Für den wieder in seinen Herrschaftsbezirk eingesetzten Valentinian die tatsächliche Regierungsgewalt ausübend, durfte er sich als Vertrauensmann des Theodosius fühlen. Der im Kampf gegen die Barbaren bewährte Arbogast, dessen prorömische Gesinnung die heidnischen Quellen, dessen Barbarentum die Christen betonen, hoffte auf Grund seines Vertrauensverhältnisses die Anerkennung des 392 von ihm zum Kaiser erhobenen Eugenius bei Theodosius durchzusetzen.[231] Als die Verständigung unmöglich wurde, schlossen Arbogast und Eugenius dann den Bund mit der heidnischen Reaktion (vgl. S. 47). Franke und Heide war auch der von Gratian im Jahre 380 zum Heermeister ernannte Flavius Bauto. Nach Gratians Ermordung im Jahre 383 wurde er neben seinem Landsmann Merobaudes zu einer der einflußreichsten Persönlichkeiten am Hof Valentinians. Im Gegensatz zu Arbogast scheint Bauto niemals illoyal gegenüber seinem Kaiser gehandelt zu haben. Bei seinem Konsulatsantritt 385 hielt der damals noch heidnische Augustinus auf ihn einen Panegyricus.[232] Von dem erfolgreichen Streben Bautos, volle gesellschaftliche Anerkennung zu finden, zeugt nicht nur der Briefwechsel mit Symmachus,[233] sondern auch, daß nach seinem Tode – wohl 386 – seine Tochter, die spätere Kaiserin Eudoxia, Aufnahme fand im Hause des ebenfalls mit Symmachus befreundeten Heermeisters Promotus, dessen Söhne zusammen mit den Söhnen des Theodosius aufgezogen wurden. Schließlich ist noch der Mann barbarischer Abkunft zu erwähnen, welcher das größte Vertrauen des Theodosius erreicht hat: Flavius Stilicho. Er war zwischen 360 und 365 als Sohn eines in römischen Diensten stehenden Vandalen und einer als Römerin geltenden Frau geboren worden. Seit 384 war der damals bei den kaiserlichen Palasttruppen dienende Stilicho mit Serena, der Lieblingsnichte des Kaisers, verheiratet und damit in den engsten Kreis der kaiserlichen Familie aufgenommen.

Neue Wege beschritt Theodosius, wie wir sahen, auch nicht damit, daß er es für notwendig erachtete, das römische Truppenpotential durch Rekrutierung aus barbarischen Völkerschaften zu verstärken. Nur logisch war es, daß Theodosius dann wiederum an seine Vorgänger, besonders seit Konstantin, anschließend in der Kampfausbildung, in der Ausrüstung der Armee und in der Taktik germanische Einflüsse zuließ. Neu unter Theodosius war nun, daß er auf Grund des Vertrages von 382 (dazu S. 31) auch auf römischen Reichsboden angesiedelte und ihre Autonomie bewahrende germanische Stammesverbände im Kriegsfall als Hilfstruppen verwandte.

Hinter dem Vertrag von 382 dürfte unter anderem die Intention gestanden haben, durch Landflucht verlassene Gebiete zu rekultivieren und die Hoffnung, barbarische Föderaten und in den Stadtgebieten verbliebene Romanen würden zu einem friedlichen Nebeneinanderleben finden. Bei seiner Beurteilung ist zu beachten, daß das gegenüber den zahlenmäßig nicht allzu starken Goten im unteren Donauraum angewandte Verfahren fortan keineswegs allgemein üblich wurde. Dies wird gelegentlich übersehen, wenn man in Theodosius – in Anlehnung an Jordanes, der Mitte des 6. Jhs. eine Geschichte der Goten verfaßte –, zu einseitig den Freund der Goten sieht[234] oder wenn man ihn dann gar bezichtigt, mit dem Vertrag von 382 das Ende des Imperium Romanum herbeigeführt zu haben.[235] Wie sehr Theodosius, ungeachtet seines 381 und 382 deutlich werdenden Versuches, neue Wege in der Germanenpolitik einzuschlagen, darauf bedacht war, keine Unklarheit darüber aufkommen zu lassen, daß der römische Kaiser als Triumphator gegenüber den Barbaren aufzutreten und somit den römischen Superioritätsanspruch zu wahren habe, zeigte sich 386. Damals hatten barbarische Volksgruppen, vorwiegend greutungische Goten, die Donau überschritten und um Aufnahme auf römischem Gebiet nachgesucht. Der für die Grenzverteidigung in diesem Abschnitt zuständige Heermeister Promotus, offenbar nicht geneigt, das Gesuch weiterzuleiten, lockte die Barbaren in eine Falle und brachte ihnen im Sommer 386 eine schwere Niederlage bei. Seine auf Verstärkung der Armee und Rekultivierung von Ackerboden orientierte Barbarenpolitik fortsetzend, ließ Theodosius die Gefangenen frei und siedelte sie gegen Verpflichtung zum Kriegsdienst an, freilich nicht wie 382 als autonomen Verband an der Grenze, sondern als abhängige Bauern im Inneren des Reiches (Phrygien).[236] Konsequenz in seiner Barbarenpolitik bewies Theodosius 386 auch damit, daß er Gerontius, den Befehlshaber von Tomi maßregelte, weil er eine vom Kaiser in Dienst genommene Barbarenschar wegen eines angeblich von diesen Leuten verschuldeten Überfalls niedermachen ließ.[237] Wichtiger aber erscheint, daß Theodosius, ungeachtet der eben erwähnten Beweise einer konzilianten Haltung gegenüber den Barbaren, die Demonstration römischer Macht durch Promotus zum Anlaß nahm, am 12. Oktober 386 einen triumphalen Einzug in seiner Hauptstadt zu veranstalten und sich als Sieger über die Barbaren feiern zu lassen. Als bleibendes Denkmal an den Sieg ließ Theodosius ein der Trajanssäule in Rom nachgebildetes Monument errichten. Auf dem die Säule schmückenden Reliefband waren nach den literarischen Notizen und den bisher gefundenen Fragmenten die 386 und vorher errungenen Barbarensiege des Kaisers dargestellt. Auch eines der Basisreliefs des 390 auf dem Hippodrom errichteten Obelisken kündet vom Kriegsruhm des Kaisers.[238] Zeichen dafür, welchen Wert Theodosius darauf legte, als Sieger über die Barbaren verherrlicht zu werden, sehe ich weiterhin nicht nur in Passagen des 389 von Pacatus in Rom gehaltenen Panegyricus (dazu S. 39), sondern auch in einigen Kontorniaten, jenen Pseudomünzen, welche seit etwa 355 auf Initiative der stadtrömischen Aristokratie besonders zum Neujahrsfest geprägt wurden. Die Vorderseiten der hier in Frage kommenden Stücke zeigen Theodosius, der als erster lebender Kaiser auf Kontorniaten erscheint, die Rückseiten einen berittenen Kaiser, der einen Barbaren niedersticht. Ferner erscheinen in der Zeit des Theodosius neben weiteren auf die Sieghaftigkeit des Kaisertums hinweisenden Typen noch Prägungen mit Darstellung einer gefangenen Barbarenfamilie.[239]

Die 386 angesiedelten Goten erhielten, wie erwähnt, nicht die vorteilhaften Bedingungen wie die Föderaten von 382, sondern ihr Status dürfte ähnlich dem der seit Ende des 3. Jhs. besonders in mehreren Teilen Nordostgalliens als Grundhörige und mithin als Halbfreie angesiedelten Germanen sein. Diese Leute nannte man in Anlehnung an ein wohl germanisches Lehnwort „laeti".[240] Sie waren wehrpflichtig und stellten auch in der Zeit des Theodosius einen wesentlichen Anteil der in Gallien zur Disposition stehenden Einheiten. Sie waren römischen Befehlshabern unterstellt.[241] Ein vier Jahre nach dem Tode des Theodosius ergangener Erlaß, in welchen zu lesen steht, daß Menschen aus vielen Völkern Läten wurden, weil sie an der „felicitas romana" teilhaben wollten, gibt Kunde davon, wie streng darüber gewacht wurde, daß die Läten nur das von der römischen Administration zugewiesene Land okkupierten.[242] Da Theodosius, von den letzten Wochen seines Lebens abgesehen, die westlichen Provinzen nur von 389 bis 392 unter seiner Kontrolle hatte und er auch damals Valentinian II. bzw. Arbogast fast völlig freie Hand gelassen zu haben scheint, nimmt es nicht wunder, daß wir nichts von seinen Plänen gegenüber den Rheingermanen erfahren. Das soeben erwähnte Gesetz, die kraftvoll geführten Feldzüge Arbogasts gegen die Franken und die ebenfalls mit energischen Maßnahmen gegen die Germanen verbundene Rheinexpedition Stilichos im Jahre 396 lassen jedoch den Schluß zu, daß Theodosius hier die Germanen höchstens als Läten in das Reich kommen lassen wollte. Nichts zwingt zur Annahme, daß Theodosius etwa schon den Zeitpunkt gekommen sah, das thrakisch-pannonische Experiment am Rhein zu wiederholen.

Die Germanenpolitik des Theodosius, unter dessen Regierung dem römischen Reich nicht eine einzige Provinz verlorenging, war keine Politik der Kapitulation. Weil ihm spätestens sofort nach seinem Regierungsantritt bewußt wurde, wie schwach die doch bereits weitgehend barbarisierte Armee war,

| Abb. 11a | Abb. 11b |

Büste des D(ominus) N(oster) Theodosius P(ius) F(elix) Aug(ustus);
Theodosius als Sieger über die Barbaren, Kontorniat

hat er, nachdem zunächst für eine gewisse Stabilisierung der Lage gesorgt war, neue Wege in der Behandlung der Germanen eingeschlagen. Er erkannte jedoch, daß Experimente dabei nur in einem begrenzten Maß gewagt werden konnten. Das Verhalten der unter Ulfila eingewanderten Goten, die Heeresfolge durch die Germanen bei den Feldzügen gegen Maximus und Eugenius, aber auch die freundschaftlichen Kontakte zwischen Männern wie Richomer, Arbogast, Bauto oder Modares einerseits und Libanius, Symmachus, Nicomachus Flavianus oder Gregor von Nazianz andererseits, durften Theodosius in der Hoffnung bestärken, daß es möglich sei, Römer und Germanen gemeinsam am Bestand des Reiches zu interessieren und eine allmähliche Annäherung zwischen den Bürgern und ihren Verteidigern gegen die Bedrohung von außen herbeizuführen.[243] Ein in Einzelheiten gewiß verfälschter Bericht bei Eunapius frg. 60 veranschaulicht gleichzeitig die Chancen und das Risiko der Politik des Kaisers. Nach Eunap waren die Goten bei Ausbruch eines Streites zwischen den Häuptlingen Eriulf und Fravitta anläßlich eines von Theodosius gegebenen Gastmahles politisch gespalten. Die einen – unter Eriulf – fühlten sich stark genug, eine selbständige Politik gegenüber Rom zu betreiben und sich bei erster Gelegenheit vom geleisteten Treueid zu lösen, die anderen hingegen – unter dem nach Theodosius' Tod bis zum Konsulat aufgestiegenen Fravitta – standen fest zu ihrem Eid.[244] Die von Theodosius eingeschlagene Politik war eine Politik des Risikos, das nur zu bestehen war, wenn das römische Reich von einer starken Hand gelenkt wurde und wenn man die in römischem Dienst stehenden Barbaren behutsam behandelte. Theodosius selbst bemühte sich mit Erfolg, diese Bedingungen zu erfüllen. Belastend war allerdings, daß er sich nicht vom Prinzip der Erbmonarchie lösen konnte und so bei seinem unerwartet frühen Tode die schwächlichen Söhne an die Spitze des Reiches kamen. Diese Schwäche erkennend verlieh Theodosius dem in die kaiserliche Familie eingeheirateten Vandalen Stilicho eine umfassende Machtstellung. Als verhängnisvoll dabei erwies sich, daß der Kaiser die Stimmungen an seinem Hof in Konstantinopel offenbar allzu schlecht kannte. Dort war man jedenfalls vorwiegend nicht bereit, mit Stilicho zusammenzuarbeiten. Entscheidender Grund war das Ressentiment gegenüber den Germanen allgemein und speziell das gegenüber dem Wandalen Stilicho, der seinerseits den Goten Gainas zu seinem besonderen Vertrauensmann gemacht hatte. Wenn die Front am Rhein und auch in Pannonien in den ersten zwölf Jahren nach dem Tode des Theodosius zusammenbrach, so nicht infolge einer verfehlten Germanenpolitik des Kaisers, sondern in erster Linie deshalb, weil Stilicho, um den von der Konstantinopler Regierung in Dienst genommenen Goten Alarich zu bekämpfen, starke Kräfte vom Rhein abziehen mußte und weil er, der noch 405 bei Fiesole die von Pannonien aus eingedrungenen Scharen des Radagais vernichtet hatte, im Jahre 408 den nun auch im Westen ans Ruder gekommenen antigermanischen Kräften zum Opfer fiel. Nicht die Politik des Theodosius, sondern die antigermanische Reaktion führte mit dazu, daß die restlichen Chancen, durch eine mit Behutsamkeit vorgenommene Eingliederung der Germanen die römische Herrschaft auch im westlichen Europa zu erhalten, vertan wurden. Es war schon geradezu Ironie, daß man bald nach der Einnahme Roms durch Alarich im Jahre 410 in Ost und West auf germanische Generale und Truppen zurückgreifen mußte, um den Zusammenbruch abzuwenden oder doch wenigstens hinauszuschieben.

Alles Taktieren gegenüber den Germanen von 379 an konnte für die Reichsverteidigung selbstverständlich nur dann von nachhaltigem Wert sein, wenn gleichzeitig die Erneuerung der römischen Armee mit allem Nachdruck betrieben wurde. Auf die Bedeutung der Germanen für die Erneuerung der Armee wurde im Vorhergehenden wiederholt verwiesen. Diese Ausführungen sind nun noch zu ergänzen. Wie wir gesehen haben, trat Theodosius die Regierung kurz nach der katastrophalen Niederlage von Adrianopel, in der sich auch die innere Schwäche der römischen Armee in erschreckender Weise offenbart hatte, an. Die Situation zwang den durch seine frühere Laufbahn mit den Zuständen in der Armee vertrauten Theodosius geradezu, über die zahlenmäßige Wiederauffüllung der Verbände hinaus nach Wegen zu suchen, die immer noch als ein Fundament römischer Herrschaft geltende „disciplina militaris" wieder herzustellen. Ausdruck solchen Bemühens war es vielleicht, daß er den zu höchstem Rang aufgestiegenen Vegetius anregte, seine „epitoma rei militaris" zu verfassen bzw. das angefangene Werk fortzusetzen.[245] Ist die Anregung des Theodosius zur Arbeit an dem mit einiger Sicherheit in seiner Regierungszeit entstandenen und ihm wahrscheinlich sogar gewidmeten Traktat auch nicht zu beweisen, so sind seine vielseitigen

Bemühungen um das Heerwesen doch nicht zu verkennen. Bei Vegetius entwickelten Vorstellungen entsprach es, wenn sich Theodosius dagegen wandte, daß Sklaven oder Angehörige anrüchiger Gewerbe als Rekruten eingestellt wurden, eine Maßnahme, die offenbar angesichts des Zustroms der Barbaren zur Armee darauf abzielte, die eigentlich römischen Verbände auf möglichst hohem Niveau zu halten. Die vor allem in den durch Militärtauglichkeit der Bevölkerung sich auszeichnenden Provinzen vorzunehmende Rekrutierung sollte durch dazu qualifizierte Persönlichkeiten vorgenommen werden, welchen im Falle eines Mißbrauches ihrer Befugnisse strenge Bestrafung angedroht wurde.[246] Da so viele Bürger durch anderweitige Zwangsbindungen dem Heeresdienst entzogen waren und Theodosius diese Bindungen eingehalten wissen wollte, achtete er darauf, daß die zum Heeresdienst bestimmten Söhne von Veteranen und Soldaten sich auch tatsächlich zum Dienst mit der Waffe stellten.[247]

Man darf wohl kaum alle in der Notitia Dignitatum nach Theodosius, Honorius und Arcadius benannten Einheiten als Neuschöpfungen des Theodosius bezeichnen, aber die Angaben der Notitia sind doch als sicherer Anhalt dafür zu sehen, daß er sich mit Erfolg um Verstärkung sowohl des Feldheeres („comitatenses") als auch der Grenztruppen („limitanei") bemüht hat. Entgegen der tendenziösen Darstellung bei Zosimus wurden nicht etwa nur die Offiziersstellen vermehrt während der Mannschaftsbestand eine Verminderung erfuhr.[248] Gewiß dürften wesentliche Teile der neuen und neu aufgefüllten Formationen aus unter barbarischen Stämmen angeworbenen Rekruten bestanden haben, stützte sich Theodosius ferner in den Entscheidungsschlachten von 388 und 394 vorwiegend auf barbarische Föderaten, aber es sei hier nochmals unterstrichen, daß die Durchsetzung der römischen Wehrmacht mit Fremdlingen auch schon vor 379 sehr erheblich war. Auch die personelle Unterwanderung des Offizierskorps mit Fremden scheint unter Theodosius nicht stärker fortgeschritten zu sein als unter manchem Vorgänger. Es verdient, angemerkt zu werden, daß wir im Westen von 379 bis 395 nur germanische Heermeister kennen, während aus Theodosius' eigentlichem Machtbereich neben Germanen wie Richomer, Hellebich, Modares, Butherich und Stilicho, auch Persönlichkeiten orientalischer (Sapor, Addaeus, Bacurius) und vor allem römischer Herkunft (Majorianus, Saturninus, Timasius, Promotus und Abundantius) in der Führungsspitze bekannt sind.

Eine wesentliche organisatorische Neuerung führte Theodosius zwischen 386 und 388 damit ein, daß er anstelle der bisher vorhandenen zwei „magistri equitum et peditum praesentales" im Osten insgesamt fünf Heermeisterstellen schuf. Neben den „praesentales" gab es nun je einen Oberbefehlshaber für den Orient, Thrakien und Illyricum. Damit sollte wohl der Notwendigkeit Rechnung getragen werden, im besonders gefährdeten thrakisch-illyrischen Raum stärkere Kräfte zu konzentrieren. Für den Westen schuf Theodosius in den letzten Monaten seiner Regierung dann die Ordnung, wie sie die Notitia Dignitatum kennt.[249] Ein besonderes Problem war die Herstellung der Disziplin und damit eine Verbesserung des angespannten Verhältnisses zwischen Militär und Zivilbevölkerung. Gibt Ammian ein anschauliches Bild von den schon vor 379 bestehenden Spannungen, so bezeugt Libanius, allerdings aus der einseitigen Sicht des Großgrundbesitzers, um 390 das Bestehen eines geradezu diametralen Gegensatzes zwischen Zivilisten und Soldaten, wobei er freilich zugeben muß, daß gar manche Zivilisten bei den Soldaten Zuflucht vor den Zugriffen der Reichen suchten.[250] Dem Schutz vor Übergriffen der Soldaten diente z. B. eine Verfügung, nach der es Offizieren und Soldaten verboten war, die Garnisonsgrenzen zu überschreiten. Ein anderer Erlaß, bei dem die besonderen Verhältnisse in Makedonien und Thrakien auslösendes Moment gewesen sein dürften, ermöglichte im Jahre 391 den Untertanen den Waffengebrauch gegen plündernde und räuberische Soldaten.[251] Zum Schutz der Quartiergeber wurde den Soldaten ausdrücklich untersagt, eine zusätzliche Leistung an Holz, Öl oder Polstern zu fordern. Gleichzeitig damit wurde den Soldaten verboten, Geld anstelle der ihnen zustehenden Naturalabgaben zu verlangen, insbesondere aber den Geldwert in Zeiten hoher Preise noch nachzufordern, wenn sie zuvor in Zeiten des Überflusses ihre Naturalien den Magazinen nicht entnommen hatten. Wie schwierig es war, in diesen Fragen Soldaten und Steuerzahlern zugleich gerecht zu werden, zeigt sich darin, daß Theodosius erst einige Jahre vorher für die Armee in Illyrien die Zahlung von Geld anstelle von Naturalien gestattet hatte.[252] Gar manchmal lag die schlechte Versorgung auch daran, daß die Zuteilungen durch die Offiziere unterschlagen wurden.[253] Erwähnt sei schließlich noch, daß Theodosius energisch gegen das Desertieren anzukämpfen und durch einen Erlaß dem Mißstand entgegenzuwirken suchte, daß Beförderungen häufig nicht nach Verdienst geschahen.[254]

Überblickt man die auf uns gekommenen Notizen zum Heerwesen in der Zeit des Theodosius, so kann man zusammenfassend sagen, daß beim Tode des Kaisers der innere und äußere Neuaufbau der römischen Armee noch lange nicht vollendet war, jedoch wichtige Entscheidungen dafür getroffen waren. Der Weg zur Gesundung war beschritten, aber gerade jetzt, unmittelbar nach der Niederwerfung des Usurpators Eugenius wären einige Jahre notwendig gewesen, um das Werk so weit zu vollenden, daß man wieder von einer schlagkräftigen, der Sache Roms verbundenen Armee hätte sprechen können.

Theodosius der Große?

Theodosius wurde dank seiner Religionspolitik spätestens durch die Väter des Konzils von Chalcedon als der Große bezeichnet (vgl. Anm. 1). Er galt den orthodoxen Christen des ausgehenden 4. und 5. Jhs. als ein frommer, rechtgläubiger Herrscher und Förderer der katholischen Kirche, ein Herrscher, der sich bis zuletzt um die Kirche sorgte. Der fromme, demütige und milde Kaiser war für sie ein Mann, der um die Einheit der Kirche bemüht war, der die Häresien und das Heidentum energisch bekämpft, ja vernichtet hat. Er erfüllte mithin in vorbildlicher Weise die Pflichten eines christlichen Kaisers und durfte als der von Gott eingesetzte und von Christus beschirmte Herrscher gelten.[255] Eine Ergänzung zu diesen positiven Aussagen bietet die in den Bereich der Panegyrik gehörende Charakteristik bei Ps. Aurelius Victor. Milde und Leutseligkeit des Theodosius stehen im Vordergrund. Daneben werden Großzügigkeit gegenüber allen, die ihm und seinem Vater Dienste erwiesen hatten, Enthaltsamkeit, Schamhaftigkeit und liebevoller Umgang mit den Verwandten gerühmt. Andererseits wird, wie bei anderen Quellen, der gelegentliche Jähzorn des Kaisers nicht verschwiegen, jedoch hinzugefügt, daß er leicht umzustimmen und bereit war, strenge Befehle zurückzunehmen.[256] Vorwiegend düster hingegen ist das bei Zosimus entworfene, wohl weitgehend auf Eunapius zurückgehende Bild. Theodosius, der die Götter und ihre Anhänger bekämpfte, war demnach träge, habgierig, verschwendungssüchtig und den Sinnenlüsten, besonders den Tafelfreuden, hingegeben. In all seinen Entscheidungen von Eunuchen und anderen Hofleuten gegängelt, war der Kaiser daran schuld, daß das Heer verkam, die Städte verarmten und die Provinzen habgierigen Statthaltern, welche ihre Ämter erkauft hatten, preisgegeben waren.[257] Immerhin räumt Zosimus ein, daß Theodosius erfahren in der Heeresführung und nicht unkriegerisch war. Die militärischen Qualitäten werden dann namentlich in den Theodosius günstigen Quellen betont, auch bei den Kirchenschriftstellern, welche im übrigen die Siege des Theodosius vor allem seinem Gottvertrauen und der Gnade Gottes zuschreiben.[258]

Ähnliche Divergenzen in der Beurteilung des Theodosius, aber auch von Erscheinungen seiner Zeit, bestehen in der modernen Literatur.[259] Wie schon in der Vorbemerkung angedeutet, scheint es bei einigen Fragen selbst Forschern von hohem Rang nicht möglich zu sein, ein objektives Urteil zu fällen. Ohne nun den Anspruch zu erheben, uns von subjektiven Empfindungen ganz frei machen zu können, wollen wir nun in knapper Form versuchen, wertend Bilanz zu ziehen.

1. Theodosius übernahm die Regierung im Osten des Reiches, als sich durch die Katastrophe von Adrianopel eine an sich schon ernste Lage noch erheblich verschlechtert hatte. Wenn das Reich bis zum Jahre 395 weder im Osten noch im Westen, den Theodosius mehrere Jahre zumindest indirekt ebenfalls beherrscht hat, keine Provinz verlor, so ist dies gewiß weitgehend dem glücklichen Umstand zuzuschreiben, daß nach 379 keine wirklich gefährlichen Angriffe mehr stattfanden, doch war wohl auch von Bedeutung, daß der schon vor 379 als Offizier und im Umgang mit Barbaren bewährte Theodosius eine energische Wiederaufrüstung betrieb. 379 bis 381 noch auf militärische Unterstützung des westlichen Mitregenten angewiesen, konnte Theodosius bereits 388 die Armeen des Westens in einem raschen Feldzug schlagen. Der Blick auf die Entwicklung nach 395 zeigt, daß Theodosius beim Neuaufbau der Armee nicht umhin konnte, wie schon seine Vorgänger weitgehend auf Barbaren zurückzugreifen. Eine weitere Quelle zur Ergänzung der Streitkräfte wurde dadurch erschlossen, daß gegen die Leistung der Heerfolge gotische Scharen als autonomer Stammesverband innerhalb der Reichsgrenzen (in Thrakien) angesiedelt wurden. Diese Theodosius häufig zum Vorwurf ge-

machte Neuerung ist zu sehen im Rahmen einer Politik, welche darauf ausgerichtet war, die Germanen immer fester an das Reich zu binden, für dessen Verteidigung sie unentbehrlich geworden waren. Es war dies allerdings eine mit mancherlei Risiken verbundene Politik, welche nur dann zum Erfolg führen konnte, wenn sie eine starke Regierung mit Umsicht und Beharrlichkeit betrieb (vgl. S. 138 ff.).

2. Keineswegs nur die barbarischen Soldaten mußten für die Sache des Reiches interessiert werden, sondern es galt auch, den meisten Bürgern wieder stärker ins Bewußtsein zu rücken, daß sie eine Gemeinschaft bildeten, gleich, ob sie nun in Armenien oder Spanien, im Süden Ägyptens oder im Norden Galliens wohnten. Weder Diokletian noch Konstantin und seinen Nachfolgern war es gelungen, das in den Erschütterungen des 3. Jhs. weithin verlorene Gemeinschaftsgefühl auch nur soweit wiederherzustellen, daß man wenigstens von einer alle Provinzen umspannenden Interessengemeinschaft sprechen konnte. Allen Versuchen, die Einheit zu stärken, standen eine zunehmende Entfremdung zwischen griechischem Osten und lateinischem Westen, aber auch lokal begrenzte Sonderentwicklungen entgegen. Es galt im 4. Jh. für die römischen Kaiser wohl weniger einen Prozeß des Niederganges aufzuhalten, als vielmehr das Reich zu reformieren und somit seine Fortexistenz innerhalb einer auf den verschiedensten Gebieten im Umbruch befindlichen Welt zu sichern. Theodosius, der sich sehr bald über seinen eigentlichen Herrschaftsbezirk hinaus Autorität verschaffte, hat in Erkenntnis der schwierigen Verhältnisse und in realer Einschätzung seiner Machtmittel sowohl nach dem Tode Gratians im Jahre 383 als auch nach der Besiegung des Maximus im Jahre 388 auf die durchaus bestehende Möglichkeit verzichtet, die Herrschaft über das ganze Reich an sich zu reißen. Freilich war es 388 mehr eine Formsache, wenn Valentinian II. weiterhin Augustus im Westen blieb. Nachdem Theodosius die Enttäuschung erleben mußte, daß der als sein Vertrauensmann zu Valentinian beorderte Arbogast illoyal wurde und nach Valentinians Tod den Rhetor Eugenius zum Kaiser

machte, gab er durch Erhebung auch seines zweiten Sohnes Honorius zum Augustus – Arcadius bekleidete diese Würde bereits seit 384 – unmißverständlich zu erkennen, daß er die Herrschaft über das ganze Reich für sich und seine Söhne beanspruchte. Seine Konzeption bestand offenbar darin, daß zwar auch künftig verschiedene Herrschaftsbezirke bestehen, die Kaiser aber durch die Bande des Blutes eng miteinander verbunden sein sollten. Den aus verschiedenen Gründen unumgänglichen Bürgerkrieg mit Eugenius hat Theodosius nach sorgfältiger Vorbereitung rasch vollendet. Wie 388 verzichtete er auf Vergeltungsaktionen und sah in großmütigem Verzeihen das beste Mittel zur Überwindung der Spannungen und zur Versöhnung. Es liegt eine tiefe Tragik darin, daß Theodosius mit noch nicht 50 Jahren starb und daß es ihm nicht mehr vergönnt war, den Sieg auszuwerten. Allzu frühzeitig mußte nun die Nachfolge der Söhne in Kraft treten. Im letzten Augenblick zusätzlich eingebaute Sicherungen erwiesen sich als zu schwach, um den Ausbruch schwerer Konflikte zwischen den die regierungsunfähigen Söhne lenkenden Machthabern zu verhindern. Den Vorwürfen, daß Theodosius in dynastischem Egoismus befangen, er bei der Auswahl seiner engsten Berater nicht sorgfältig genug war und er sich mit den Stimmungen am östlichen Hof nicht genügend vertraut gemacht hatte, wird man einige Berechtigung nicht absprechen können. Andererseits ist allerdings zu betonen, daß Theodosius in der Dynastie eine die Völker des Reiches verbindende Kraft sehen durfte, die tatsächlich in den folgenden Jahrzehnten manchmal ihre Wirksamkeit zeigte.

3. Festigung der Reichseinheit war ein gewichtiger und auf keinen Fall zu übersehender Aspekt bei der in erster Linie allerdings von der religiösen Überzeugung bestimmten Religionspolitik des Theodosius. Ohne Konsultation kirchlicher Stellen hat Theodosius im Jahre 380 den Grundsatz des Glaubenszwanges verkündet. Er hat dann im Lauf seiner Regierungszeit Gesetze gegen Christen, welche sich nicht zum Nicaenum bekannten und daher als Häretiker galten, und gegen Heiden er-

lassen. Auf Grund solcher Gesetze kam es dann auch tatsächlich zu Verfolgungen um des Glaubens willen. Theodosius und seine christlichen Zeitgenossen sahen in diesen Maßnahmen eine konsequente Fortsetzung des von Konstantin eingeschlagenen Weges. Da nun schon Augustin Theodosius als das eigentliche Musterbild eines christlichen Kaisers ansah und sich später etwa Huldreich Zwingli auf Theodosius als Vorbild für die Schöpfung einer Staatskirche berief, hat in neuerer Zeit wieder H. Dörries dem Theodosius die Verantwortung vor der Geschichte für die Begründung des unduldsamen Staatskirchentums zugewiesen. Dörries stellt die kritische Toleranz Konstantins und die Intoleranz des Theodosius gegenüber und kommt unter anderem zu dem Ergebnis, daß sich seit Theodosius, nicht durch Konstantin, die beiden Bereiche von Staat und Kirche deckten. Man wird Dörries zugeben, daß Konstantin zwar die Hinwendung der Untertanen zum christlichen Glauben gewünscht hat, er aber im Gegensatz zu Theodosius „den letzten Schritt, den der Nachhilfe mit staatlicher Macht, vermieden" hat.[260] Aber nun einmal ganz abgesehen zum Beispiel davon, daß Konstantin sich selbst noch nicht zu einem bestimmten christlichen Bekenntnis durchgerungen hatte, ist doch vor allem zu bedenken, daß zwischen seinem Tode und dem Jahre 380 über 40 Jahre eines weiteren zahlenmäßigen Anwachsens der Christen im Reich, äußerst gefährlicher Streitigkeiten innerhalb der Christenheit und eines weiteren Zerfalls heidnischer Kulte lagen. Da es dem Historiker nicht ansteht, der Frage nachzugehen, ob Konstantin selbst nicht in der veränderten Situation die gleiche Konsequenz aus seiner bisherigen Politik gezogen hätte wie Theodosius im Jahre 380, sei lieber nochmals an einige Tatsachen erinnert, welche Anlaß geben sollten, die Religionspolitik des Theodosius nicht zu einseitig vom Edikt des Jahres 380 her zu beurteilen: Theodosius hat zwar in Glaubensfragen autoritäre Entscheidungen getroffen, aber er hat selbst im Osten darauf verzichtet, eine straff vom Kaiser her gelenkte und ihm als Machtinstrument dienende Reichskirche einzurichten. Der Kaiser hat andererseits zwar einzelnen Bischöfen Gehör geschenkt, aber doch selbst einem Ambrosius keinen wirklichen Anteil an der Regierung eingeräumt. Theodosius hat die Gegner des Nicaenums seit 380 weder ständig noch mit allen aus seinen Gesetzen zu ziehenden Konsequenzen verfolgen lassen. Dies ist jedoch nicht als Ausdruck einer nur schwächlichen Regierungsautorität anzusehen, sondern vielmehr als Folge davon, daß der Kaiser mit gutem Blick für politische Realitäten bewußt darauf verzichtete, das 380 deutlich vorgezeichnete Ziel auf Biegen und Brechen erreichen zu wollen. Im Gegensatz zu manchem Scharfmacher aus den Reihen der Kirche, sah er den staatlichen Zwang nur als einen allerletzten Ausweg an. Der so manchmal seine Milde unter Beweis stellende Herrscher hoffte vielmehr, daß die Untertanen mit Hilfe Gottes selbst den Weg zum richtigen Glauben finden würden.

4. Theodosius hat mit seiner Religionspolitik versucht, das Zusammengehörigkeitsgefühl der Untertanen durch Einheit im Glauben zu stärken und die Kirche als staatsbejahenden Partner zu gewinnen. Eine weitere Stütze für einen gesunden Staat sah er offenbar im senatorischen Adel. Er dachte zwar gar nicht daran, etwa seine eigenen Rechte als absoluter Herr zugunsten einer Mitregierung des Senates einzuschränken, aber er behandelte im Gegensatz zu Valentinian I. die Senatoren freundlich und suchte sie durch Verleihung hoher Ämter und durch Wahrung ihrer Privilegien – wie wir sahen mit einigem Erfolg – für den Staat zu engagieren. Theodosius, selbst aus der senatorischen Schicht kommend, erkannte, daß gegen die Adligen, in deren Händen sich die Masse des Privatbesitzes befand, nicht regiert werden konnte. Der Blick auf die weitere Entwicklung lehrt, daß der hier beschrittene Weg richtig war, es aber vielleicht auch noch größerer Anstrengungen des Theodosius bedurft hätte, um die Gefahren auszuschalten, die in einer allzugroßen Machtausweitung des Adels beschlossen waren. Neben dem Adel wandte der Kaiser der Beamtenschaft sein besonderes Augenmerk zu, vermochte es aber nicht, das Staatsgefühl der Beamten so zu heben, daß man von einer merklichen

Besserung der auf manchem Sektor der Verwaltung korrupten Verhältnisse sprechen konnte. Zu wenig geschah allem Anschein nach durch Theodosius für die unteren Schichten. Doch ist zu bedenken, daß die Bemühungen um Adel und Beamtenschaft ebenso wie zahlreiche Verfügungen in den verschiedenen Bereichen des öffentlichen Lebens letztlich dazu dienen sollten, das Los aller Untertanen zu verbessern und ihnen die Zugehörigkeit zum römischen Staat wieder als etwas Erstrebenswertes erscheinen zu lassen.

5. Orosius, ein spanischer Landsmann des Theodosius, der von den Vandalen aus der Heimat vertrieben zu Augustinus nach Afrika kam und dann in dessen Auftrag bis nach Palästina reiste, stellte gegen 420 fest, daß das von den Nachkommen des Theodosius regierte Reich zwar von zwei Regierungssitzen aus gelenkt werde, es aber doch eine Einheit bilde. Wo man als Römer und Christ auch hinkomme, sei ein Vaterland, ein Gesetz und eine Religion.[261] Mit diesen für die Zeit um 420 euphemistisch anmutenden, aber von Orosius wohl doch als wahr empfundenen Gedanken haben wir gleichsam einen Ausschnitt aus dem Regierungsprogramm des Theodosius vor uns, an dessen Verwirklichung er mit Energie gearbeitet hat. Wie immer man sonst den Anteil des Kaisers, der unter anderem mit Hinweis auf das Vorbild des Augustus den Dichter Ausonius um Zusendung seiner Werke bat und dem Nicomachus Flavianus seine Annalen widmete, an der kulturellen Blüte des späten 4. Jhs. einschätzen mag, so hat er ungeachtet einer vielleicht nur mäßigen Bildung schon dadurch einen wesentlichen Beitrag geleistet, daß er die Entfaltung von Literatur und Kunst zumindest nicht hemmte. Immerhin besaß der strenge Katholik Theodosius geistige Elastizität genug, um mit führenden heidnischen Vertretern des Geisteslebens Kontakt zu pflegen und ihnen selbst nach 390 noch Reverenz zu erweisen.[262] Die Tatsache, daß der im Westen aufgewachsene Theodosius Kaiser im Osten wurde und dann von dort wieder auf den Westen einwirkte, dürfte ferner dem auch vorher keineswegs abgerissenen Austausch zwischen griechischem Osten und lateinischem We-

sten neue Impulse gegeben haben, obwohl sicherlich weiterhin Kräfte am Werk waren, welche das Auseinanderleben beider Reichshälften förderten.[263]

Theodosius der Große? Man mag gerade auch nach Lektüre dieser Bilanz zweifeln, ob der in der Geschichte manchmal so freigiebig verwendete Ehrentitel des „Großen" Theodosius zu Recht verliehen wurde, und es für ein Zugeständnis an die Konvention halten, wenn die nun einmal häufig gebrauchte Bezeichnung übernommen wird. Ohne Anspruch auf ein absolut gültiges Urteil zu erheben, darf man aber doch festhalten daß es zwischen Konstantin dem Großen und Justinian zwar so bedeutende Herrschergestalten wie Julian, Valentinian I., Marcian oder Anastasius gab, jedoch keinem von ihnen der gleiche Rang zukommt wie Theodosius dem Großen.

Epilog

Entstanden auch in den Jahren seit 1968 viele für die Erforschung der Zeit des Theodosius gewichtige Beiträge, so schien es doch möglich, den Text des damals zuerst erschienenen Buches nahezu unverändert zu belassen. Die Anmerkungen wurden nur unwesentlich erweitert, jedoch „aktualisiert". Auch in diesem knapp zu haltenden Epilog ist es nicht möglich, noch offene und schon wegen der unzulänglichen Überlieferung kaum lösbare Probleme einer Klärung näherzubringen. Es wurde lediglich versucht, einige Ergänzungen und Hinweise auf die neuere Forschung zu bieten.[264]

1. Das Material zur führenden Schicht – mit Ausnahme des Klerus – und damit auch zur Besetzung der wichtigsten Ämter des römischen Reiches ist jetzt erfaßt in Bd. I der PLRE. Neben Kurzbiographien der uns aus der Zeit zwischen 260 und 395 bekannten Persönlichkeiten enthält das Werk Listen (fasti) der Inhaber der höchsten Ämter, einschließlich unter anderem der Statthalterschaften und Offiziersstellen. Rezensionen und Nachträge,[265] sowie z. B. die Dissertation R. v. Haehlings[266] zeigen, daß Korrekturen zu PLRE noch möglich sind. Nach wie vor kennen wir aber nur einen Bruchteil (optimistisch geschätzt 6–8%) selbst der männlichen Angehörigen des Senatorenstandes, nur in Ausnahmefällen – wie in Antiochia durch die Briefe des Libanius – mehr als einzelne Ratsherren (curiales – vgl. S. 69ff.) oder sonstige Mächtige (potentes). Nur bei einem Teil der bekannten Persönlichkeiten wissen wir etwas über die Religion. Dies liegt vor allem daran, daß mit Ausnahme der Kirchenhistoriker und Theologen zur Geschichte des 4. Jhs. aussagende Autoren wenig zu religiösen Fragen bieten und sich vor allem selten zum Christentum äußern. Seien dies nun die Verfasser der Historia Augusta (vgl. Anm. 152) und der Epi-

tome de Caesaribus[267] oder Autoren wie Ammianus Marcellinus, Symmachus, Ausonius und Claudian.[268] Wir kennen zwar nach von Haehling 83 durch Theodosius eingesetzte höchste Würdenträger, doch läßt sich nur bei 38 etwas über die Religion aussagen, waren nur 22 mit einiger Sicherheit Christen.[269]

Nach wie vor ungeklärt muß etwa die oft diskutierte Frage bleiben, ob die Mehrheit der stadtrömischen Aristokratie um 390 „heidnisch" oder christlich war, auch wenn es als sicher gelten darf, daß es damals schon eine beträchtliche Zahl christlicher Senatoren gab.[270] Deutlich ist ferner, daß die „Heiden" damals – religiös gesehen – keineswegs homogen waren, es neben Anhängern traditioneller Kulte auch Leute gab, für die sich Wahrung der Tradition und Neigung zu teils monotheistisch geprägten Religionen bzw. religiöser Strömungen nicht ausschlossen.[271] Auseinandersetzungen bei Bischofswahlen und die Existenz von Sekten (dazu S. 126f.) zeigen, daß auch die Christen keinen geschlossenen Block bildeten. Gesichert scheint für die Zeit des späteren 4. Jhs. auch, daß es innerhalb einzelner Familien Heiden und Christen gab, man sich dabei keineswegs unversöhnlich gegenüberstand und Verschiedenheit im religiösen Bekenntnis das Bewußtsein gemeinsamer Zugehörigkeit zu einem Stand nicht überdeckte. Nicht zu Unrecht hat man daher auch danach gefragt, inwieweit in der damaligen Adelsschicht wirkliches religiöses Engagement vorhanden war, Zugehörigkeit zu Priesterschaften nicht aus damit immer noch verbundenen materiellen Vorteilen resultierte (vgl. Anm. 211) und Hinneigung zum Christentum nicht einfach nur durch die nun einmal gegebenen Machtverhältnisse bedingt war.[272]

In seiner Dissertation „Viri Litterati" (1977) unterstreicht D. Nellen, wie auch unter Theodosius ein Bemühen bestand, Gebildete für den höheren Staatsdienst zu gewinnen. Die Thematik Führungsschicht zu der Zeit des Theodosius am weitesten erfaßt das 1973 erschienene Buch von J. Matthews.[273] Hervorgehoben seien die Kapitel über die Christen an den Höfen in Konstantinopel und Mailand. Matthews zeigt unter anderem wie um 390 die führende Schicht im neuen Rom völlig anders geprägt war als in den übrigen Metropolen des Ostens, bietet neue Argumente für den Einfluß von spanischen bzw. gallischen Großen am Hofe des Theodosius (vgl. S. 58) und die wachsende Christianisierung der Oberschichten in Konstantinopel und Mailand, aber auch in den spanischen und gallischen Provinzen. Wichtige Anregungen bieten aber auch die Kapitel zu Symmachus und dem senatorischen Adel (zum Rückzug vieler Senatoren aus der Politik; oft nur kurzfristige Tätigkeit im Dienste des Staates), zur Situation des Adels unter Valentinian I. oder zur Thronbesteigung des Theodosius, dessen militärische Fähigkeit M. mit Recht unterstreicht. Zu den geistigen und religiösen Entwicklungen bzw. Auseinandersetzungen seien aus der seit 1968 erschienenen Literatur nur noch die Bücher von R. Klein (Anm. 270) und Wytzes (Anm. 154) genannt, sowie die vor allem auf die Folgen der Politik des Theodosius eingehende Dissertation von R. Heinzberger „Heidnische und christliche Reaktion auf die Krisen des weströmischen Reiches in den Jahren 395 bis 410 n. Chr." (Bonn 1976). Gerade für die weitere Erhellung des geistesgeschichtlichen Hintergrundes sind die Studien zur Historia Augusta (vgl. S. 98 Anm. 152) von nicht zu unterschätzender Bedeutung, auch wenn ich keineswegs – wie dies schon oft geschehen – auf einer Entstehung dieses Werkes um 390 insistieren möchte. Eine materialreiche und lebendige Darstellung der sozialen Verhältnisse im Osten des Reiches vom 4.–6. Jh. bietet das im Literaturverzeichnis genannte Buch von Tinnefeld. Besonders ist auf die Kapitel „Landbesitzer und Landbearbeiter" (S. 18ff.), sowie „Sozialstruktur und politisches Leben der Städte" (S. 100/218) zu verweisen.

2. Eine der zentralen Fragen zu Theodosius und seiner Zeit ist die Politik gegenüber den Germanen (dazu S. 138ff.). Ein wichtiger Teilaspekt davon ist die Barbarisierung des römischen Heeres. Nach M. Waas (vgl. Anm. 228) erreichte dieser sich seit Konstantin d. Gr. beschleunigende Prozeß unter Theodosius seinen Höhepunkt. Schon weil die Quellen manchmal nicht ausreichen, um die Herkunft einer Persönlichkeit zu be-

stimmen, ist Waas' Liste der Germanen in militärischen Führungspositionen kaum vollständig, doch erlaubt das vorgelegte Material die Folgerung, daß zwischen 364 und 379 mindestens ebenso viele Germanen oder andere Barbaren in höchste Ränge befördert wurden, wie unter Theodosius und seinen Mitkaisern. Einiges spricht sogar dafür, daß Theodosius wieder mehr Römer in die Führungspitze der Armee brachte. Unbeweisbar scheint mir die Ansicht L. Varadys,[274] daß sich hinter dem Zusammengehen heidnischer Barbarischer Offiziere und heidnischer Aristokraten eine Interessengemeinschaft gegen die vom orthodoxen Christentum gestützte bürokratisch-zentralistische Führungsschicht verbarg (vgl. S. 143f.).

Die Ansicht, daß sich Theodosius von Anfang an um Wiederaufbau und Reform der Armee bemühte (vgl. S. 150ff.), wird bestätigt auch durch die für die Heeresgeschichte des 4. Jhs. allgemein wichtige Untersuchung von D. Hoffmann über das spätrömische Bewegungsheer und die Notitia Dignitatum (1969/70). Hoffmann, der wie andere zu selbstverständlich fast alle in der Not. Dign. or. 5–9 nach Theodosius, Honorius und Arcadius benannten Einheiten als Neuschöpfungen des Theodosius bezeichnet,[275] sieht den entscheidenden Anstoß zur Reorganisation mit dem 388 errungenen Sieg über Maximus (dazu oben S. 37f.) gegeben. Für die Schwäche des Theodosius noch 388, beruft sich Hoffmann S. 478 vor allem auf Orosius 7,35, doch ist zu bedenken, daß es Orosius in tendenziöser Weise darauf ankam, den frommen Kaiser Theodosius vor allem dank Gottes wunderbarem Eingreifen siegen zu lassen. Weiter führt Hoffmann (vgl. S. 425ff.) an, daß 369/71 Kaiser Valens 16 Verbände an den Westen abgegeben habe, kann sich aber darauf nur auf von ihm so gedeutete Eintragungen der Notitia stützen. Nach 388 habe dann Theodosius unter Vernachlässigung des Westens mindestens 15 Eliteeinheiten nach dem Osten versetzt und eine Neuordnung veranlaßt, wie sie Not. Dign. or. 5. u. 6. in den Listen der Heere des Ostens widerspiegele. Hoffmanns Theorie über den Wechsel von Eliteverbänden zwischen West und Ost beruht zum Teil auf der Annahme, daß etliche der in den Listen des Ostens und des Westens auftauchenden Verbände identisch und diese Parallelen nicht etwa, wie oft angenommen, auf Abspaltungen zurückzuführen sind. Hoffmann übersieht, daß ein erheblicher Teil der seiner Ansicht nach von West nach Ost versetzten Einheiten schon früher nach dem Osten, etwa anläßlich der sich 377 auf dem Balkan abzeichnenden Gefahren[276] oder der Unterstützung des Theodosius durch Gratian 379/80, gekommen sein dürften. Bestandteil einer 388 datierten Reform ist für Hoffmann (495 f.) auch die Reorganisation der Führungsspitze. A. Demandt hingegen hält es in seinem RE Artikel zum Heermeisteramt in der Spätantike[277] für einen Irrtum, die Heermeisterordnung der Notitia auch im Osten schon als theodosianisch anzusehen. Theodosius habe lediglich, wie Zosimus 4,27 bezeuge, 379/80 die Zahl der regulären Heermeisterstellen auf 5 erhöht. Gegen Demandt spricht jedoch viel dafür, daß es bereits unter Theodosius und nicht erst ab 412 einen magister militum per Thracias gab, der Kaiser mithin eine, gerade die so bedrohte Diözese Thrakien tangierende, Reorganisation vornahm.

Möglich erscheint es, daß in der vermutlich von Theodosius angeregten epitoma rei militaris des Vegetius (dazu S. 150) Kritik an den gegenwärtigen Verhältnissen anklingt, doch muß man bei der Entscheidung darüber, was als solche Kritik anzusehen ist, zurückhaltender sein als Paschoud,[278] für den Vegetius ein Unzufriedener ist, der die gegenwärtige Lage der Armee als katastrophal ansieht. Lediglich aufgrund der unbewiesenen Behauptung, daß im 4. Jh. eine Verstädterung der Armee erfolgt sei, sieht es Paschoud als indirekte Kritik an, wenn in 1,3 die Bauern als Soldaten über die Städter gestellt werden. Unbeweisbar erscheint mir ferner, daß Vegetius Interpret der militärischen Ansichten des Kaisers wurde und die Bücher 2–4 mithin die offizielle Meinung ausdrückten.

Angelpunkt in der Beurteilung der Germanenpolitik des Theodosius ist der Vertrag mit den Goten von 382 (dazu S. 31 f., 145 f.). Bisherige Forschungsergebnisse in Frage stellend, kam

E. Chrysos[279] zum Ergebnis, daß der Vertrag im wesentlichen Vereinbarungen entsprach, wie sie bereits Konstantin d. Gr. mit den Goten getroffen hatte. Vor allem sucht Chrysos nachzuweisen, daß die Goten nicht ein in sich geschlossenes Territorium erhielten, sondern stammesweise auf verschiedene Gebiete im thrakisch-mösischen Gebiet verteilt wurden. Gegen Chrysos, der sich offenbar durch panegyrische Äußerungen zeitgenössischer Schriftsteller dazu verleiten ließ, die Machtverhältnisse des Jahres 382 zu verkennen, ist es unwahrscheinlich, daß die Barbaren eine derartige Aufsplitterung hingenommen hätten. Besser gesichert scheint mir dagegen die aus Eunap frg. 60 abzuleitende Vermutung, daß die Föderaten von 382 nach dem Vertragsabschluß zunächst keine einheitliche Führung hatten. Anregungen für den Vertragsabschluß von 382 gab wohl auch ein mit Barbarengruppen in Pannonien abgeschlossener Vertrag. Nahm man bisher an (vgl. S. 30), daß dieses den Barbaren Siedlungsland in Pannonien bringende Bündnis 380 abgeschlossen wurde, datierte es Varady bereits auf 379.[280] Zur Frage ob der, vielleicht auch unter Einwirken des Theodosius abgeschlossene Vertrag faktisch die Aufgabe Pannoniens bedeutete, stellt Mócsy[281] fest, daß der Münzverkehr mit einigen Ausnahmen bis 395 ununterbrochen blieb und manches sogar für eine gewisse Konsolidierung in den 80er Jahren spicht. Freilich sei das Elend in den Städten gewachsen[282] und fehlten nach 375 Zeugnisse über Bautätigkeit. Anders als z. B. Mócsy, betrachte ich negative Erscheinungen in Pannonien weniger als Folge des Vertrages von 380, sondern vielmehr der Belastungen, welchen die pannonischen Provinzen anläßlich der Usurpationen des Maximus und des Eugenius ausgesetzt waren. Ähnliches ist für die Donauprovinzen Noricum Ripense und Raetia II zu vermuten, aus welchen wir für die Zeit Valentinians I. noch Indizien reger Bautätigkeit, für die Zeit des Theodosius jedoch nur geringe Anhaltspunkte für den Fortbestand römischen Lebens besitzen.[283] Eine umfassende Untersuchung zur Geschichte der römischen Provinzen in der Zeit des Theodosius fehlt.

Wichtige Station der Gotenpolitik des Theodosius ist das Verhalten des Kaisers gegenüber Athanarich (vgl. S. 30; 142). Neue Hypothesen zu den Schicksalen dieses Goten stellten Varady und Chrysos auf,[284] doch findet sich in den Quellen z. B. kein Anhalt dafür, daß Theodosius schon bald nach seiner Thronbesteigung mit Athanarich ein gegen Fritigern gerichtetes Bündnis abschloß und ihn erst dann feierlich empfing (am 11. 1. 381) als er eine Niederlage gegen Fritigern erlitten hatte. Nachgetragen sei folgendes: In der am 19. 1. 381 gehaltenen 15. Rede betont der allerdings auch die Notwendigkeit einer intakten Armee erkennende Themistius, daß vor allem die Philanthropia des Kaisers Athanarich bewogen habe, sich in den Schutz Roms zu begeben. Mit Recht weist J. Vogt im Rahmen einer für das Verhältnis der Barbaren zur römischen Welt allgemein bedeutsamen Abhandlung[285] darauf hin, daß Themistius bereits bei der Rechtfertigung des 369 mit den Goten geschlossenen Friedens, also nicht erst in der Zeit des Theodosius, die Philanthropia als eine auch gegenüber den Barbaren zu zeigende Tugend anpreist (Rede 10, 132). Der Vertrag von 382 ist nicht zuletzt im Zusammenhang mit der Ostpolitik zu sehen. Glaubte ich mit E. Stein, daß der Friede mit den Persern erst 387 zustande kam (vgl. S. 33), so bringt K. Stock gute Gründe dafür, daß der Friede bereits 384 abgeschlossen wurde und 389 durch einen weiteren Vertrag, das 384 an Rom gekommene, jedoch noch weiter durch einen König von Roms Gnaden regierte Fünftel Armeniens voll in das Reich eingegliedert wurde, und daß Theodosius seinerseits die Oberhoheit Persiens über den Hauptteil Armeniens bestätigte.[286]

3. Im Zusammenhang mit der Kirchen- und Religionspolitik des Theodosius (vgl. S. 123 ff.) wird darüber diskutiert, ob es richtig ist, daß die Initiative zur Tilgung des pontifex maximus-Titels in der kaiserlichen Titulatur von Theodosius ausging. Indizien dafür, daß Theodosius den Titel zuerst geführt hat, lassen sich kaum damit erzwingen, daß man meint, die entsprechenden Dokumente seien verloren gegangen. Gewichtiges Argument ist hingegen seit jeher der Hinweis auf Zosimus

4,36,5 wonach Kaiser Gratian die Würde zurückwies, als die Priester sie ihm antrugen. Angesichts der Schwierigkeiten die sich daraus ergeben, daß die Zosimusstelle unklar ist und auf verschiedene Jahre zwischen 367 und 383 bezogen werden kann,[287] möchte ich dabei bleiben (vgl. S. 16), daß Theodosius aus eigener Initiative den Titel ablehnte, er damit eine für die christlichen Kaiser an sich längst fällige Konsequenz zog. Meiner Deutung des Glaubensediktes von 380 (S. 21 f.) stimmt im wesentlichen auch Ch. Pietri in seinem fundamentalen Werk zur Kirche Roms im 4. und 5. Jh. zu. Anders als Pietri möchte ich betonen, daß wir zwar kaum etwas von der direkten Auswirkung des an das Volk von Konstantinopel gerichteten, jedoch für alle Untertanen gedachten, Ediktes wissen, es aber offenbar von Theodosius auch als eine Art „programmatische" Erklärung angesehen wurde. Seine Religionspolitik richtete er letztlich daran aus, auch wenn ihn die politische Wirklichkeit dazu zwang das 380 anvisierte Ziel nicht auf geradem Wege zu verwirklichen. Mit Recht unterstreicht Pietri z. B. auch, wie Theodosius beim Konstantinopler Konzil von 381 seinen Willen zur Geltung brachte.[288] Gegen G. Wirth scheint es mir nicht nachweisbar, daß die „Verordnung" von 380 nur ein notwendiges Nachziehen gegenüber antihäretischen Verordnungen Gratians von 379 darstellte.[289]

Das Vorgehen gegen die Häretiker hat Noethlichs (siehe Literatur) eingehend behandelt. Er betont mit Recht, daß der Kaiser mit besonderer Härte die Manichäer verfolgte, aber selbst das Manichäerproblem 395 nur zum Teil gelöst war. Die Pause bei den antihäretischen Maßnahmen zwischen 384 und 388 erklärt Noethlichs mit der ungewissen Lage nach der Usurpation des Maximus und damit, daß die bereits erlassenen Gesetze zu genügen schienen. Dazu kommt meiner Ansicht nach noch Rücksicht auf Valentinian II., der unter Einfluß Iustinas – seit Ende 387 Schwiegermutter des Theodosius – eine arianerfreundliche Politik betrieb (vgl. S. 128). Weder etwa das Fehlen der Namen einzelner Sekten in den Gesetzen noch die Zurücknahme des Testierverbotes für die Eunomianer scheinen mir gegen Noethlichs hinreichende Indizien dafür zu sein, daß die antihäretischen Maßnahmen ab 392 an Schärfe verloren, der Kaiser nun eine nachgiebige Haltung zeigte. – Bei allen Bemühungen dürfte es kaum möglich sein, die Beziehung zwischen Theodosius und Ambrosius völlig aufzuhellen. Zum Konflikt von 390 (dazu S. 43 f.) sei nochmals daran erinnert, daß Ambrosius, wie sein an Theodosius gerichteter Brief 51 zeigt, die Forderung an den Kaiser nach öffentlicher Buße nicht nur diskret behandelte, sondern daß er bemüht war, die irdische Sonderstellung des Kaisers und die kirchenrechtliche Notwendigkeit der Buße miteinander in Einklang zu bringen und daß es sich für ihn nicht um einen kirchenpolitischen, sondern um einen pastoralen Schritt handelte.[290] Bei Theodosius andererseits sollte stets beachtet werden, daß er vor Ableisten der Buße über ein halbes Jahr zögerte und offenbar gerade damals kirchliche Kreise die Autorität des Staates fühlen ließ.[291] Weder der nach dem Bußakt einsetzende härtere Kurs gegenüber den Heiden (dazu S. 46), noch etwa die Tatsache, daß Theodosius nach dem Sieg über Eugenius Ambrosius volles Vertrauen schenkte und ihm die zeitweilige Anerkennung des Usurpators[292] nicht verübelte, sind Indizien dafür, daß sich Theodosius von Ambrosius beherrschen ließ. Nur weil sich schon im 5. Jh. Legenden bildeten, wurde das Geschehen von 390 zum Objekt der Auseinandersetzung von Kirche und Staat, kam es zu den bis in unsere Zeit nachwirkenden Verfälschungen. Von besonderer Bedeutung wurde es dabei, daß die Darstellung Theodorets mit der Zurechtweisung des Theodosius durch Ambrosius in die um 550 auf Anordnung Cassiodors entstandene, im lateinischen Westen viel gelesene Historia Tripartita aufgenommen wurde.[293]

4. Einer verbreiteten, meiner Meinung nach nicht richtigen Ansicht (vgl. S. 156 f.) entspricht es, wenn F. G. Maier[294] feststellt: „Theodosius hat selbst offenbar, zumindest in einer Hinsicht, die Problematik und mangelhafte Dauerhaftigkeit seiner Restauration erkannt in der Frage der wiedergewonnenen Reichseinheit. Anders ist es nicht zu erklären, daß er in seinem

Testament diesen politischen Erfolg rückgängig machte: nach seinem Tode wurde das einheitliche Imperium Romanum definitiv in einen östlichen und in einen westlichen Bereich geteilt." Ungeklärt scheint noch, wie weit der Teilungsprozeß 379 bereits fortgeschritten war und was man zum Erhalt der Einheit seit dem Tode Konstantins d. Gr. versäumt hat.[295] Fragt man danach, was der bis 378 im Westen lebende Theodosius für die Erhaltung der Einheit tat und welche Hindernisse es für ihn zu überwinden galt, sollte man stets die Religionspolitik im Auge behalten, weil gerade hier deutlich wird, wie unauflöslich für den Kaiser die Fragen der politischen und religiösen Einheit miteinander verknüpft waren. Eine Schwierigkeit ergibt sich daraus, daß die Beziehungen zu seinen dienstälteren Mitkaisern nur in Umrissen zu erkennen sind. Immerhin haben wir Indizien, daß Theodosius zumindest auf dem Gebiet der Religionspolitik von 380 an auch im Westen Einfluß zu nehmen versuchte. 384 hatte sich dann nach Ambrosius der junge Valentinian II. daran gewöhnt, Theodosius in allen wichtigen Angelegenheiten zu konsultieren.[296] Da wir zwischen 384 (vgl. S. 35) und 387 keine sichere Kunde mehr vom Einwirken des Theodosius auf Valentinian und den de facto anerkannten Usurpator Maximus (vgl. S. 35) besitzen, stellt sich die Frage, ob er überhaupt noch Interesse für Vorgänge im Westen hatte. Obwohl im Panegyricus des Pacatus von 389 (dazu S. 39) anklingt, daß man im Westen ein rascheres Eingreifen des Theodosius gegen Maximus erwartet hatte,[297] scheint mir kein Urteil über das Verhalten des Theodosius erlaubt, zumal er rechtlich keine Möglichkeit hatte, in die Regierungsgeschäfte Valentinians einzugreifen. Als Schritte zur Stärkung der Reichseinheit möchte ich die noch 387 erfolgte Heirat mit Galla, der Schwester des damals nach Thessalonike geflüchteten Valentinian und die Bekehrung der neuen Verwandten zum Katholizismus werten.[298] Wenn Theodosius nach seinem Sieg über Maximus (Sommer 388) drei Jahre in Italien, vornehmlich in Mailand, residierte (vgl. S. 38 ff.), so ist dies ein Zeichen, daß er seinen Anspruch auf die Führung des ganzen Reiches anmeldete, auch wenn er – dem damals geltenden Loyalitätsprinzip entsprechend – dem dienstälteren Valentinian offiziell den gesamten Westen wieder übergab und ihm die Gesetzgebung für die gallische Präfektur überließ. Zeichen seines Bemühens um Verbindung zum Westen ist es, daß der Kaiser immer wieder Leute aus Spanien und Gallien mit führenden Posten im Osten betraute. Das in keiner „Verfassung" verankerte, aber dennoch geltende Loyalitätsprinzip ist auch bei Beantwortung der, wegen unzureichender Quellen nur annäherend zu klärenden Frage wie sich die Regierung der praefectura Italiae, Illyrici et Africae vom Sommer 391 an gestaltete, im Auge zu behalten. Beweisen läßt sich weder, daß die Verwaltung der Präfektur mit Rückkehr des Theodosius nach dem Osten wieder an Valentinian überging noch daß die Präfektur 391 geteilt wurde d. h. Italien Valentinian, Illyricum und Africa Theodosius unterstellt wurden.[299] Beachtung des Loyalitätsprinzips und der realen Notwendigkeiten sprechen dafür, daß Theodosius, der 391 dringend nach dem Osten zurückkehren mußte,[300] seinem Mitregenten in der diesem gehörenden Präfektur, einige Kompetenzen einräumte, jedoch bestrebt war, besonders die illyrischen und afrikanischen Provinzen unter seiner Kontrolle zu behalten. Wie die Erhebungen des Arcadius (384) und des Honorius (393) zu Augusti zeigen, war es offenbar die Überzeugung des nach dem Sieg über Eugenius ja nur noch vier Monate lebenden Theodosius, daß das Reich mehrerer Augusti bedurfte, jedoch die blutsmäßige Verbundenheit der Herrscher und das Prinzip der höheren Autorität des jeweils älteren Augustus die Einheit des Reiches hinreichend garantierten. Der Versuch, Stilicho die Möglichkeit zu geben, die Politik beider Kaiser zu koordinieren (vgl. S. 53f.) unterstreicht, daß es dem auf die Macht der ganzen Welt gestützten Herrscher des Erdkreises[301] ferne lag, das Reich zu teilen. Ohne Theodosius von Fehlern freisprechen zu wollen meine ich doch, daß man vorsichtig damit sein sollte, ihm von 395 an deutlich werdende Schwächen des Reiches anzulasten.[302] Immerhin sah der um 420 schreibende Orosius (vgl. S. 160) in Theodosius nicht nur

Abb. 12. Honorius (? – auf dem Diadem Christusmonogramm) und
Maria (?); Cameo

den guten Christen auf dem Thron, sondern auch einen Herrscher, der, ähnlich wie einst der vielfach als idealer Kaiser angesehene Trajan (98–117), den fast zusammengebrochenen Staat energisch lenkte und wohlgeordnet hinterließ.

Anmerkungen

Da Latein im ganzen Reich Amtssprache war, werden alle griechischen Namen grundsätzlich in der latinisierten Form gebraucht.

1. Vgl. das Schreiben der Väter des Konzils von Chalcedon an Papst Leo I. von 451 in: Acta Conciliorum Oecumenicorum II 1, 3 S. 118, 4; 1, 2 S. 53,3. Lat. Übers.: II 3, 2 S. 97, 39.
2. Ps. Aurelius Victor 48, 1. Claudian, C. 8, 18f.; 28, 334ff.; 30, 5ff. Marcellinus Comes zum Jahr 379 – dazu: W. Hartke, Römische Kinderkaiser 1951. 324ff.; M. R. Alföldi, Die constantinische Goldprägung 1963, 68.
3. Orosius, Libri VII adv. paganos. 7, 41, 7.
4. B. Vollmann, RE Suppl. Bd. XIV, 485ff.
5. Pacatus, Paneg. 8. Zum Vater: A. Lippold, Kl. Pauly 5, 700.
6. Bes. A. Demandt, Zeitkritik und Geschichtsbild im Werk Ammians (1965) hat betont, daß unter Theodosius ein verfälschtes Bild seines Vaters entstand. Es ist aber weder beweisbar, daß Ammian bei seiner Darstellung der Ereignisse von 373 bis 376 unter politischem Druck handelte, noch daß Theodosius der Ältere an einer Verschwörung beteiligt war und daher mit Recht verurteilt wurde.
7. Pacatus 9, 5. – Vgl. Anm. 51.
8. Ausonius, der seit 365 als Erzieher Gratians in Trier lebte, verfaßte unter anderem ein Gedicht über die Mosel (hrsg. mit Kommentar von Hosius 1926 und Marsili 1957).
9. Theodoret 5, 5f. Pacatus 10, 2.
10. Enßlin, Religionspolitik 9f.; anders z. B. King 21. – vgl. unten S. 168f.
11. Claudian, c. 8, 47; Pacatus 11f. J. Straub, Vom Herrscherideal in der Spätantike 1939, 62ff.; L. Wickert, RE XXII, s. v. „princeps" 2258ff.
12. Zu Konstantin vgl. z. B. H. Dörries, Konstantin d. Gr. 1958. Weitere Literatur bei J. Vogt, RAC III, s. v. Constantinus; Konstantin d. Gr. hrgg. v. H. Kraft 1974; Die Kirche angesichts der konstantinischen Wende hrgg. v. G. Ruhbach 1976.

13. Zu den Söhnen Konstantins vgl. J. Moreau in Jahrbücher für Antike und Christentum 2. 1959. 162 ff.; Noethlichs 4–5 ff. gegen R. Klein, Constantius II und die christliche Kirche 1977.

14. Lippold, Historia 14, 1965, 105 ff. Ch. Pietri, Roma Christiana 1976, 407 ff.

15. Sokr. 5, 2, 1; C. T. XVI 5, 5. Dazu Enßlin, Religionspolitik 9.

16. Zu Athanasius und den Kappadokern vgl. H. v. Campenhausen, Griechische Kirchenväter, 1955. K. M. Girardet, Kaisergericht und Bischofsgericht 1975; G. May bei Ruhbach a. O. 322 ff.

17. Collectio Avellana 2, 52 (CSEL 35). Übers. bei H. Rahner, Kirche und Staat im frühen Christentum 1961, 94.

18. C. T. XVI 1, 2 (übers. im Wesentlichen nach Enßlin 16) und 2, 25. Gegen v. Campenhausen (Ambrosius v. Mailand 1929, 54) und A. Ritter (Das Konzil von Konstantinopel und sein Symbol 1965, 30) handelt es sich hier um ein Gesetz und nicht nur um eine Art kirchenpolitisches Programm – Zu 380/81 vgl. unten S. 169

19. Soz. 7, 4. Enßlin 17 ff.

20. 7, 4 bzw. 5, 6.

21. Damasus, epist. 16; Damasus-Osten: vgl. Pietri 791 ff.

22. C. T. XVI 5, 6; dazu Enßlin 24 f.; King 34 f.; Noethlichs 133 f.

23. Literatur zum Verlauf des Konzils, für das wir keine Akten besitzen, bei Enßlin, King und vor allem Ritter 41 ff., der gründlicher als frühere Forscher die Aussagen Gregors von Nazianz heranzieht.

24. Gregor von Nazianz, De vita sua 1796 ff.; Oratio 42 – Ritter 106 f.

25. Sokr. 5, 8. Soz. 7, 8. Theodoret 5, 9. Marc. Comes. Wie insgesamt unterschätzt Ritter 112 ff. auch bei Nectarius' Wahl die Einflußnahme des Theodosius auf das Konzil.

26. Nur die ersten vier der bei Mansi (Sacrorum conciliorum nova et amplissima collectio III. 1759, 557 ff.) abgedruckten Canones sind echt.

27. Vgl. Ambrosius, epist. 12–14.

28. Zu den Konzilien von 382 vgl. Enßlin 41 f.

29. Zum Konzil von 383: Sokr. 5, 10; Soz. 7, 12; Lippold, RE IXA, s. v. Ulfila 523 f. Die Novatianer (seit Novatian, röm. Kleriker um 250) schlossen vom Glauben Abgefallene und Todsünder aus; zu ihnen Übertretende wurden neu getauft. Als Häretiker bekämpfte sie in der Zeit des Th. der Bischof Pacianus von Barcelona (vgl. B. Altaner Patrologie. [7]1966. 151 f. und 332).

30. Greg. Naz., epist. 136. Vgl. M. Hauser-Meury, Prosopographie zu den Schriften des Gregor v. Nazianz 1960. 120.

31. Gegen Schmidt 260 und Piganiol 223, die überhaupt ein zu negatives Bild von der Germanenpolitik des Theodosius entwerfen, bedeutet der Vertrag weder eine faktische Aufgabe Pannoniens noch eine Kapitulation Roms. Zu den militärischen Aktionen von 380: Zos. 4, 33; Jordanes, Getica 139/42 – vgl. unten S. 167

32. Zur Interpretation der Rede vgl. J. Straub. in Philologus 95, 1943; M. Pavan, La politica Gotica di Teodosio. 1964. 8 ff.

33. Zum Vertrag vgl. Schmidt 403 f. und 419 f.; Stein 194; wie Schmidt urteilt auch E. A. Thompson, Historia 12 (1963) 105 ff. zu pessimistisch. Vgl. S. 167

34. Zu Ulfila: Lippold, Kl. Pauly 5, 1039 f.; E. A. Thompson, The Visigoths in the time of Ulfila 1966; R. Klein a. O. 250 ff.; H. Wolfram, Geschichte d. Goten 1979, 83 ff. – ferner S. 28.

35. Vgl. z. B. Claudian: c. 7, 200 ff.; 8, 214 ff.

36. 363 hatte Kaiser Jovian u. a. Teile Mesopotamiens abgetreten und auf die seit 297 ausgeübte Souveränität über Armenien verzichtet (Stein 171); zum Vertrag des Theodosius vgl. noch S. 168

37. Zur Usurpation des Maximus vgl. Enßlin, RE XIV 2547.

38. Vgl. z. B. Seeck, Untergang V 168 f.; M. Fortina, Graziano 1953, 258, 25; J. Pearce XXI.

39. Vgl. Sulpicius Severus, Chron. 2, 49 f.; Collectio Avellana Nr. 39 f. (= CSEL XXXV, 88 ff.); Theodoret 5, 14.

40. Theodoret 5, 15; Zonaras 13, 8.

41. Rufinus 11, 19 und 32; Theodoret 5, 24; Augustin, De civ. dei 5, 2.

42. Vgl. Pacatus 34–37, 53–45; Orosius 7, 35; Ambrosius, epist. 40, 22 f.; Enßlin, RE XIV 2553 f.

43. Joh. Antioch. Frg. 186; Sokr. 5, 14 und 6, 2; Soz. 7, 2; Symmachus, epist. 2, 13. 30. 31.

44. Vgl. Straub, Herrscherideal 153 ff.

45. Pacatus 1, 4; 4, 5; 5, 4; 6, 3 f.; 7, 2 f.; 9, 5 f.; 10, 1; 20, 3 ff.; 21, 1. Zum Herrscherideal bei Pacatus vgl. Lippold, Historia 17 1968, 228 ff.

46. Pacatus 5, 4; 47.

47. Enßlin, Hermes 81 (1953), 500 f.; Novatianer: Anm. 29.

48. C. T. XVI 5, 18; Theodoret 5, 23; Enßlin, Religionspolitik 66.

49. Prudentius c. Symm. I 501 ff.; C. T. XV 1, 27; Rom um 390, S. 92 ff.

50. Hauptquellen zum Bußakt und seiner Vorgeschichte: Theodoret 5, 17f.; Soz. 7, 24f.; Ambrosius, De ob. Theod. 34; epist. 51; Augustin, De civ. dei 5, 26. In der Deutung des Geschehens folge ich im wesentlichen Enßlin; vgl. z. B. H. J. Diesner, Kirche und Staat im spätrömischen Reich 1963, 40f.; R. Schieffer, Deutsches Archiv für die Erforschung des Mittelalters 28, 1972, 330ff.

51. Zu Ambrosius vgl. Anm. 155. Zum Streit um den Victoriaaltar vgl. Anm. 211.

52. Ambrosius, epist. 40f. und 51, 2; Paulinus, Vita Ambros. 22; Soz. 7, 25; zur Judenpolitik vgl. S. 135ff.

53. Coll. leg. Mos. et Rom. 5, 3; Soz. 7, 24; Theodoret 5, 17. – dazu M. Vickers, Journal of Roman Studies 62, 1972, 25ff.

54. Ambrosius, epist. 51 (erst später publiziert – Schieffer a. O. 346).

55. Soz. 7, 25; Theodoret 5, 18; Enßlin 68.

56. C. T. IX 40, 13; XII 1, 121; XVI 2, 27f.; 3, 1.

57. C. T. XVI 10, 10f.

58. C. T. XI 39, 11; XVI 7, 4f. – Seeck, Regesten 104, 15.

59. Zu Tatianus und Proculus vgl. S. 114f.

60. C. T. XVI 10, 12. Demougeot 68, 50 sieht hier zu einseitig ein Werk des gewiß am Entstehen des Erlasses beteiligten Rufinus.

61. Vgl. Enßlin, RE VII A 2227f.; bei der Bestattung Valentinians hielt Ambrosius die Leichenrede (de obitu Valentiniani).

62. Zu Eugenius: Straub, RAC VI 861ff.

63. Darauf verweist die Inschrift bei Diehl, Inscript. lat. christ. vet. Nr. 2971a.

64. Rufin 11, 32f. mit 19; Soz. 7, 22; Theodoret 5, 24 u. a.

65. Paulinus, Vita Ambros. 31; Soz, 7, 22.

66. Orosius 7, 35, 19; Ambros., de obitu Theodosii; Zos. 4, 58; Joh. Antioch., Frg. 187; Theodoret 5, 24.

67. Theodoret, Joh. Antioch. a. O.; Orosius 7, 35, 19.

68. Ambros., in Psalm 36; de ob. Theod. 39; Orosius 7, 35, 17ff.; August., de civ. dei 5, 26; Sokr. 5, 25; Theodoret a. O.

69. Vgl. Ambrosius, epist. 62f.; Paulinus, Vita Ambros. 31f.

70. C. T. XV 14, 11f.

71. CIL VI 1783 (= Dessau 2948).

72. Gegen die bereits von Tillemont 767f. bezweifelte Historizität der unter anderem bei Zos. 4, 59 erwähnten Romreise im Jahre 394 z. B. Enßlin, Hermes 81 (1953), 500; F. Paschoud, Cinq Etudes sur Zosime 1975, 100f.

73. Pacatus 7; zum Problem der sog. Kinderkaiser vgl. W. Hartke, Röm. Kinderkaiser 1951; J. Straub, Studien zur Historia Augusta 1952, 75ff.; L. Ruggini, Atti Colloquio Patavino sulla Historia Augusta 1963, 67ff.

74. Neben J. Straub, Nouvelle Clio 4 (1952), 94ff., vgl. z. B. Th. Mommsen, Hermes 38, 101ff. und S. Mazzarino, Stilicone 1942.

75. Ambros., de ob. Theod. 5 (vgl. Anm. 66).

76. Die Annahme einer schon vor dem Tode des Theodosius bestehenden Rivalität zwischen Rufinus und Stilicho (E. Nischer-Falkenhof, Stilicho 1947, 25f.; Demougeot 103) stützt sich auf sehr vage, aus den Ereignissen des Jahres 395 resultierende Äußerungen Claudians (c. 3, 259ff. und 297ff.; 30, 227ff.). – Vgl. noch S. 149

77. Theodoret 5, 25; Ambros., de ob. Theod. 17f.; Seeck, Untergang V 295.

78. Zur Leichenrede (de obitu Theodosii) vgl. J. R. Palanque, Saint Ambroise 1933, 294ff.; Demougeot 95f.

79. Vgl. Grierson, Dumbarton Oak Papers 16 (1962), 25.

80. R. Delbrueck, Spätantike Kaiserporträts 1933, 29.

81. Oströmische Plastik 1941, 119; vgl. Abb. 7.

82. Chrysost. in Matth. hom. I (= MG 57, 23f.); Marcus Diaconus, Vita Porphyrii (Text, Übers. u. Kommentar von Gregoire-Kugener, 1930) 47; vgl. auch 39ff.

83. Zum „praepositus sacri cub." vgl. Enßlin, RE Suppl. Bd. VIII 556ff.

84. Vgl. Ps. Aurelius Victor, Epit. de Caesar. 48; Them., Or. 15, 190; Pacatus 21 und 47; Zos. 4, 27.

85. Für das Zeremoniell galt auch zur Zeit des Theodosius schon vieles, was im 10. Jh. Konstantinus Porphyrogenetus in seinem Werk de caeremoniis niederschrieb (Ausgabe mit franz. Übers. und Kommentar von A. Vogt-R. Guilland 1940ff.).

86. Vegetius, Epitoma rei militaris 2, 4; zur Entstehung der Schrift unter Theodosius vgl. Neumann, RE Suppl. Bd. X 992f.; unten S. 150; 166

87. Ambros., de ob. Theod. 4f.; 12f. 28. 34f.; epist. 17; vgl. Augustin, de civ. dei 5, 26; Theodoret 5, 5f.; 21, 25 u. ö.

88. Vgl. z. B. Them. Or. 16, 212d; C. T. I 9, 2; X 22, 3; C. J. XI 11; XII 50, 9.

89. C. T. X 22, 3; weitere Belege dazu und zum Vorhergehenden bei W. Enßlin, Gottkaiser und Kaiser von Gottes Gnaden 1943, 75. Vgl. ferner 51 ff. und 64 ff.

90. Enßlin a. O. 6; zum folgenden vgl. z. B. F. Taeger, Charisma I 1957; II 1960 und A. Ehrhardt, Politische Metaphysik von Solon bis Augustin 1959.

91. Hieron. in Daniel. III 18 (= ML 25, 530); Chrysost. Homil. 11, 5 (= MG 49, 126).

92. Zum Senat im 4. Jh., O'Brien Moore, RE Suppl. Bd. VI 795 ff.; O. Seeck, Die Briefe des Libanius 1906; K. F. Stroheker, Der senatorische Adel im spätantiken Gallien 1948. J. Sundwall, Weströmische Studien 1915; A. Alföldi, A Conflict of Ideas in the late Roman Empire 1952; M. T. W. Arnheim, The Senatorial Aristocracy in the Later Roman Empire 1972 (dazu aber W. Eck, Gnomon 26, 1974); J. Matthews, Western Aristocracies (dazu S. 163) – Zur Gesellschaft allgemein: J. Gagé, Les classes sociales dans l'Empire Romain 1964; G. Alföldy, Römische Sozialgeschichte 1975; Tinnefeld, Frühbyzant. Gesellschaft.

93. Zur Klassenzugehörigkeit der höheren Offiziere und Beamten vgl. die Notitia Dignitatum.

94. 393 übertrug Theodosius die Ernennung der Prätoren in Konstantinopel den „censuales", die unter anderem auch die Senatorensteuer zu schätzen hatten (C. T. VI 4, 26).

95. Epist. I 52.

96. C. I. I 16, 1; C. T. I 28, 1 und 4; VI 2, 13–15.

97. Vgl. C. T. XV 5, 2; IX 21, 10; Diptychen, S. 83; Festmünzen, S. 79 f.

98. C. T. XIV 10, 1; X 21, 2. R. Delbrueck, Die Consulardiptychen. 1929, 33, 40 u. ö.; A. Chastagnol, La préfecture urbaine à Rome 1960, 221 und 276 f.

99. Probus, vgl. S. 93; Melania (383–439); Enßlin, RE XV 416 f.

100. Stroheker 201 f.; B. Treucker, Politische und sozialgeschichtliche Studien zu den Basilius-Briefen 1961, 9 f.

101. Stroheker 34. 39. 41. Im Gegensatz zur früheren Kaiserzeit kam es seit etwa 330 auch in Ägypten häufiger zur Bildung großer Privatgüter (A. C. Johnson, Egypt and the Roman Empire 1951, 83 ff.).

102. Gregor, in Ecclesiast. hom. III (MG 44, 653 f.); Basilius, in Divites hom. (MG 31, 284 f.); Treucker 12.

103. Ein zusammenfassendes Werk zu den Villen des 4. Jh. fehlt; vgl. z. B. Gagé 395 f.; K. Parlasca, Die röm. Mosaiken in Deutschland 1959 (1970²); E. B. Thomas, Röm. Villen in Pannonien 1964.

104. Vgl. H. Braunert, Die Binnenwanderung 1964, 310 f.; Stroheker 38 ff.; Thomas 389 f.; Treucker 13 ff.; Liban.: Or. 47 (hrsg., übers. und kommentiert von L. Harmand). – Zu Landbesitzern und Landbearbeitern: Tinnefeld 18 ff.

105. Nach W. Eck (Chiron 8, 1978, 561 ff.) läßt das allerdings spärliche Material vermuten, daß sich der Episkopat des spät. 4. Jhs. (es dürfte etwa 2000 Bischofssitze gegeben haben) besonders aus städt. Kurialen rekrutierte (nur wenig Aristokraten, aber auch kaum Sklaven oder Kolonen).

106. Für den Osten sei auf Tatianus und andere Bekannte des Libanius verwiesen (dazu Seeck a. O.). Zum Folgenden vgl. z. B. J. Geffcken, Der Ausgang des griech.-röm. Heidentums 1929 (1963), 163 ff.; Stroheker 29 ff., 70; Matthews 3. 33. 101 ff. u. ö.; R. Klein, Symmachus.

107. MG 31, 563 ff.; mit engl. Übers. in Loeb Classical Library: St. Basil, Letters IV, 378 ff.

108. Enßlin, RE XIX 668 ff.

109. Kuriale: RE IV 2342 ff. und Suppl. Bd. X 464 ff. (s. v. „origo"); Jones 737 ff.; neben „curialis" wird auch im späten 4. Jh. noch „decurio" als Bezeichnung für den Ratsherrn gebraucht. Für die Zeit des Theodosius ist neben CT XII 1, 80–139 vor allem auf Libanius (dazu P. Petit, Libanius 1955) zu verweisen. – Zur spätantiken „Stadt", der „civitas", zu welcher neben dem Siedlungsmittelpunkt, wie schon in früheren Zeiten, ein oft ausgedehntes Territorium gehörte, vgl. allgemein F. Vittinghoff bei Th. Mayer (Hrsg.), Studien zu den Anfängen des europäischen Städtewesens 1958, 11 ff.; D. Claude, Die byzant. Stadt 1969; Tinnefeld 100–218; ferner S. 80 ff.

110. Seit etwa 365 wurde die Gewalt des „curator" immer mehr eingeschränkt durch den „defensor civitatis".

111. Liban., Or. 48, 37 f.; 49, 8.

112. C. T. XII 1, 82. 86, 93.R 106; 90. 91. 130.

113. C. T. XII 1, 94. 129; 98. 116; 113 (vgl. C. T. VII 2, 1; VIII 2, 3); 139; Klerus vgl. S. 136 f.

114. C. T. XII 1, 83; 119; 96 (vgl. 111. 118. 122. 133); 124 (vgl. 107).

115. C. T. XII 1, 108; 92; 80 (vgl. 85. 126). 128.

116. C. T. XII 1, 117; 6, 22. Liban., Or. 47.
117. Seeck, RE IV 497ff. M. Rostowzeff, Studien zur Geschichte des römischen Kolonates 1910; P. Palasse, Orient et Occident 1950; M. Kaser, Das röm. Privatrecht II. 1959, 97ff.
118. C. T. V 17, 1 und 2; C. I. XI 51, 1. 63, 4.
119. Kriegsgefangene vgl. S. 119; C. I. XI 51, 1. 63, 4.
120. Vgl. Gagé 399ff.; H. J. Diesner, Kirche und Staat im spätröm. Reich 1963, 53ff. verweist auf zahlreiche noch offene Fragen zur Circumcellionenbewegung.
121. Zu den Berufsvereinen vgl. J. P. Waltzing, Etude historique sur les corporations professionnelles chez les Romains 1895–1900 (4 Bde); G. Mickwitz, Die Kartellfunktionen der Zünfte 1936; Piganiol und Karayannopulos pass.; RE, s. v. „collegia" (Kornemann), „navicularii" (Stoeckle), „pistor" (Hug).
122. Piganiol 300f.; weitere Beschränkung für den freien Handel bedeutete es, daß in der theodosianischen Zeit der Verkauf wertvoller Purpustoffe und der Seidenhandel zum Staatsmonopol wurden (C. I. IV 40, 1f.).
123. Vgl. z. B. H. P. Kohns, Versorgungskrisen und Hungerrevolten im spätantiken Rom 1961 (bes. 16. 36. 64f. 153ff.).
124. Vgl. Westermann, RE Suppl. Bd. VI 1063ff.; Tinnefeld 56ff.; 142ff. zu Christentum und Sklaverei: H. Bellen, Tydschrift voor Rechtsgeschiedenes 35, 1967, 319f.; H. Doerries, Konstantin d. Gr. 1958, 71ff.; H. Gülzow, Christentum und Sklaverei in den ersten drei Jahrhunderten, 1969. Gegen die Überschätzung der Sklaverei für die Sozial- und Wirtschaftsgeschichte des 4. Jhs. z. B. B. Koch bei K. Christ, Der Untergang des römischen Reiches 1970, 425ff.; zum Soldatenstand vgl. S. 150f.
125. Zu Konstantinopel: V. Schultze, Altchristliche Städte und Landschaften I. 1913; G. Dagron, Naissance d'une capitale (Constantinople 330–451) 1974; L. Müller- Wiener, Bildlexikon zur Topographie Istanbuls 1977.
126. Zur Kunst der theodosianischen Zeit sei verwiesen auf J. Kollwitz, Oströmische Plastik der theodos. Zeit 1941; ders. Rivista di Archaeologia Cristiana 39 (1963), 191ff.; A. Rumpf, Stilphasen der spätantiken Kunst 1955; Volbach-Hirmer, Tafel 46f., 51ff., 110ff. u. ö.; Kitzinger, Dumbarton Oak Papers 14 (1960) 17.
127. Sokr. 5, 7; Soz. 7, 5; Gregor von Nazianz, De vita sua 1353ff.
128. Sokr. 5, 13; Soz. 7, 14; Ambros., Epist. 40, 13.

129. Themistius: Stegemann, RE V A 1642ff.; Dörrie, Kl. P. 5, 677f.

130. Äußerungen zu den Spielen und Sitten, welche wir ähnlich auch für andere Städte des Reiches kennen, sind zitiert bei Schultze 242ff.; vgl. R. Janin, Constantinople Byzantine ²1964, 183ff.

131. Vgl. z. B. Naumann-Belting, Die Euphemiakirche am Hippodrom zu Istanbul 1966.

132. Vgl. allgemein H. T. Davies, Alexandria the Golden City 1958; K. Michalowski, Alexandria 1970.

133. Ammian 22, 16, 7ff.; Theon: Ziegler, RE VA 2075ff.

134. Hypatia: Praechter, RE IX 242ff.; 214ff.; Neuplatonismus: A. Lesky, Gesch. d. Griech. Lit. ²1963, 934ff.; H. Dörrie, Platonica Minora 1976.

135. Zur Diskussion um die Religion Claudians vgl. W. Schmid, RAC III 158ff.; F. Paschoud, Roma Aeterna 1967, 136f.; A. Cameron, Claudian 1970.

136. K. Baus, Handbuch der Kirchengeschichte (hrsg. von H. Jedin) I. 1963, 264.

137. Sokr. 5, 10; Soz. 7, 15; Rufinus 11, 22; Theodoret 5, 22; Eunap, Vitae Soph. 472. Vgl. Geffcken, Hermes 64 (1920), 286ff.; W. Schmid, Bonner HA-Colloquium 1964/65 (1966), 153ff.

138. Soz. 7, 20. – Enßlin, Religionspolitik 84.

139. G. Downey, Antioch in the Age of Theodosius 1962; A. Festugiere, Antioche paienne et chretienne 1959; J. H. Liebeschuetz, Antioch 1972; V. Schultze, Altchristliche Städte und Landschaften III. 1930, Tinnefeld 101ff.

140. Dazu sei bes. auf Chrysostomus' Abhandlung über Hoffart und Kindererziehung verwiesen (übersetzt bei M. L. W. Laistner, Christianity and Pagan Culture 1951, 85ff.).

141. Hauptquellen: Liban.: Or. 19–22; Chrysost.: Homilien über die Bildsäulen. – P. Petit, Libanius 1955, 238ff.; G. Downey, A History of Antioch in Syria 1961, 419ff.

142. Literatur zu Ammian (sein Werk war wahrscheinlich Anfang 395, oder doch sehr bald darauf, vollendet) bei Demandt und Paschoud (vgl. Anm. 225 und 234); zu Ammian 14, 6 und 28, 4; vgl. S. 67f.

143. Verwaltung: A. Chastagnol, La préfecture urbaine à Rome 1960; ders., Les fastes de la préfecture de Rome 1962; Versorgungskrisen (z. B. während der Präfektur des Symmachus 384/85):

H. P. Kohns, Versorgungskrisen und Hungerrevolten im spätantiken Rom 1961. Bes. 169ff.

144. C. T. XV 1, 27; Prudentius c. Symmachum I 501ff. Kirchenbau: Pietri 3ff. H. Brandenburg, Frühchristliche Kirchen des 4. Jhs., 1979.

145. Grundsätzlich: A. Alföldi, A Festival of Isis 1937; ders., Die Kontorniaten 1943 (dazu Lippold, RE Suppl. Bd. XIII 883f.), Katalog 2. Aufl. 1977.

146. Vgl. Ps. Aurelius Victor, Epit. de Caesar, 48, 11f.; ferner Them. Or. 17, 215a. Claudian c. 8, 396ff.; Nicomachus Flavianus widmete Th. seine Annalen (Dessau ILS 2947).

147. Zu den Saturnalien des Macrobius (proconsul Africae 409/10) vgl. J. Flamant, Macrobe et le néoplatonisme Latin 1977 (zur Datierung S. 98ff.); S. Döpp, Hermes 106, 1978, 619ff. (mit Datierung auf 402/10).

148. Es sei hier nur an die Vergilkommentare des Aelius Donatus (von etwa 350; nur Fragmente), Tiberius Claudius Donatus (um 400) und Servius (um 400) erinnert.

149. Vgl. die Grabinschrift des Praetextatus in CIL VI 1779; zu ähnlicher Häufung von Priesterämtern im späten 4. Jh.: Bloch bei Momigliano 203. Zur Lebendigkeit des Kybelekultes um 400 sei auf die Beschreibung der Mysterien bei Prudentius (Peristephanon X 1006ff.) und die Darstellungen (Kybele, Attis, Löwenwagen usw.) auf der Silberschale von Parabiago (Volbach-Hirmer, Tafel 106) hingewiesen.

150. Sat. I 17–24; die neuplatonische Gesinnung des Praetextatus spiegelt sich auch in der Wiederherstellung des Heiligtums der zwölf großen Götter (dei consentes") in Rom (vgl. Bloch a. O. 209).

151. Die Werke des Praetextatus sind nicht erhalten. Sein Wirken für das Heidentum bezeugt ein 394/95 (?) entstandenes antiheidnisches Schmähgedicht (Codex Paris. 8084 = Anthol. Lat. I 1, 4). Naucellius: Mariotti, RE Suppl. Bd. IX 411ff.

152. Es ist hier nicht der Ort, um auf die komplizierten Probleme zur Historia Augusta näher einzugehen. – Vgl. J. Straub, Heidnische Geschichtsapologetik in der christlichen Spätantike 1963; weitere Lit.: Bonner H. A.-Colloquium und Beiträge (Monographien) zur HA Forschung, Bonn 1963ff.

153. Hieronymus: H. v. Campenhausen, Lateinische Kirchenväter 1960, 109ff.; B. Altaner und A. Stuiber, Patrologie [7]1966.

154. Volbach-Hirmer, Tafel 90/91 und 116/19; zu künstlerisch hoch-
stehenden Sarkophagen vgl. J. Kollwitz, Rivista die Arch. crist.
39, 1963, 191ff.; F. W. Deichmann, Repertorium der christl. antiken Sarkophage I 1967 Nr. 62–65 u. a. – zum geistigen Leben im
theodos. Rom vgl. neben Lit. in Anm. 106 z. B. B. Kötting,
Christentum und heidn. Opposition am Ende des 4. Jhs. 1961;
F. Klingner, Römische Geisteswelt 1965[5], 514ff.; M. Fuhrmann,
Hist. Ztschr. 207, 1968, 529ff.; J. Wytzes, Der letzte Kampf des
Heidentums in Rom 1977.

155. Ambrosius: v. Campenhausen a. a. O. 79ff.; P. Courcelle, Recherches sur Saint Ambroise 1973; Wytzes 29ff.

156. Volbach-Hirmer, Tafel 46/47 und 102; in Mailand entstand da-
mals vielleicht auch das Silberreliquiar von S. Nazaro (Volbach-
Hirmer, Tafel 110–115. Zu Mailand: Storia die Milano I 1953
(Fondazione Treccani degli Alfieri); Matthews 183ff. – vgl.
Abb. 8.

157. K. H. Schwarte, Die Vorgeschichte der augustinischen Weltalterlehre 1966, 17ff.; Augustin-Theodosius: H. Dörries, Wort und
Stunde I. 1966, 56ff.

158. Rau, RE VI A 2301ff. (s. v. Treveri); E. M. Wightman, Roman
Trier and the Treveri 1970; Trier 1977 (Führer zu vor- und früh-
geschichtlichen Denkmälern 32 hrsg. v. K. Böhner).

159. K. Parlasca, Die röm. Mosaiken in Deutschland 1959, 49ff.; zu
Villen vgl. S. 65f.

160. Kornmarktmosaik: Parlasca 56f.; J. Moreau, Das Trierer Korn-
marktmosaik 1960 (Einwände z. B. bei M. Brandenburg, Jahrb. f.
Antike und Christentum 7 (1964), 149ff.). Zur Apostasie vgl.
S. 129 – vgl. Abb. 9.

161. Hochschule: J. Steinhausen, Trier 29ff. (= Ztschr. des Rhein.
Vereins f. Denkmalpflege und Heimatschutz 1952).

162. Them.: Or 16, 212d. Piganiol 309.

163. Anonymus de rebus bell. 2, 21. – Dazu D. Nörr, Ztschr. der Sa-
vignystiftung für Rechtsgeschichte, Röm. Abt. 80 (1963), 114ff.

164. C. T. I 1, 2–4.

165. Die von Theodosius überlieferten Gesetze (mit Vermerken zu
Datierung u. a.) bei Seeck, Regesten; dazu RE Suppl. Bd. XIII.

166. Zur Notitia vgl. Jones 737ff.; A. Lippold, Kl. Pauly IV 166f.;
Aspects of the N. D. hrsg. v. R. Goodburn 1976.

167. Zur Gliederung des Reiches vgl. Enßlin, RE XXII 2236; Ägypten:

Piganiol 322. J. Lallemand, L'administration civile d'Egypt 1964, 56f.; vgl. S. 25f. zum Konzil von 381.

168. „praefectus praetorio": Enßlin RE XXII 2426f.; Einfluß auf Theodosius s. S. 57f.

169. C. T. VI 30, 7. Karayannopulos 56f.; M. R. Alföldi, Die constantinische Goldprägung 1963, 16ff. Zahlen über Beamte der großen Ämter sind aus der Zeit des Theodosius sonst nicht bekannt; mit weit über 1000 ist beim „praefectus praetorio" zu rechnen.

170. C. T. IX 30, 49; A. Chastagnol (vgl. Anm. 98) 129f. und 135.

171. Dem Konsistorium gehörten z. B. auch die Heermeister an. – Vgl. P. B. Weiss, Consistorium und comites consistoriani 1975.

172. Vgl. z. B. C. T. I 32, 6f.; VI 5, 1; 7, 2; 9, 2; 10, 1f.; 22, 7; 27, 6; 30, 2ff.; XI 16, 19; XIII 3, 14f.

173. Libanius: Or. 1, 26, 27, 33, 42, 45, 49 u. ö.; Ammian 16, 7, 7f.; 22, 4, 2–5; 28, 1, 35 und 6, 17ff.; 29, 5, 6; 30, 5 u. ö.; vgl. z. B. auch Anonymus de rebus bell. IV (De iudicum pravitate).

174. C. T. VIII 15, 6; IX 27f.; XII 1, 3; I 29, 6ff.; C. J. I 55, 4.

175. Vgl. A. Demandt, Zeitkritik und Geschichtsbild im Werk Ammians 1965, 58f.; zu Probus: Seeck, RE, s. v. Anicius Nr. 45 und S. 53f.

176. Themistius, Or. VIII (von 368) 137; Orosius 7, 41, 7. Man beachte auch Ammians Notizen zum Räuberunwesen in Kleinasien, Syrien und Gallien (27, 9, 6; 28, 2, 10ff. zum Jahre 368).

177. Zos. 4, 32, 2f., zitiert bei S. Mazzarino, Das Ende der antiken Welt 1961 (ital. 1959) 65.

178. C. T. VI 2, 14. C. I. XI 52, 1. Ambros., De ob. Theod. 5.

179. Dazu Enßlin, RE XXIII 77ff. und IV A 2463ff.; zu Beamtenlaufbahnen der theodos. Zeit vgl. z. B. O. Seeck, Die Briefe des Libanius 1906; von Haehling (vgl. Anm. 266) und PLRE; ferner die Artikel zu den einzelnen Persönlichkeiten in der RE (meist von Seeck oder Enßlin).

180. Vgl. H. P. Kohns 50f. (vgl. Anm. 123).

181. Fragmente des Gesetzes: C. T. XI 1, 19; 2, 4; 15, 2. S. Mazzarino, Aspetti sociali del IV. secolo 1951, 137ff. 196ff.; Kohns 166f.

182. Steuererhebung: C. T. I 10, 2; VIII 1, 12; 5, 48; IX 45, 1; X 16, 4; 24, 3; XII 6, 15ff.; „curiales": S. 58ff.

183. C. T. V 11, 11f.; 14, 30ff.; C. I. XI 62, 7f.; 66, 4; 68, 5.

184. Post: Kornemann, RE XXII 1000f.; Classen, Archiv für Diplomatik I (1955), 42ff.; Jones 830ff.

185. Steuern und Einnahmen: Stein 441, 44; Piganiol 336; Karayannopulos 28 ff. und 92 ff.; vgl. z. B. C. T. VI 2, 15; X 19, 10 ff.
(Steinbrüche); XI 16, 18; XII 13, 4–6.

186. Währung und Münzprägung: Pearce; King 120 f.; Piganiol.

187. Recht: F. Wieacker, Recht und Gesellschaft in der Spätantike 1964
(Urban Bücher 74); M. Kaser, Das römische Privatrecht II 1959;
ders., Röm. Zivilprozeßrecht 1966. Zur „Christianisierung" des
Rechtes: F. Biondi, Il diritto Romano cristiano I–III. 1954.

188. Neben Wieacker vgl. Kaser, RE IX A 1283 ff. (Vulgarrecht).

189. Selbst bei einem Manne wie Q. Aurelius Symmachus (beachte
speziell Buch X) ist dies zu spüren (Wieacker 91).

190. C. T. XI 30, 50 f.; 36, 28; 38, 1; II 8, 19; XV 5, 2; I 6, 10.

191. C. T. XI 37, 3; 39, 2; 46, 9; X 10, 12 ff.; IV 17, 1.

192. IX 11, 1; 3, 67. Vgl. Ambrosius, de Nabutha (ML. 14, 766 ff.); C.
T. II 29, 2.

193. C. I. V 9, 1 (mit VI 56, 4) und 10, 1; C. T. III 8, 1 f.; 17, 4; 12, 3
(vgl. Ambrosius, Epist. 60 und Ps. Aurelius Victor 48.10). II 1, 7;
12, 4 f.; XV 7, 10–12.

194. Z. B. C. T. IX 11, 1; 16, 11; X 10, 12 f. und 17.

195. Them.: Or. 34.

196. Them.: Or. 19, 229–231. Enßlin, Religionspolitik 52.

197. Demandt (vgl. Anm. 175) 50 ff. C. T. V 4, 1.

198. Grundsätzlich sei zur Religionspolitik verwiesen auf Enßlin, Religionspolitik und King, Theodosius.

199. R. Devreesse, Le Patriarcat d'Antioche 1945, 37 f.; Palanque bei
Fliche-Martin 3, 450.

200. De civ. dei 5, 26.

201. Gesetze gegen die Häretiker C. T. XVI 1, 2 f.; 5, 6 ff. (viele Gruppen nennt z. B. 5, 11); dazu Noethlichs 128 ff.; ferner S. 169 f.

202. Der sog. Libellus precum ist publiziert bei CSEL 35 Nr. 2; Antwort des Theodosius bei ML 13, 107 f. Zu den Priszillianisten vgl.
S. 12, zu den Novatianern Anm. 29.

203. Man beachte das Vorgehen gegen die sog. Messalianer (Gruppe
östlicher Mönche, welchen man unter anderem Mißachtung der
Taufe und Dämonenglauben vorwarf) auf der Synode von Side
(Pamphylien) bald nach 383; dazu H. Dörries, Wort und Stunde I.
1966, 334 ff.

204. Libellus precum 32; Greg. Naz., epist. 125.

205. Zwischen seiner Taufe (387) und etwa 400 verfaßte Augustinus

verschiedene Schriften gegen die Manichäer, welchen er früher selbst nahegestanden hatte (dazu K. H. Schwarte, Die Vorgeschichte der augustinischen Weltalterlehre 1966, 17 ff.); zu den Manichäern allgemein: G. Widengren, Mani und der Manichäismus 1961.

206. C. T. 16, 41. Vgl. 1, 4.

207. Greg. Naz.: Epist. 202; Joh. Chrysostomus hielt 386/87 etliche Predigten gegen die Sekte der Anhomöer.

208. Zum Heidentum im späteren 4. Jh. sei hier lediglich verwiesen auf: J. Geffcken, Der Ausgang des griech.-röm. Heidentums 1929 (Neudruck 1963); A. Momigliano, The conflict; J. Straub, Heidnische Geschichtsapologetik (vgl. Anm. 152); F. Paschoud, Roma Aeterna 1967; J. Wytzes, Der letzte Kampf des Heidentums in Rom 1977.

209. Maßnahmen gegen Apostaten in Ost und West: C. T. XVI 7, 1–5; XI 39, 11; vgl. § 4 der Dekretale des Papstes Siricius von 385 (Enchiridion Symbolorum coll. Denzinger-Rahner [30]1955, 87 f.) und oben S. 10.

210. C. T. XVI 10,7; gegen J. Gaudemet (L'eglise dans l'empire Romain 1958, 650; ebenso z. B. Geffcken 145) ist hier kein Verbot aller Opfer oder des Betretens der Tempel ausgesprochen.

211. Zum Streit um den Altar der Victoria: Symm., Rel. III; Ambros., Epist. 17 und 18 (Übers. bei R. Klein, Der Streit um den Victoriaaltar 1972); Lit. bei Paschoud (75, 17) der den religiösen Ernst der röm. Senatoren unterschätzt und Wytzes a. O.

212. C. T. XVI 10. 9; Enßlin, Religionspolitik 52.

213. Libanius: Or. 30, 46 (Zitat nach Rauschen 301, 1) zu Libanius Or. 30 vgl. Petit, Byzantion 21 (1951), 297 ff., der jedoch glaubt, daß Theodosius nur indirekt von dem Schreiben Kenntnis erhielt; nach Zos. 4, 37, 3 (wohl tendenziös) gab Theodosius den Befehl zur Zerstörung. Zu ähnlichen Gewalttaten der Heiden vgl. Augustin, Epist. 90 und 91.

214. Sidon: Will, Syria 27, 1950. Eine Reliefplatte des Hadriantempels in Ephesus zeigt sogar Artemis umgeben von Theodosius, dessen Vater, seiner Frau und Arcadius; vgl. F. Miltner, Ephesos 1958, 105.

215. Die Predigten bei MG 48, 843 ff.; dazu M. Simon, Verus Israel 1948, 256 ff.; zu Ambrosius-Juden: J. Mesot, Die Heidenbekehrung bei A. 1958, 69 ff.

216. Auf Parallelerscheinungen im Westen verweist C. T. XVI 7, 3.
217. C. T. III 1, 5 und 7, 2 (mit IX 7, 5).
218. M. Avi-Yonah, Geschichte der Juden 1962, 214.
219. Der Ehrentitel (vielleicht schon 388/89 verliehen) ist gesichert für 392 (C. T. XVI 8, 8). C. T. XVI 8, 8 und 9.
220. C. I. I 9, 7; zu Zweifeln an der Wirksamkeit vgl. Eisenstadt, Klio 40 (1962), 255; näheres zur Judenpolitik des Theodosius Noethlichs 182 ff.
221. C. T. XVI 2, 24 und 25; XI 16, 15 und 18; XI 39, 8 und 10; XII 1, 104. 115. 121 und XVI 2, 27; IX 45, 1; IX 40, 15 f. und XI 36, 31 (vgl. Ambrosius, De off. min 2, 102); XVI 3, 1 f.; II 8, 20 (vgl. 18 f.) und XV 5, 2. Ferner Constitutio Sirmondiana 2 (dazu Enßlin 51).
222. Zum Mönchtum um 390 vgl. Tinnefeld 338 ff.; zur Askese vgl. oben S. 67; 99.
223. Zu Synesius, De regno, bes. c. 4 f., sei auf Chr. Lacombrade, Le discours sur la royauté de Synesios de Cyrène 1951, 22 ff. verwiesen.
224. Unter dem Decknamen Osiris verkörperte Aurelian in den ebenfalls um 400 entstandenen Aigyptioi des Synesius das gute Prinzip, während sein germanenfreundlicher Bruder Caesarius als Inkarnation des Bösen erscheint.
225. Vgl. Ammian 15, 5, 6; dazu Stroheker, Historia 4 (1955), 320 f. Zur Wirkung der Niederlage bei Adrianopel auf die Diskussion über das Germanenproblem in der spätröm. Literatur vgl. Straub, Philologus 95 (1943), 255 ff. Hat in neuerer Zeit A. Demandt (s. Anm. 234) die germanenfeindlichen Äußerungen Ammians unterbewertet, so stellt umgekehrt F. Paschoud (Roma Aeterna 1967, 42 ff.) zu einseitig antigermanische Äußerungen Ammians heraus.
226. Zur Geschichte der Germanen in der Spätantike vgl. allgemein: L. Schmidt, Geschichte der deutschen Stämme I/II 1934/41; W. Enßlin, in Historia Mundi Bd. V, 1956, 78 ff.; H. Wolfram, Geschichte der Goten 1979 (zu Theodosius S. 137 ff.).
227. Die unter diesem Sammelbegriff zusammengefaßten Stämme waren seit dem 1. Jh. bis in die Theisebene vorgedrungen.
228. Zusammenstellung bei Enßlin, Klio 24 (1930), 102 ff.; M. Waas, Germanen in röm. Dienst im 4. Jh. Diss. Bonn 1965 (2. Aufl. 1971).

229. Aus den Jahren 382–389 sind 16 Briefe des Symmachus an Richomer bekannt (Symm., Epist. 3, 54/69); zu Nicomachus Flavianus vgl. S. 81.

230. Liban.: Or. I 219f.; Epist. 972. Vgl. Stroheker 326f.

231. Eunap, Frg. 53 (= Fragmenta Hist. Graec. IV 37); Zos. 4, 33; Ambros., epist. 61, 1; Orosius 5, 35, 11; Joh. Antioch., Frg. 187. Zu Arbogast-Eugenius vgl. S. 39ff.

232. Augustin, Confessiones 6, 6, 9; Contra litt. Petil. 3, 25, 30.

233. Aus den Briefen 4, 15f. schließt Stroheker 318, 2 mit Recht auf eine noch ausgedehntere Korrespondenz.

234. Z. B. A. Demandt, Zeitkritik und Geschichtsbild im Werk Ammians 1965, 39. – Jordanes, Getica 146.

235. A. Cartellieri, Weltgeschichte als Machtgeschichte I. 1927, 3f.; ähnlich Piganiol 214.

236. Zos. 4, 34f., 38f.; Marc. Comes; Claudian, c. 8, 623ff. – Vgl. Enßlin, RE XXIII 734; Velkow, Eunomia 5 (1961), 49ff.

237. Zos. 4, 40.

238. Zum Obelisken vgl. S. 71; zur Säule: J. Kollwitz, Oströmische Plastik der theodos. Zeit 1941, 64; Müller-Wiener (vgl. Anm. 125) a. O.

239. Vgl. A. Alföldi, Die Kontorniaten 1943. Katalog Nr. 123, 137–139. 160. 167. 247. 256. 262. 265. 320–323. Münzen des Theodosius (bei Pearce) mit den Legenden Gloria Romanorum und Victoria Augusti oder auch mit Bild eines stehenden Kaiser, der den linken Fuß auf einen Gefangenen stützt, sind nicht als Besonderheiten anzusehen, sondern als ebenso bei Vorgängern und Nachfolgern vorkommende „Standardprägungen".

240. Vgl. A. Walde-J. B. Hoffmann, Lat. Etymologisches Wörterbuch, ⁴1965

241. Notitia Dignitatum occ. 42, 33ff.; H. W. Böhme, Germanische Grabfunde 1974, 197f.

242. C. T. XIII 11, 10.

243. Vgl. S. 29ff., 144; ferner 29 zu Modares-Gregor.

244. Der Streit ist ein Beispiel dafür, daß man in der röm. Germanenpolitik, wie schon zu Zeiten des Tacitus (Germania 32), die Zwietracht unter den Germanen als eine Konstante einsetzen konnte (vgl. etwa Orosius 7, 43, 13ff.).

245. Vgl. Vegetius I 1; II Praef. – Zur Entstehung unter Theodosius: Mazzarino in Gianelli-Mazzarino, Trattato di Storia Romana II

1956, 488 f., 542 f.; Neumann, RE Suppl. Bd. X 992 ff. Für spätere Entstehung: R. Grosse, Röm. Militärgeschichte 1920, 261.

246. C. T. VII 13, 8 f. von 380; Veg. I 2 und 7.

247. C. T. VII 22, 9 f. und VIII 2, 3 von 380; VII 2, 1 von 383.

248. Not. dign. occ. V–IX, pass.; Zos. 4, 27 und 29; Nischer bei J. Kromayer-Veith, Heerwesen der Griechen und Römer 1928, 572; Jones III 347 f.; ferner S. 165 f.

249. Vgl. Enßlin, Klio 24, 144 f.; Stein 240 f.

250. Vgl. E. A. Thompson, Ammianus Marcellinus 1947, 74 ff.; R. Mc. Mullen, Soldier and Civilian in the later Roman Empire; ferner Harmand, Libanius 1955. Bes. 143 ff. (zu Lib.: Or. 47).

251. C. T. VII 1, 12; IX 14, 2.

252. C. T. VII 9, 3; 4, 18 und 20; VIII 4, 17. S. Mazzarino, Aspetti sociali del IV secolo 1951, 198 ff.

253. Vgl. Libanius, Or. 2, 37 f.; 47, 31 f. Harmand 157 f.

254. C. T. VII 18, 3 ff.; VII 3, 1. Vgl. auch VI 24, 5.

255. Ambrosius: De ob. Theod. 4 f. 12 f. 28. 34 f. 38; epist. 10. 17; Augustin, De civ. dei 5, 26; Orosius 7, 34; Theodoret 5, 5 f. 15. 18. 21. 25 f.; Marc. Comes zu 379 und 380.

256. Ps. Aurelius Victor 48, 9 ff.; vgl. Them.: Or. 15, 16 und 34 pass.; Pacatus 21 und 47; Synesius, De regno 23; Zos. 4, 27, 1; Claudian, Laus Serenae 133 ff.; Theodoret 5, 17; Ambros., epist. 51, 16; Chrysost.: Hom. 21, 4.

257. Zos. 4, 27–29, 33 u. ö.; Eunap.: Frg. 48 f. Vgl. Philostorgius 11, 1.

258. Zos. 4, 24, 4 und 48. Vgl. z. B. Jord., Get. 146; Synesius a. a. O. 4 f., 23; Orosius 7, 34 f. Theodoret 5, 5 und 25.

259. Positiv urteilen insgesamt z. B. Rauschen, Enßlin, King: schärfere Kritik z. B. bei Seeck, L. Schmidt, Piganiol, J. Geffcken (Der Ausgang des Griechisch-Römischen Heidentums 1929, 144 f.).

260. H. Dörries, Wort und Stunde I. 1966, 54. Vgl. 46 ff. (ähnlich schon in Konstantin d. Gr. 1958, 142 ff.).

261. Orosius 5, 2, 1 ff.; 7, 36, 1.

262. Bildung des Kaisers: Ps. Aurelius Victor 48, 11 f. Vgl. auch Anm. 71 und 146; Kultur der Zeit: vgl. bes. S. 80 ff.

263. „Zweisprachigkeit" war selbst bei Gebildeten selten; Libanius empfand es gleichsam als Herabsetzung, daß man um der Ämterlaufbahn willen Latein lernen mußte (Hinweise bei Paschoud, Roma Aeterna 1967, 36 f.; J. Palm, Rom, Römertum und Imperium in der griechischen Literatur der Kaiserzeit 1959).

264. Auf die Schwierigkeiten zu einem Gesamtbild über den Kaiser zu gelangen verweist G. Wirth Eirene 9, 1971, 146 ff. – Zur allgemeinen Einordnung der Zeit des Theodosius vgl. z. B. noch F. G. Maier, Die Verwandlung der Mittelmeerwelt (Fischer, Weltgesch. Bd. 9), 1968; A. Lippold/H. Popp, Kontinuität und Wandel in der späteren römischen Kaiserzeit (Arbeitsmaterialien für den Geschichtsunterricht hgg. v. A. Atzerodt u. a.), 1978

265. Z. B. Barnes, Phoenix 26/28, 1972/74, 140 ff., 135 ff., 224 ff.; Martindale, Historia 23, 1974, 246 ff.; Lippold, Gnomon 46, 1974, 268 ff.

266. Die Religionszugehörigkeit der hohen Amtsträger des Römischen Reiches seit Constantins I. Alleinherrschaft bis zum Ende der theodosianischen Dynastie, Bonn 1978.

267. Zu der um 400 entstandenen Epitome vgl. J. Schlumberger, Die Epitome de Caesaribus 1974 (mit förderlichen Bemerkungen zu den in der Zeit des Theodosius entstandenen, jedoch nicht erhaltenen Annalen des Nicomachus Flavianus).

268. Selbst wer dazu neigt Ausonius (nur 6 Stellen verraten Kenntnis des Christentums) oder Claudian (nur das kleine Gedicht de Salvatore ist christlich zu deuten) wenigstens als Namens- oder Scheinchristen zu bezeichnen, wird wie W. Daut (Zeitschr. f. Missionswissenschaft 55, 1971, 185 ff.) zugeben müssen, daß das Werk beider Autoren im wesentlichen heidnisch geprägt ist. Auch v. Haehling (341) bietet nur Vermutungen zu Christentum des Ausonius (zu Claudian vgl. S. 87).

269. 581 ff. (nach 588, 281 lassen sich von den 78 noch bekannten theodos. Vikaren und Statthaltern des Ostens, von 15 nur 7 als Christen ausmachen). Bei Gratian lauten die entsprechenden Zahlen 44, 27, 22; bei Valentinian II 19, 12, 6.

270. Gestützt auf die tendenziöse Aussage bei Ambrosius epist. 17, 10 sprach man öfters von einer christlichen Senatsmehrheit im Jahre 384 – dagegen aber z. B. R. Klein, Symmachus 1971, 124, 4; vgl. S. 110 f. (Anm. 211).

271. Zu den verschiedenen Strömungen vgl. Klein a. O. 16 ff.; Wytzes (vgl. Anm. 154), 122 ff.

272. Zu Opportunismus und zu Oberflächlichkeit der Christianisierung vgl. z. B. Dauta. O., 171 ff.

273. Dazu vgl. P. Wormald, Journal of Rom. Stud. 66, 1976, 217 ff.;

Rosen, Gnomon 49, 1977, 607 ff. – Weniger bietet Arnheim (vgl. Anm. 92).

274. Das letzte Jahrhundert Pannoniens 1969, 524 ff. (vgl. Anm. 280).

275. 11 ff.; teils dürfte es sich um Umbenennungen, teils um Schöpfungen unter Theodosius II. handeln.

276. 436 f. bzw. 473 f. muß Hoffmann selbst Ammian 31, 7, 3 f. in diesem Sinne deuten.

277. RE Suppl. XII (1970) 553–790 (s. v. magister militum), bes. 710 ff.

278. Roma Aeterna 1967, 111 ff.

279. To Byzantion kai hoi Gotoi, Thessalonike 1972, 146 ff.

280. Gegen zahlreiche Hypothesen Varadys (36, 514 ff. u. a.) z. B. T. Nagy, Acta Antiqua, Acad. Hung. 19, 1971, 299 ff.

281. RE Suppl. Bd. IX 578 f., 630 f., 653; Pannonia and Upper Moesia 1974.

282. Dazu kann M. nur unklare Äußerungen wie Ambrosius in Lucae evang. 10. 16 und Hieronymus, Comment. in Sophonicam 1 anführen.

283. G. Alföldy, Noricum 1974, 204; H. J. Kellner, Die Römer in Bayern 1971 (1976³), 184; K. Dietz in Dietz u. a., Regensburg zur Römerzeit 1979, 141 ff.

284. A. O. 222 ff., 518 u. ö. bzw. 145; zur staatsrechtlichen Stellung des Athanarich (seinem, dem Königtum nahen Richtertum) vgl. H. Wolfram, Mitt. d. Österreichischen Institut f. Gesch. 83, 1975, 1 ff.

285. Kulturwelt und Barbaren, Abh. Akad. Mainz 1967, 1, 18 ff.

286. Studia Iranica 7, 1978, 175 ff.; für 387 auch G. Wirth (Eirene 9, 1971, 153), der mit Recht auf die durch den Vertrag erreichte Verkürzung der Grenze hinweist.

287. Auf 376 z. B. F. Paschoud, Cinq Études sur Zosime 1975, 65 ff.; auf 383: Cameron, Journal of Roman Studies 58, 1968, 96, 7.

288. Roma Christiana II 1977, 844 ff. (zur Ostpolitik der römischen Kirche und zur Konkurrenz zwischen Mailand und Rom in der Zeit des Ambrosius); aus Bd. I beachte man besonders S. 403 ff.; 461 ff. und 725 ff.

289. Wirth a. O. 152; zur Religionspolitik Gratians 379/82 vgl. auch G. Gottlieb, Ambrosius v. Mailand und Kaiser Gratian 1973.

290. Auf die pastorale Grundhaltung des Ambrosius verweist nachdrücklich R. Gryson, Le pretre selon Saint Ambroise 1968, 277.

291. Zu wenig auch beachtet bei Schieffer – vgl. Anm. 50–340 bzw. 350, 74.

292. Vgl. Ambrosius epist. 57, 1. 11 f. – nicht genügend beachtet bei J. Ziegler, Zur religiösen Haltung der Gegenkaiser im 4. Jh. n. Chr. 1970, 96.

293. 9, 30 = CSEL 71, 540; darauf beruhen auch die Kap. 49–51 einer karolingischen Ambrosiusvita, ediert und kommentiert von P. Courcelle, Recherches sur Saint Ambroise 1973, 49 ff.; zu Deutungen des Geschehens von 390 bis ins 12. Jh. vgl. Schieffer a. O. 341 ff.

294. A. O. (vgl. Anm. 264) 116.

295. Eine entschiedene Zäsur sieht auch Demandt, RE Suppl. Bd. XII 587 in der Aufteilung der Machtbereiche zwischen Valentinian I und Valens im Jahre 364.

296. Ambrosius epist. 17, 12; gegen die Vermutung daß Theodosius 384 nach Italien kam, mit Recht z. B. H. Schneider, Die 34. Rede des Themistios 1966, 47 f.

297. 11, 4. 24, 4 f.. 25. 59 – als Kritik an Theodosius werten dies z. B. Hoffmann 486; R. Beck, Die tres Galliae und das Imperium im 4. Jh. 1969, 88 f.

298. So z. B. auch I. Oost, Galla Placidia 1968, 48.

299. So z. B. wieder Hoffmann 211 f.

300. Konflikt zwischen seiner Gemahlin Galla und Arcadius, Unruhen in Ägypten, Unsicherheit in Makedonien – Lippold RE Suppl. Bd. XIII 892.

301. Ambrosius, de obitu Theodosii 56; zu dieser Leichenrede vgl. S. 45.

302. Dazu neigt Wirth a. O.

Zeittafel

284–305	Diokletian, römischer Kaiser (= Augustus)
306	Konstantin zum Kaiser ausgerufen
312	Konstantins Sieg an der Milvischen Brücke (28. 10.)
325	Konzil von Nicaea (1. Ökumenisches Konzil)
337	Konstantin d. Gr. gest., seine Söhne (Konstantin II., Konstans, Konstantius II.) werden Kaiser
347 (?)	Theodosius geboren (11. 1.)
361	Constantius II. gest. (Konstantin II. 340; Constans 350)
361–363	Julianus, Augustus
363/64	Jovianus, Augustus
364–375	Valentinianus I., Augustus
364–378	Valens, Augustus
367–383	Gratianus (geb. 359), Augustus
373	Theodosius wird dux Moesiae; Athanasius gest.
374	Ambrosius (geb. etwa335; gest. 397) Bischof von Mailand
375–392	Valentinianus II. (geb. 371), Augustus
376	Theodosius heiratet Aelia Flaccilla (gest. 386)
378	Niederlage der Römer gegen die Germanen bei Adrianopel (9. 8.); Theodosius wird Heermeister
379	Theodosius wird Augustus (19. 1.); Basilius d. Gr. gest.
380	Glaubensedikt des Theodosius (27. 2.); Taufe des Th. (Herbst)
381	Konzil von Konstantinopel (2. Ökumenisches Konzil)
382	Bündnisvertrag mit den Goten; Vorgehen Gratians gegen die heidnischen Kulte in Rom (u. a. Entfernung des Victoriaaltars)
382 (?)	Ulfila gest.
383	Arcadius (geb. 377, gest. 408) wird Augustus; Usurpation des Maximus
384	Themistius (etwa 317 bis etwa 388) Stadtpräfekt von Konstantinopel; Symmachus (etwa 345 bis etwa 402) Stadtpräfekt von Rom; Augustinus (354–430), Lehrer der Rhetorik in Mailand; Stilicho heiratet Serena (Nichte des Th.)
385	Hieronymus (etwa 347–419) nach Bethlehem

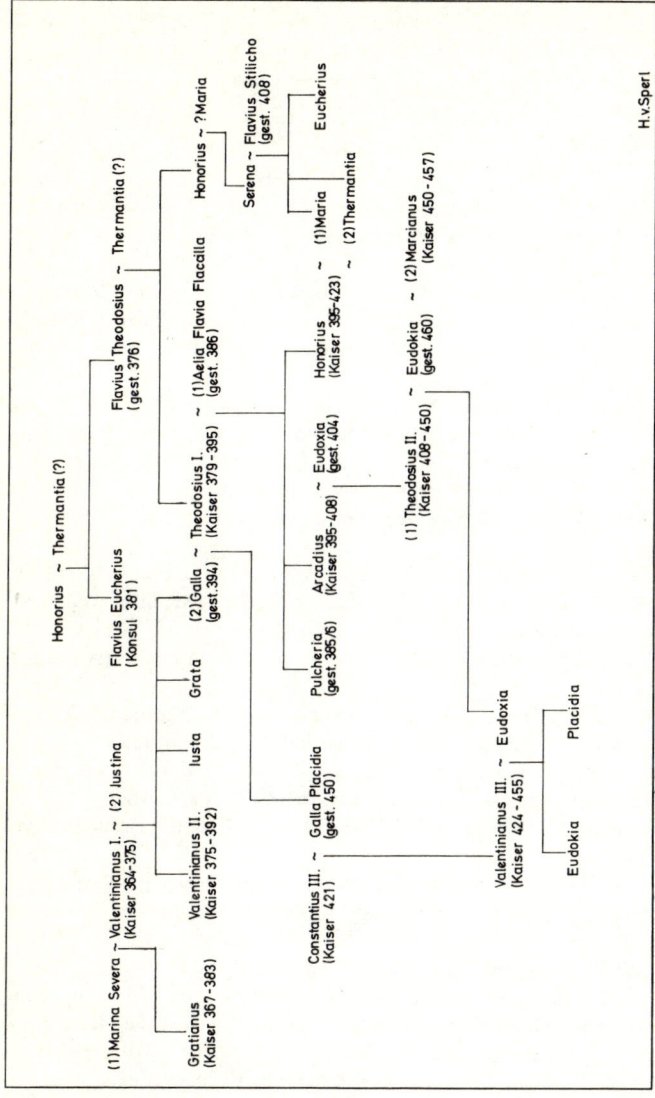

Abb. 13. Stammbaum der Familie des Kaisers Theodosius I.

Bibliographie

Quellen

(vgl. Abkürzungen; zu einzelnen Autoren vgl. Zeittafel u. Register)

Ambrosius: Reden zum Tode Valentinians II (de obitu Val.) und Theodosius d. Gr. (de obitu Theod.) – beide ed. Faller (CSEL 73, 1955), Übersetzung in BKV 17; wichtig ferner einige Briefe (bes. 17, 18, 40, 41, 51).

Ammian = Ammianus Marcellinus, Römische Geschichte (bis 378) hrgg. mit Übersetzung und Kommentar v. W. Seyfarth, 1970; übers. u. erläutert von O. Veh und G. Wirth, 1974 (Artemis)

Aurelius Victor siehe Ps. Aurelius Victor

Chrysost. = Johannes Chrysostomus; bes. Predigten von 386 an (Auswahl in BKV)

Claudian = Claudius Claudianus; carmina ed. Th. Birt (MGAA 10, 1892); mit engl. Übers. M. Platnauer (Loeb Class. Libr. 1922)

Eunapius aus Sardes, Heide, Neuplatoniker, etwa 345 bis nach 414; Frg. der Historien ed. C. Müller (Fragmenta Hist. Graecorum IV 1851, 7 ff.)

Gregor v. Nazianz (329 bis etwa 390): neben dem autobiographischen Gedicht de vita sua, bes. die Briefe (MG 35–38; Übers.: BKV)

Joh. Antioch. = Johannes v. Antiochia – unter seinem Namen erschien im frühen 7. Jhdt. eine Weltchronik; Frg. in Fragm. Hist. Graec. IV 535 ff. (teils bei C. de Boor, Excerpta de insidiis 1905, 58 ff.)

Libanius: Brief und Reden ed. F. Foerster – E. Richtsteig, 1903/27

Marcellinus Comes: Chronik (um 540) ed. Th. Mommsen (MGAA XI 1894)

Notitia Dignitatum: ed. O. Seeck 1876 (vgl. S. 109)

Orosius: Historiarum libri VII adv. paganos (um 420 entstandene Weltgeschichte mit apologetischer Tendenz gegen die Heiden) ed. C. Zangemeister (CSEL V 1882); mit ital. Übers. und Kommentar ed. A. Lippold, 1976 (deutsche Übers. in Vorbereitung).

Pacatus: Lobrede auf Theodosius von 389, mit franz. Übers. ed E. Galletier (Panégyriques Latins III 1955)

Philostorgius (Arianer): Kirchengeschichte, um 430, ed. J. Bidez (Griechisch-christliche Schriftsteller 21, 1913).

Prudentius, aus Spanien, Christ, 348 bis nach 405; aus seinen Gedichten bes. die zwei Bücher gegen Symmachus (carmina ed. J. Bergman, CSEL 61, 1926; deutsch: Manitius 1905).

Ps. Aurelius Victor = Unter dem Namen des Aurelius Victor gehende um 400 entstandene Epitome de Caesaribus (Abriß der Kaisergeschichte) ed. Fr. Pichlmayr-Gruendel. 1961.

Sokr. = Sokrates, Kirchengeschichte (um 440; in: MG 67).

Soz. = Sozomenus, Kirchengeschichte (um 445; in: MG 67).

Symmachus: Reden und Briefe, ed. O. Seeck (MGAA VI) 1883.

Synesius (etwa 370 bis etwa 414): neben De regno (vgl. Anm. 223) sind als Quelle bes. die Briefe wichtig (MG 66)

Them. = Themistius, Reden, ed. Schenkl-Downey I. 1965.

Theodoret, Kirchengeschichte (um 450), ed. Parmentier-Scheidweiler (Griech. Christl. Schriftsteller 19^2) 1954 (deutsch in: BKV Bd. 51).

Vegetius, Epitoma rei militaris (um 390); ed. C. Lang. ^{2}1885.

Zos. = Zosimus (2. Hälfte des 5. Jh., Heide); Röm. Geschichte von Augustus bis 410 ed. L. Mendelssohn. 1887.; mit franz. Übers. und Kommentar F. Paschoud 1, 1971; 2, 1979.

Literatur

(nur häufiger, allein mit Verfassername bzw. abgekürzt zitierte Werke; vgl. auch Abkürzungen)

E. Demougeot, De l'unité à la division de l'empire Romain 1951

E. Enßlin, Die Religionspolitik des Kaisers Theodosius d. Gr. 1953.

Flechier, Histoire de Theodose le Grand 1681.

A. Fliche – V. Martin (Hrsg.), Histoire de l'Eglise III. 1947.

A. Güldenpenning – J. Ifland, Der Kaiser Theodosius d. Gr. 1878.

D. Hoffmann, Das spätrömische Bewegungsheer 1969/70.

A. H. M. Jones, The later Roman Empire 1964.

J. Karayannopulos, Das Finanzwesen des frühbyzantinischen Staates 1958.

N. Q. King, The Emperor Theodosius and the Establishment of Christianity 1961.

J. Kollwitz, Oströmische Plastik der theodos. Zeit 1941.

J. F. Matthews, Western Aristocracies and Imperial Court 1975.

A. Momigliano (Hrsg.), Paganisme and Christianity 1963.

K. L. Noethlichs, Die gesetzgeberischen Maßnahmen der christlichen Kaiser des 4. Jhdts. gegen Häretiker, Heiden und Juden 1971.

J. W. Pearce, Roman Imperial Coinage IX. 1951.

A. Piganiol, L'Empire Chretien (2. ed. A. Castagnol), 1972.

PLRE = A. H. M. Jones – J. R. Martindale – J. Morris, The Prosopography of the Later Roman Empire I (A. D. 260–395), 1971.

G. Rauschen, Jahrbücher der christlichen Kirche unter dem Kaiser Theodosius d. Gr. 1897.

L. Schmidt, Geschichte der deutschen Stämme I (Ostgermanen). ²1941.

O. Seeck, Geschichte des Untergangs der antiken Welt V. 1913. (Neudruck 1966) – Regesten der Kaiser und Päpste (311–476 n. Chr.). 1919.

E. Stein, Histoire du Bas Empire I. 1959. (Ed. francaise par J. R. Palanque); deutsch: Geschichte des spätrömischen Reiches I. 1928.

Lenain de Tillemont, Histoire des Empereurs V. 1732.

F. Tinnefeld, Die frühbyzantinische Gesellschaft 1977.

W. F. Volbach – M. Hirmer, Frühchristliche Kunst 1958.

H. Wolfram, Geschichte der Goten 1979

Für Auseinandersetzung mit der modernen Literatur sei auf meinen Artikel „Theodosius I." (RE Suppl. XIII Sp. 837–961, (1973; erschienen auch als Sonderdruck: Die Kaiser Theod. d. Gr. u. Theodosius II. 1972) sowie den Epilog verwiesen.

Abbildungsverzeichnis

1. Imperium Romanum: Karte auf der inneren Umschlagseite vorne

2. Vorderseite eines 383/88 in Konstantinopel geprägten Solidus (Gold) mit Büste der Aelia Flaccilla (Rückseite: Victoria sitzend, schreibt auf einen Rundschild das Christusmonogramm). Foto: Fotoarchiv Hirmer München. Seite 14

3. Solidus, Gold, Münzstätte Constantinopolis 379/83. a) Vorderseite: Theodosius mit Diadem, in Panzer und Paludamentum; b) Rückseite: Constantinopolis. Die Umschrift Concordia Auggg. verweist darauf, daß zur Zeit der Prägung drei Augusti (daher drei g) herrschten. Foto: Fotoarchiv Hirmer München, Seite 15

4. Marmorbüste (Höhe 32,5 cm) des Kaisers Arcadius von 395/400, gefunden 1949 in Istanbul (Archäologisches Museum Istanbul). Foto: Fotoarchiv Hirmer München. Seite 36

5. Stilicho (?), rechte Seite eines um 400 entstandenen Elfenbeindiptychons (Prunkdiptycha, bestehend aus zwei durch Gelenk miteinander verbundenen, aufklappbaren Tafeln, die seit dem 4. Jh. meist durch hohe Beamte als Neujahrsgabe, aber auch bei anderen festlichen Gelegenheiten verschickt wurden.) aus dem Domschatz von Monza (32,2 × 16,2 cm); auf der linken Seite Stilichos Gattin Serena mit Sohn Eucherius (geb. 388). Foto: Fotoarchiv Hirmer München. Seite 55

6. Relief der Basis (Marmor) des um 390 auf dem Hippodrom in Konstantinopel errichteten Obelisken (Nordwestseite). Foto: Hirmer Fotoarchiv München. Seite 85

7. Tafel (29,9 × 12,4 cm) des „Hochzeits"diptychons (vgl. Abb. 4) der Symmachi und Nicomachi, Elfenbein, um 400: Priesterin des Bacchus vor Jupiteraltar, Victoria und Albert Museum London. Foto: Victoria & Albert Museum, London. Seite 96

Register

361) 19, 21, 33, 122 f., 127, 135, 141

curiales siehe Kuriale

cursus publicus siehe Post

Cynegius 110, 132 f.

Damasus (Bischof v. Rom) 12, 20 ff., 98, 124

defensores 63, 112

Diokletian (Diocletianus, Kaiser von 284–305) 62, 73, 109, 118, 142

Diözese 26, 109

Domänen 117

Donatismus (Donatus) 17 f.

Ehe 121, 135 f.

Emona 38, 49

Eriulf 149

Eudoxia 139, 144

Eugenius (Usurpator) 47 ff., 97, 133 f., 143 f.

Flavianus v. Antiochia 28, 40, 91, 124

Flavianus (Nicomachus) 50 f., 84, 97, 131, 144, 160

Foederaten 30 f., 145 ff., 151, 167

Franken 141 f., 147

Fravitta 149

Frigidus 49, 134

Fritigern 14, 29

Galla (Gemahlin des Theodosius); 37, 45, 52, 171

Galla Placidia 53

Gallien 14, 19, 34 f., 38, 47, 65, 103, 107, 140 f., 147, 172

Geld siehe Münzen

Gerichtswesen 120 f.

Germanen 14, 28 ff., 48 f., 138 ff., 155 f., 164 ff.

Gesetzgebung 108 ff.

Gildo 37, 48

Glaubensedikt von 380 21 f., 123 f., 157 f., 169

Glaubenszwang 9, 124, 157 f.

Goten 14, 28 ff., 49, 126, 139 ff., 166 f.

Gottesgnadentum 57 ff.

Gratianus (Kaiser v. 367–389) 13 f., 27 f., 34 f., 42, 52, 94, 100, 107, 131 f., 169

Gregor v. Nazianz 20, 24 f., 29, 66, 83 f., 127 f.

Gregor v. Nyssa 20, 65, 79

Großgrundbesitz 63 ff., 116, 142, 152

Häretiker (Häresie) 22 ff., 28, 46, 126 ff., 169 f.

Handel 66, 75 ff., 86, 89, 118 f.

Handwerk 75 ff., 118 f.

Heer 14 f., 29, 139 ff., 150 f., 155, 164 f.

Heermeister 14, 139, 151, 166

Heidentum 16 f., 19, 24, 39 f., 45 ff., 83, 87 ff., 94 ff., 105 f., 129 ff., 163 f.

Hellebich 92

Hercules 95, 134

Herrscherideal (Herrscherkult) 16, 39, 58 f., 124, 138 f., 147, 154

Hieronymus 61, 79, 98 f., 107

Historia Augusta 98, 164

Hofhaltung (Hofleben) 57 f.

homousios 18

Honorius (Kaiser v. 393–423) 39, 47, 51 ff., 157, 172 f.

Beck'sche Schwarze Reihe

Die zuletzt erschienenen Bände

Verlag C. H. Beck München